Rで学ぶ 空間計量経済学入門

ジュセッペ・アルビア Giuseppe Arbia
堤 盛人 監訳 translated under the supervision of Morito Tsutsumi

A Primer for Spatial Econometrics:

With Application in R

勁草書房

日本語版への序文

Giuseppe Arbia

本書は，Palgrave Macmillan 社から出版した私の *A Primer for Spatial Econometrics*（英語）での原著の日本語版である．読者にこの日本語版をご高覧いただけることを大変光栄に思う．

原著は，この 10 年の間に私自身が世界中のさまざまな大学で講義を行った経験，とりわけ，空間計量経済学のさまざまな応用分野からの要請に応えるべく，毎年ローマでサマースクールとして開催し，すでに 9 回を数え 5 つの大陸から約 250 名の学生が参加した Spatial Econometrics Advanced Institute での経験に基づき着想に至ったものである．講義を通じて，私自身の著書である Arbia（2006）や，Anselin（1988），LeSage and Pace（2009）といった書籍はどれも完全な初心者には内容が高度過ぎることを感じ，そのような初心者，とりわけ応用研究を行う人達が実際に空間計量経済学の方法論を使いこなせるためには，入門的かつ自己完結型で，初歩的な統計学以外の特段の前提知識を必要としない教科書が必要であると考えた．

この日本語版を機に，重要かつ日進月歩で発展しているこの研究分野の魅力に，多くの日本の方々が惹きつけられることを願っている．

Spatial Econometrics Association の規約（SEA 2006）では，空間計量経済学とは「外部性，相互作用，空間的な集中・集積その他さまざまな経済的な現象・影響を分析するための，空間統計学や空間データ解析におけるモデルや理論的手段（models and theoretical instruments of spatial statistics and spatial data analysis to analyse various economic effects such as externalities, interactions, spatial concentration and many others）」と定義されている．空間計量経済学は，科学的思考領域にお

ける学問分野としては，まだ比較的新しい．実際，“spatial econometrics” という言葉は，ほんの 40 年ほど前に，ベルギー人の経済学者 Jean Paelinck 氏（空間計量経済学の父）が 1974 年 5 月にオランダ統計学会の年次集会で初めて使用した（Paelinck and Klaassen 1979 参照）．この 20 年ほどの間，応用分野の数は爆発的に増加し，学術雑誌における論文数も着実に増えている．数年前，Arbia（2011）において 2007 年から 2011 年の間に掲載された 237 の論文を包括的にレビューしたが，そこでも顕著な論文数の増加を確認している．主要な分野だけでも，地域経済学，交通，犯罪学，財政学，産業組織論，政治学，心理学，農業経済学，医療経済学，人口統計学，疫学，経営経済学，都市計画，教育，土地利用，社会科学，経済発展，技術革新の普及，環境研究，歴史，労働，資源・エネルギー経済学，食料安全保障，不動産，マーケティング，その他多数ある．実際に空間計量経済学の発展の恩恵を受けている応用分野はもっと多くあり，今後もその数は増え続けるに違いない．

本書は回帰分析の枠組みで空間データを扱うための基本的なモデルについて入門的に解説をしたものであり，最近のビッグデータ革命がもたらす計算負荷の問題への対処法といった先進的な手法についても扱っている．それぞれの手法に関して例題やクイズ，そして R 言語による手引きを用意したので，読者は各自が持っているデータセットですぐに試してみることができよう．

ここで述べた本書の狙いが達成されているかどうかについては，読者の判断に委ねたい．

序文を結ぶにあたり，筑波大学教授の堤盛人氏に対し翻訳の労を担ってくれたことを感謝するとともに，Palgrave MacMillan 社と株式会社勁草書房に対し，日本語版の出版が実現したことへの謝意を表する．

2016 年 8 月 6 日

ローマにて

参考文献

Anselin, L. (1988) *Spatial Econometric: Methods and Models*, Kluwer Academic Publishers, Dordrecht.

Arbia, G. (2006) *Spatial Econometrics: Statistical Foundations and Applications to Regional Economic Growth*, Heidelberg, Springer-Verlag.

Arbia, G. (2011) A lustrum of SEA: Recent trends following the creation of the Spatial Econometrics Association (2007–2011), *Spatial Economic Analysis*, 6, 4, 377–395.

LeSage, J. and Pace, K. (2009) *Introduction to Spatial Econometrics*, CRC Press, Boca Raton.

Paelinck, J. H. P. and Klaassen, L. H. (1979) *Spatial Econometrics*, Saxon House, Farnborough.

SEA (2006) http://www.spatialeconometricsassociation.org/

本書に寄せて

著者Giuseppe Arbia氏が本書の執筆に取り組んでいる間，私自身が彼の協力を得ながら空間計量経済学の研究を行うことができたのはうれしいことであった．急速に発展しているこの分野から学ぶことは多い．本書は，空間計量経済学の主トピックである空間的自己相関を考慮した各種モデルについて紹介している．重要な概念や用語の説明に始まり，不均一分散の考慮やパネルデータの対処といった高度な回帰モデルへと話題は進んでいく．近年の空間計量経済学では，二項／多項／順序選択モデル，確率的フロンティアモデル，サンプルセレクションモデル，そしてカウントデータモデルといった非線形モデルへの拡張が取り込まれている．本書では，これら非線形空間計量経済モデルの入り口として，空間二項選択モデルが紹介されている．また，本書では，この分野におけるモデル開発のソフトウェアとしてよく用いられている「R」の実行例が豊富に紹介されており，読者はその有用性の高さを認識することになるだろう．

現在，社会科学の多くの分野で空間計量経済学の適用が進んでいる．私が経験したように，読者は，自身の研究を大きく飛躍させるヒントを本書の中で見つけることになるだろう．

2013年8月米国ニューヨークにて

ニューヨーク大学レナード・N・スターン・スクール

William Greene

まえがきと謝辞

空間計量経済学（spatial econometrics）は，列挙することがほぼ不可能なほど多くの分野への応用が進んでいる，急速な発展を見せている学問である．空間計量経済学の手法が実際に適用された分野は，たとえば次のとおりである：地域経済学（regional economics），犯罪学（criminology），財政学（public finance），産業組織論（industrial organization），政治学（political science），心理学（psychology），農業経済学（agricultural economics），医療経済学（health economics），人口統計学（demography），疫学（epidemiology），経営経済学（managerial economics），都市計画（urban planning），教育（education），土地利用（land use），社会科学（social science），経済発展（economic development），技術革新の普及（innovation diffusion），環境研究（environment studies），歴史（history），労働（labor），資源・エネルギー経済学（resources and energy economics），交通（transportation），食料安全保障（food security），不動産（real estate），マーケティング（marketing）．

本書の目的は，基本的な空間計量経済学の方法論をさまざまな分野の研究者に紹介することで，増大する幅広い関心に応えることである．この学問の概略を把握したいと望む応用研究を行う読者に向けて，特に配慮した構成としている．本書は空間計量経済学の包括的な教科書となることを意図しておらず，むしろ詳細は最低限にして，空間計量経済モデルの可能性を示したり，問題とその解決策を議論したりすることで，正しく結果を解釈したり，手法を試みたりといったことを読者自身ができるようになるような，実践的な手引き書となることを意図している．

既存の空間計量経済学の教科書と本書ではいくつかの点で違いがある．第 1 に，基礎的な推測統計の知識を除いて，いかなる背景知識も読者に求めていないことである．第 1 章の内容は，本書を通じて用いられる標準的な計量経済学の内容をまとめたものである．このため，計量経済学を学習済みの読者は第 1 章を読み飛ばしてもかまわない．取り上げたさまざまなトピックは厳密に取り扱ったが，証明などは最低限かつ最小限に留めている．内容の詳細に関心が向いた読者は，より発展的な内容を含む教科書や文献に進まれたい．本書は例題やクイズといった練習問題も取り上げている．本書を計量経済学の教科書の拡張版の1つの章として位置づけることも可能かもしれないが，本書の主目的は，「空間」を未だ無視しがちな標準的な計量経済学の教科書と，空間計量経済学のより包括的な説明を含む専門書をつなぐ架け橋となることにある．本書では空間計量経済学の適用に重きを置いているが，方法論の発展を説明することや，広く用いられている表記法を用いることなどにも十分配慮したつもりである．したがって，本書を読むことは，より専門的な空間計量経済学の文献等で学ぶための良い準備となるであろう．

第2に，本書は部分的にしか既存の空間計量経済学の教科書と重複していない．ただし，この分野におけるトピックを包括的に扱わないまでも，既存の教科書が扱っていない最新の成果をいくつか扱っている．たとえば，伝統的に用いられている最尤法以外の推定法や，誤差項の不均一分散に対する対処法，空間離散選択モデル，空間非定常モデルなどがこれに該当する．また，本書の大部分はクロスセクションデータのモデル化手法を扱っているが，4.3節では，急速に発展しつつある空間パネルデータの分析手法を説明している．

第3に，この分野に従事している人は本書の内容をすぐに習得できるものの，サンプルサイズが1,000ほどの巨大なデータセットに対してここでの手法を適用しようとすると，重大な計算負荷の問題に直面することになる．大規模計算機設備を利用できない環境にあって，空間分析に取り組もうとする多くの研究者がこの問題に悩まされている．高性能の計算機が利用可能な，たとえば，医療用画像を用いた計量分析に基づき素速い意思決定を行う必要のあるコンピュータ支援手術や疫学分野や環境分野の行政監察でさえも，計算負荷の問題に直面することになる．計算負荷の問題に対応するため，本書では，メモリ消費量や計算時間を大幅に改善する代替的な推定手法についての章を設けている．

最後に，本書は，無償の統計ソフトウェアRを利用した実行例を紹介している．空間計量経済学の手法がいまだ多くの計量経済学のソフトウェア（たとえば，Eviews，Gauss，Gretl，Limdep，Microfit，Minitab，RATS，SAS，SPSS，TSPその他にも多数）に実装されていないのに対して，STATAやMATLABや，この分野のより専用的なソフトウェアであるGeoDaなどでは，本書で扱った手法の多くがパッケージ化されている．こうした現状の中で，本書においては，3つの理由からRを使ってさまざまな手法を紹介することとした．第1の理由は，Rのパッケージが無償であることである．このため，読者は実際のデータ分析を即時に実行可能である．第2の理由は，R言語が直観的であることと，わずかな初期投資で学習可能であることである．第3の理由は，Rではほぼリアルタイムで新たな空間計量経済学の手法が実装されることである．空間計量経済学が急速に発展中であることを踏まえると，この点は重要である．

本書は，たとえばW. Greene氏の*Econometric Analysis*（第7版）(2011）の序章などのレベルの計量経済学を学習済みの人を前提とすれば，空間計量経済学の導入的内容の講義資料として利用可能である．特に，第1章から第3章は2日から3日の，あるいは10時間から12時間程度の講義用として利用できよう．第4章と第5章は，追加的資料として用いることができよう．特に第4章は，章全体を講義するには1日，部分的に講義するのであれば3時間から4時間程度で足りるため，講義担当者はオプションとして位置づけておくこともできる．各章末のクイズや練習問題は，講義参加者がコンピュータを利用しながら演習を行うような講義のための素材としても利用できるだろう．

実証研究を行う者にとって使いやすく入門となるような教科書を執筆したい，という筆者の思いは，ミラノ，バルセロナ，フォルタレーザ，サルヴァドール（バイーア）といった都市にあるさまざまな大学や研究所，また2008年から毎年開催しているSpatial Econometrics Advanced Instituteというサマースクールにおいて，空間計量経済学の入門的授業を行うことを通じて育まれた．

本書出版計画の始まりは，私が2011年の春学期にニューヨーク大学スターン・スクール（Stern School of Business, New York University）を訪れているときである．私をニューヨークに招聘いただき，その後2年，春に本書の執筆に専念する機会を与えて下さったBill Greene氏*に感謝を申し上げたい．最後の原稿は，パリ第2パンテオン・アサス大学（Université de Paris-II Université Panthéon-Assas）の客員教授を務めていたときに完成させた．パリにいる間，手厚くも

* 訳注：BillはWilliamのニックネーム．

てなしてくれただけでなく，快適な執筆環境を用意してくれたAlain Pirotte氏に大変お世話になった．残った作業は，私が2011年後半にローマのサクロ・クオーレ・カトリック大学（Catholic University of the Sacred Heart）に移ったのちに完成させた．4.3節はAssicurazioniゼネラリ（イタリアの保険会社）のトリエステ支社に勤めるGiovanni Millo氏により執筆されており，彼の大きな貢献と私と一緒に出版に向けて忍耐強く働いてくれたことに感謝を申し上げたい．また，注意深く校正いただいたウィリアム・アンド・メアリー大学（College of William and Mary，アメリカ合衆国バージニア州ウィリアムズバーグ）のCarrie Dolan氏にも感謝を申し上げたい．無論，本書に残された誤りの責任はすべて著者である私に帰すものである．Carrieには文中の図や例題をいくつか提供いただいた．また，メキシコのモンテレイ工科大学Miguel Flores氏にはメキシコに関するデータを提供いただき，それらは第5章で活用されている．そして，Diego Giuliani，Francesca Petrarca，Myriam Tabassoの3氏には，Rの利用に関して，オンラインでの迅速な支援や助言をいただいた．Giovanni，Carrie，Miguel，Diego，Francesca，Myriamは前述のSpatial Econometrics Advanced Instituteの参加者である．彼らのほかにも開校以来6年の間に参加してくれた200名以上（！）の全参加者に感謝の気持ちを示したい．講義への彼らの積極的な参加は，間違いなく本書を執筆する上での一番の励みになっていた．

本書を家族に捧げたい．私が以前に著した書籍の前書きを改めて目にすると，妻Paolaと3人の子供たちの存在や助けへの感謝の思いが自然とこみ上げてくる．私が最初の書籍を上梓してから今では25年，最近の書籍からも7年の月日が過ぎている．この間，子供たちは成長し多くの変化があった．しかし，家族は，雨が降り暗い晩冬の今日も，私の傍にいてくれる．パソコンの前に座って本書最後の言葉を入力するにあたり，家族への感謝の思いを綴りたい．

2014年，灰の水曜日／聖灰水曜日**

ローマにて

** 訳注：灰の水曜日／聖灰水曜日（Ash Wednesday）．キリスト教西方教会（ローマ・カトリックやプロテスタントなど，西ヨーロッパに広がった諸教派）において，復活祭の46日前の日で，四旬節の初日．2014年は3月5日であったようである．

目　次

日本語版への序文
本書に寄せて
まえがきと謝辞

第 1 章　古典的線形回帰モデル ……………………………………………… 3
1.1　線形回帰モデルの基礎　3
1.2　誤差項の非球面性　14
1.3　内生性　19
1.4　R コード：線形回帰モデルの推定　23
キーワード　26
クイズ　27
章末問題　27
参考文献　28

第 2 章　空間計量経済学における重要な定義 ……………………………… 31
2.1　空間重み行列 **W** と空間ラグの定義　31
2.2　OLS による残差の空間的自己相関の検定　37
2.3　R コード　44
キーワード　52
クイズ　53
章末問題　53
参考文献　56

第 3 章　空間計量経済モデル ………………………………………………… 57
3.1　概　　説　57
3.2　純粋な空間的自己回帰モデル　59

3.3　空間ラグ付きの非確率的な説明変数を持つ古典的モデル　61
3.4　空間誤差モデル　61
3.5　空間ラグモデル　72
3.6　一般的な SARAR(1,1) モデル　81
3.7　明示的な対立仮説を用いた残差における空間的自己相関の検定　89
3.8　空間計量経済モデルのパラメータ解釈　94
3.9　R コード：空間線形回帰モデルの推定　98
キーワード　100
クイズ　101
章末問題　102
参考文献　105

第 4 章　空間計量経済学における最近の話題 ……………………………… 107

4.1　誤差項の不均一分散　107
4.2　空間二項選択モデル　118
4.3　空間パネルデータモデル　136
4.4　空間非定常モデル　153
4.5　R コード　160
キーワード　166
クイズ　168
章末問題　169
参考文献　171

第 5 章　ビッグデータのための代替モデル ……………………………… 177

5.1　序　　説　177
5.2　MESS 法　179
5.3　一方向近似アプローチ　189
5.4　複合尤度アプローチ　200
5.5　R コード　206
キーワード　208

クイズ　209
章末問題　209
参考文献　210

第 6 章　これからの空間計量経済学 …………………… **215**
参考文献　218

章末問題解答 …………………… **221**

監訳者あとがき …………………… 245
索　引 …………………… 249

例題目次

例題 1.1　Barro and Sala-i-Martin の地域所得収束モデル　11
例題 1.2　Zellner-Revanker の Cobb-Douglas 型生産関数　13
例題 1.3　Barro and Sala-i-Martin の地域所得収束モデル（続）　18
例題 1.4　Zellner-Revankar の生産関数（続）　22
例題 2.1　空間重み行列 ***W*** を用いた例題　33
例題 2.2　英国 12 地方における隣接基準に基づく空間重み行列 ***W***　35
例題 2.3　イタリア 20 州における Okun の法則　39
例題 2.4　イタリア 20 州の Phillips 曲線　42
例題 3.1　イタリア 20 州における価格指数の空間的自己回帰　60
例題 3.2　米国 48 州における中古車価格と税の関係　69
例題 3.3　ボストンにおける住宅価格の決定要因　76
例題 3.4　ボストンにおける住宅価格の決定要因（続）　87
例題 3.5　Phillips 曲線（続）　93
例題 3.6　イタリアにおける Okun の法則（続）　97
例題 4.1　オハイオ州コロンバスにおける犯罪要因　114
例題 4.2　ボルチモア市における高級住宅の価格形成要因　123
例題 4.3　ボルチモア市における高級住宅の価格形成要因（続）　135
例題 4.4　公共資本の生産性に関する Munnell モデル　138
例題 4.5　公共資本の生産性に関する Munnell モデル（続）　150
例題 4.6　地域所得収束仮説の空間を考慮した固体効果モデル　151
例題 4.7　米国ジョージア州における学力の決定要因　158
例題 5.1　メキシコの保健医療計画　187
例題 5.2　Barro and Sala-i-Martin の地域間収束モデルにおける異方性　193
例題 5.3　メキシコの保健医療計画（続）　198
例題 5.4　BML 推定法のモンテカルロ評価　206

R で学ぶ
空間計量経済学入門

第 1 章　古典的線形回帰モデル

1.1　線形回帰モデルの基礎

次の線形回帰モデルを考える.

$$\boldsymbol{y} = \boldsymbol{X\beta} + \boldsymbol{\varepsilon} \tag{1.1}$$

ここで,

$$\boldsymbol{y} = \begin{bmatrix} y_1 \\ y_2 \\ \vdots \\ y_n \end{bmatrix},\ \boldsymbol{X} = \begin{bmatrix} 1 & x_{1,1} & \cdots & x_{1,k-1} \\ 1 & x_{2,1} & \cdots & x_{2,k-1} \\ \vdots & \vdots & \ddots & \vdots \\ 1 & x_{n,1} & \cdots & x_{n,k-1} \end{bmatrix},\ \boldsymbol{\beta} = \begin{bmatrix} \beta_1 \\ \beta_2 \\ \vdots \\ \beta_k \end{bmatrix},\ \boldsymbol{\varepsilon} = \begin{bmatrix} \varepsilon_1 \\ \varepsilon_2 \\ \vdots \\ \varepsilon_n \end{bmatrix}$$

であり, $\boldsymbol{y}$ は $n \times 1$ の被説明変数ベクトル, $\boldsymbol{X}$ は定数項と（$k-1$）本の非確率的な外生変数からなる $n \times k$ の説明変数行列, $\boldsymbol{\beta}$ は $k \times 1$ の回帰係数ベクトル, $\boldsymbol{\varepsilon}$ は $n \times 1$ の誤差項ベクトルである. なお, 本書では n を地域や国などの離散的な領域と想定する.

古典的線形回帰モデルでは, 式 (1.2) で表すように, 説明変数が所与のもと, 誤差項に, 正規性（normality）と独立かつ同一な分布に従うこと（i.i.d.: independent and identically distributed）を仮定する.

$$\boldsymbol{\varepsilon}|\boldsymbol{X} \sim \text{i.i.d. } \mathcal{N}(\boldsymbol{0}, \sigma_\varepsilon^2 \boldsymbol{I}_n) \tag{1.2}$$

ここで，$\boldsymbol{I}_n$ は $n \times n$ の単位行列を表している[1]．式 (1.2) は

$$\mathrm{E}[\boldsymbol{\varepsilon}|\boldsymbol{X}] = \boldsymbol{0}, \tag{1.3}$$

$$\mathrm{E}[\boldsymbol{\varepsilon}\boldsymbol{\varepsilon}'|\boldsymbol{X}] = \sigma_{\varepsilon}^2 \boldsymbol{I} \tag{1.4}$$

とも表現でき，式 (1.3)，式 (1.4) はそれぞれ（強）外生性（exogeneity），球面性（sphericity）を表している（Greene 2011）．「$'$」は転置を表す演算子である[2]．

さらに，説明変数の k 本の列ベクトルは 1 次独立（$\mathrm{rank}[\boldsymbol{X}] = k$）であることを仮定する．これらの仮定のもとで，最小二乗（OLS: Ordinary Least Squares）法は，$\boldsymbol{\beta}$ の最良線形不偏推定量（BLUE: Best Linear Unbiased Estimator）を与える[3]．OLS 推定量 $\hat{\boldsymbol{\beta}}_{\mathrm{OLS}}$ は，残差ベクトル $\boldsymbol{e} = \boldsymbol{y} - \boldsymbol{X}\hat{\boldsymbol{\beta}}$ の二乗和

$$S(\boldsymbol{\beta}) = \boldsymbol{e}'\boldsymbol{e} \tag{1.5}$$

を最小にするように決定される．

式 (1.5) より，$\hat{\boldsymbol{\beta}}_{\mathrm{OLS}}$ は

$$\begin{aligned}\frac{\partial}{\partial \boldsymbol{\beta}} S(\boldsymbol{\beta}) &= \frac{\partial}{\partial \boldsymbol{\beta}} \boldsymbol{e}'\boldsymbol{e} \\ &= \frac{\partial}{\partial \boldsymbol{\beta}} (\boldsymbol{y} - \boldsymbol{X}\hat{\boldsymbol{\beta}}_{\mathrm{OLS}})'(\boldsymbol{y} - \boldsymbol{X}\hat{\boldsymbol{\beta}}_{\mathrm{OLS}}) \\ &= 2(\boldsymbol{X}'\boldsymbol{X}\hat{\boldsymbol{\beta}}_{\mathrm{OLS}} - \boldsymbol{X}'\boldsymbol{y}) \\ &= \boldsymbol{0}\end{aligned}$$

の解として得られ，この式を $\hat{\boldsymbol{\beta}}_{\mathrm{OLS}}$ について解くと

$$\hat{\boldsymbol{\beta}}_{\mathrm{OLS}} = (\boldsymbol{X}'\boldsymbol{X})^{-1}\boldsymbol{X}'\boldsymbol{y} \tag{1.6}$$

が得られる．OLS 推定量は不偏性（unbiasedness）

---

1) 訳注：以後，添え字「$_n$」のない $\boldsymbol{I}$ は $n \times n$ の単位行列とする．また，ゼロ行列 $\boldsymbol{O}$ やゼロベクトル $\boldsymbol{0}$ に関して，自明であるものについては特に行や列の数を記さないこととする．

2) 訳注：原著ではこの演算子を「^{T}」としている．

3) 訳注：誤差項の正規性の成立は，BLUE を得るための必要条件ではない．式 (1.3)，(1.4) に加え誤差項の正規性も成立したとき，得られる推定量は，$\boldsymbol{y}$ に関して線形という制約がとれ，あらゆる不偏推定量の中で最も分散が小さくなる．この推定量は最小分散不偏推定量（MVUE: Minimum Variance Unbiased Estimator）と呼ばれる（蓑谷千凰彦（2015）『線形回帰分析』朝倉書店）．

$$\mathrm{E}[\hat{\boldsymbol{\beta}}_{\mathrm{OLS}}|\boldsymbol{X}] = \boldsymbol{\beta} \tag{1.7}$$

を持ち，その分散

$$\mathrm{Var}[\hat{\boldsymbol{\beta}}_{\mathrm{OLS}}|\boldsymbol{X}] = \sigma^2_{\boldsymbol{\varepsilon}}(\boldsymbol{X}'\boldsymbol{X})^{-1} \tag{1.8}$$

は得られうる線形推定量の中で最も小さく（有効性 full efficiency），$n \to \infty$ のとき 0 となる（一致性 weak consistency）．

OLS 推定量の分布は，誤差項に正規性が仮定されるとき，次の正規分布に従う．

$$\hat{\boldsymbol{\beta}}_{\mathrm{OLS}}|\boldsymbol{X} \sim \mathcal{N}\left(\boldsymbol{\beta}, \sigma^2_{\boldsymbol{\varepsilon}}(\boldsymbol{X}'\boldsymbol{X})^{-1}\right) \tag{1.9}$$

さらにこのとき，$\boldsymbol{\beta}$ の最尤（ML: Maximum Likelihood）推定量と OLS 推定量が一致することを導くことができる．以下，ML 推定量と OLS 推定量が一致することを確認しよう．

誤差項の正規性の仮定から，ε_i の条件付き確率密度関数 f_{ε_i} は

$$f_{\varepsilon_i}(\varepsilon_i|\boldsymbol{x}_i) = \frac{1}{\sqrt{2\pi\sigma^2_{\boldsymbol{\varepsilon}}}} \exp\left(-\frac{\varepsilon_i^2}{2\sigma^2_{\boldsymbol{\varepsilon}}}\right)$$

と表せる．したがって，尤度関数は，誤差項間独立の仮定と合わせて

$$\begin{aligned} L(\boldsymbol{\beta}, \sigma^2_{\boldsymbol{\varepsilon}}) &= \prod_{i=1}^{n} f_{\varepsilon_i}(\varepsilon_i|\boldsymbol{x}_i) \\ &= \prod_{i=1}^{n} \frac{1}{\sqrt{2\pi\sigma^2_{\boldsymbol{\varepsilon}}}} \exp\left(-\frac{\varepsilon_i^2}{2\sigma^2_{\boldsymbol{\varepsilon}}}\right) \\ &= (2\pi)^{-\frac{n}{2}} (\sigma^2_{\boldsymbol{\varepsilon}})^{-\frac{n}{2}} \exp\left(-\frac{\boldsymbol{\varepsilon}'\boldsymbol{\varepsilon}}{2\sigma^2_{\boldsymbol{\varepsilon}}}\right) \\ &= \mathrm{const.} \times (\sigma^2_{\boldsymbol{\varepsilon}})^{-\frac{n}{2}} \times \exp\left(-\frac{\boldsymbol{\varepsilon}'\boldsymbol{\varepsilon}}{2\sigma^2_{\boldsymbol{\varepsilon}}}\right) \end{aligned} \tag{1.10}$$

となる[4]．ここで式 (1.1) より

---

[4] 訳注：const. はパラメータ（式 (1.10) では $\boldsymbol{\beta}$ と $\sigma^2_{\boldsymbol{\varepsilon}}$）を含まない項を表す．

$$\boldsymbol{\varepsilon} = \boldsymbol{y} - \boldsymbol{X}\boldsymbol{\beta} \tag{1.11}$$

であるから，式 (1.10) は

$$L(\boldsymbol{\beta}, \sigma_\varepsilon^2) = \text{const.} \times (\sigma_\varepsilon^2)^{-\frac{n}{2}} \times \exp\left\{-\frac{(\boldsymbol{y} - \boldsymbol{X}\boldsymbol{\beta})'(\boldsymbol{y} - \boldsymbol{X}\boldsymbol{\beta})}{2\sigma_\varepsilon^2}\right\} \tag{1.12}$$

となり，対数尤度関数は次式で与えられる．

$$\ell(\boldsymbol{\beta}, \sigma_\varepsilon^2) = \ln\left\{L\left(\boldsymbol{\beta}, \sigma_\varepsilon^2\right)\right\} = \text{const.} - \frac{n}{2}\ln(\sigma_\varepsilon^2) - \frac{(\boldsymbol{y} - \boldsymbol{X}\boldsymbol{\beta})'(\boldsymbol{y} - \boldsymbol{X}\boldsymbol{\beta})}{2\sigma_\varepsilon^2} \tag{1.13}$$

パラメータ $\boldsymbol{\beta}$, σ_ε^2 に関して，スコア関数（score function）[5]をそれぞれ $\boldsymbol{s}(\boldsymbol{\beta})$, $s(\sigma_\varepsilon^2)$ と表し，ともにゼロとした $k+1$ 本の連立方程式

$$\begin{cases} \boldsymbol{s}(\boldsymbol{\beta}) = \dfrac{\partial \ell(\boldsymbol{\beta}, \sigma_\varepsilon^2)}{\partial \boldsymbol{\beta}} = -\dfrac{1}{\hat{\sigma}_\varepsilon^2}(\boldsymbol{X}'\boldsymbol{y} - \boldsymbol{X}'\boldsymbol{X}\hat{\boldsymbol{\beta}}) = \boldsymbol{0} \\ s(\sigma_\varepsilon^2) = \dfrac{\partial \ell(\boldsymbol{\beta}, \sigma_\varepsilon^2)}{\partial \sigma_\varepsilon^2} = -\dfrac{n}{2\hat{\sigma}_\varepsilon^2} + \dfrac{(\boldsymbol{y} - \boldsymbol{X}\hat{\boldsymbol{\beta}})'(\boldsymbol{y} - \boldsymbol{X}\hat{\boldsymbol{\beta}})}{2\hat{\sigma}_\varepsilon^4} = 0 \end{cases} \tag{1.14}$$

を解くと，$\boldsymbol{\beta}$, σ_ε^2 の ML 推定量

$$\begin{aligned} \hat{\boldsymbol{\beta}}_{\text{ML}} &= (\boldsymbol{X}'\boldsymbol{X})^{-1}\boldsymbol{X}'\boldsymbol{y} \\ \hat{\sigma}_{\varepsilon,\text{ML}}^2 &= \frac{\boldsymbol{e}'\boldsymbol{e}}{n} \end{aligned} \tag{1.15}$$

が得られる．したがって，誤差項の正規性の仮定のもとで，$\boldsymbol{\beta}$ の ML 推定量と OLS 推定量は等しくなる．一方，σ_ε^2 の ML 推定量は，その不偏推定量 $s_\varepsilon^2 = \boldsymbol{e}'\boldsymbol{e}/(n-k)$ とは異なっており，漸近不偏性は満足するものの，偏りを持つ推定量（biased estimator）となる．

式 (1.15) が対数尤度関数を最大にしているかを確認するために，2 階の偏微分を求めると，次式 (1.16) のように表せる．

---

[5] 訳注：スコア関数は，対数尤度関数をパラメータで偏微分した関数である．つまり，対数尤度関数の勾配ベクトル（gradient）である．

$$\begin{cases} \dfrac{\partial^2 \ell(\boldsymbol{\beta}, \sigma_\varepsilon^2)}{\partial \boldsymbol{\beta} \partial \boldsymbol{\beta}'} = \dfrac{\partial \boldsymbol{s}'(\boldsymbol{\beta})}{\partial \boldsymbol{\beta}} = -\dfrac{1}{\hat{\sigma}_\varepsilon^2} \boldsymbol{X}'\boldsymbol{X} \\ \dfrac{\partial^2 \ell(\boldsymbol{\beta}, \sigma_\varepsilon^2)}{\partial (\sigma_\varepsilon^2)^2} = \dfrac{\partial s(\sigma_\varepsilon^2)}{\partial \sigma_\varepsilon^2} = \dfrac{n}{2(\hat{\sigma}_\varepsilon^2)^2} - \dfrac{1}{2(\hat{\sigma}_\varepsilon^2)^3} (\boldsymbol{y} - \boldsymbol{X}\boldsymbol{\beta})'(\boldsymbol{y} - \boldsymbol{X}\boldsymbol{\beta}) \\ \dfrac{\partial^2 \ell(\boldsymbol{\beta}, \sigma_\varepsilon^2)}{\partial \boldsymbol{\beta} \partial \sigma_\varepsilon^2} = -\dfrac{1}{(\sigma_\varepsilon^2)^2} (\boldsymbol{X}'\boldsymbol{y} - \boldsymbol{X}'\boldsymbol{X}\boldsymbol{\beta}) \end{cases} \tag{1.16}$$

これを $(k+1) \times (k+1)$ の Fisher の情報行列（Fisher Information Matrix）[6]にまとめると

$$\mathcal{I}(\boldsymbol{\beta}, \sigma_\varepsilon^2) = \begin{bmatrix} \dfrac{1}{\sigma_\varepsilon^2} \boldsymbol{X}'\boldsymbol{X} & \boldsymbol{0} \\ \boldsymbol{0}' & \dfrac{n}{2(\sigma_\varepsilon^2)^2} \end{bmatrix} \tag{1.17}$$

となる．上式 (1.17) は正定値である．

OLS 推定量は，モーメント法（MM: Method of Moments）による推定量 $\hat{\boldsymbol{\beta}}_{\mathrm{MM}}$ とも一致する．次の標本におけるモーメント条件を考える．

$$\mathrm{E}[\boldsymbol{X}'\boldsymbol{e}] = \frac{1}{n} \boldsymbol{X}'\boldsymbol{e} = \boldsymbol{0} \tag{1.18}$$

式 (1.18) に $\boldsymbol{e} = \boldsymbol{y} - \boldsymbol{X}\hat{\boldsymbol{\beta}}$ を代入すると

$$\begin{aligned} \frac{1}{n} \boldsymbol{X}'(\boldsymbol{y} - \boldsymbol{X}\hat{\boldsymbol{\beta}}) &= \frac{1}{n} \boldsymbol{X}'\boldsymbol{y} - \frac{1}{n} \boldsymbol{X}'\boldsymbol{X}\hat{\boldsymbol{\beta}} \\ &= \boldsymbol{0} \end{aligned}$$

となり，これを $\hat{\boldsymbol{\beta}}$ について解くと，OLS 推定量と ML 推定量に MM 推定量が一致することがわかる．

$$\hat{\boldsymbol{\beta}}_{\mathrm{MM}} = (\boldsymbol{X}'\boldsymbol{X})^{-1} \boldsymbol{X}'\boldsymbol{y} = \hat{\boldsymbol{\beta}}_{\mathrm{OLS}} = \hat{\boldsymbol{\beta}}_{\mathrm{ML}} \tag{1.19}$$

仮説検定のために，1 つのパラメータ β_i について，次の設定を考える．

---

6) 訳注：Fisher の情報行列は，スコア関数の 2 次モーメント，または，ヘッセ行列の期待値にマイナスをかけた行列と定義される．

$$\begin{aligned} &H_0 : \beta_i = 0, \\ &H_1 : \beta_i \neq 0 \end{aligned} \tag{1.20}$$

ここで，β_i は $\beta_i \sim \mathcal{N}(\beta_i, S^{ii}\sigma_\varepsilon^2)$ からなるパラメータベクトル $\boldsymbol{\beta}$ の i 行目の要素，S^{ii} は行列 $(\boldsymbol{X}'\boldsymbol{X})^{-1}$ の対角項における i 行 i 列の要素を示す．統計的検定は，β_i の標準誤差で基準化した，帰無仮説（null hypothesis）と対立仮説（alternative hypothesis）における β_i の値の差を利用して行われる．帰無仮説 $\beta_i = 0$ において，検定統計量は

$$\text{test} = \frac{\hat{\beta}_i}{\sigma_\varepsilon \sqrt{S^{ii}}} \sim \mathcal{N}(0, 1) \tag{1.21}$$

と表すことができる．なお，σ_ε^2 の値が既知でなければ，上式 (1.21) は枢軸量 (pivotal quantity)[7]とはならない．ここで，$\{(n-k)s_\varepsilon^2\}/\sigma_\varepsilon^2$ が自由度（$n-k$）のカイ二乗分布 $\chi^2_{(n-k)}$ に従うことと，s_ε^2 と $\hat{\boldsymbol{\beta}}$ が独立であることを用いると，枢軸量は

$$\text{test} = \frac{\hat{\beta}_i}{s_\varepsilon \sqrt{S^{ii}}} \sim t_{(n-k)} \tag{1.22}$$

と表すことができ，検定を行うことが可能となる．このほかに，定数項を除く説明変数のパラメータをゼロとする仮説

$$\begin{aligned} &H_0 : \beta_2 = \cdots = \beta_k = 0, \\ &H_1 : \beta_i \neq 0 \end{aligned} \tag{1.23}$$

を設定すれば，H_0 のもとで，モデルの有意性を次の統計量を用いて検定することができる．

$$\frac{R^2/(k-1)}{(1-R^2)/(n-k)} \sim F_{(k-1;\, n-k)} \tag{1.24}$$

この統計量は，自由度（$k-1;\ n-k$）の F 分布に従う．ここで，R^2 は

7)　訳注：検定統計量が従う分布が未知パラメータに依存しない場合，その検定統計量を枢軸量と呼ぶことがある．主に，未知パラメータの信頼区間を設定するために用いられる．

$$R^2 = \frac{SSR}{SST} \tag{1.25}$$

であり，決定係数（coefficient of determination）と呼ばれる，$0 < R^2 \leq 1$ で，モデルの当てはまりを表す尺度である．なお，$SSR = 1 - SSE = 1 - \boldsymbol{e}'\boldsymbol{e}$，$SST = \boldsymbol{y}'\boldsymbol{y} - n\bar{\boldsymbol{y}}$，$\bar{\boldsymbol{y}}$ は $\boldsymbol{y}$ の標本平均であり，SSR は回帰平方和（sum of squares of regression），SSE は誤差平方和（sum of squares of errors），SST は総平方和（total sum of squares）である．回帰モデルの自由度を考慮した調整済み決定係数 $\bar{R}^2$（あるいは Adj. R^2）は

$$\bar{R}^2 = 1 - \frac{n-1}{n-(k-1)}(1-R^2) \tag{1.26}$$

で表される．その他の当てはまりの尺度として，赤池情報量規準（AIC: Akaike's Information Criterion）

$$AIC = \ln\left(\frac{\boldsymbol{e}'\boldsymbol{e}}{n}\right) + \frac{2k}{n} \tag{1.27}$$

と Schwartz の（ベイジアン）情報量規準（BIC: Bayesian Information Criterion）

$$BIC = \ln\left(\frac{\boldsymbol{e}'\boldsymbol{e}}{n}\right) + \frac{k\ln(n)}{n} \tag{1.28}$$

もよく用いられる．

式 (1.20) のような回帰モデルの仮説検定手法のほかに，本書でもあとで取り上げる尤度比（LR: likelihood ratio）検定が知られている．パラメータベクトルを $\boldsymbol{\theta}$（$k \times 1$）とおくとき，尤度比 λ は次式で表される．

$$\lambda = \frac{L(\boldsymbol{\theta}_0)}{L(\hat{\boldsymbol{\theta}}_{\mathrm{ML}})} = \frac{L(\boldsymbol{\theta}_0)}{L(\hat{\boldsymbol{\theta}})} \tag{1.29}$$

ここで，添え字「$_0$」は帰無仮説におけるパラメータの値を示す（$\boldsymbol{\theta}_0$ であれば，$\boldsymbol{\theta} = \boldsymbol{0}$）．尤度比は，帰無仮説における尤度と最大尤度の比を表している．検定統計量 λ に単調変換を施しても検定の結論は変わらないため，次の統計量 LR が尤度比検定統計量としてよく用いられる．

$$LR = -2\ln(\lambda) = -2\left(\ell(\boldsymbol{\theta}_0) - \ell(\hat{\boldsymbol{\theta}})\right) \tag{1.30}$$

$\ell(\theta_0)$ を $\hat{\theta}$ まわりでテイラー展開すると，LR は

$$
\begin{aligned}
LR &= -2\left((\theta_0 - \hat{\theta})\ell'(\hat{\theta}) + \frac{1}{2}(\theta_0 - \hat{\theta})^2 \ell''(\tilde{\theta}) + \cdots\right) \\
&= -2\left((\theta_0 - \hat{\theta})s(\hat{\theta}) + \frac{1}{2}(\theta_0 - \hat{\theta})^2 ni(\tilde{\theta}) + \cdots\right)
\end{aligned}
\tag{1.31}
$$

と表せる．ここで，$\ell'(\hat{\theta}) = \left.\frac{\partial \ell}{\partial \theta}\right|_{\theta=\hat{\theta}}$，$\ell''(\hat{\theta}) = \left.\frac{\partial^2 \ell}{\partial \theta^2}\right|_{\theta=\hat{\theta}}$，$\tilde{\theta} \in (\hat{\theta}, \theta_0)$，$s(\cdot)$ はスコア関数，$ni(\cdot)$ は Fisher の情報行列の要素である．上式 (1.31) は $s(\theta) = 0$ によって，

$$
LR = (\theta_0 - \hat{\theta})^2 ni(\theta_0) + o_p(1) \tag{1.32}
$$

と整理できる[8)]．上式 (1.32) の近似式

$$
LR \cong W = (\theta_0 - \hat{\theta})^2 ni(\hat{\theta}) \tag{1.33}
$$

は Wald 検定統計量と呼ばれる[9)]．さらに LR の近似式

$$
LR \cong LM = \frac{\left(\ell'(\theta_0)\right)^2}{ni(\theta_0)} \tag{1.34}
$$

は，統計学では「Rao のスコア検定統計量」，計量経済学では「ラグランジュ乗数（LM: Lagrange multiplier）検定統計量」として知られている．尤度比に関する 3 つの統計量 LR, W, LM は漸近的に，自由度が推定するパラメータの数に等しい χ^2 分布に従う．LM 検定統計量は，他の 2 つの統計量と異なり，未知パラメータに関して事前に ML 推定を行わなくてよいことと，対立仮説を明示しなくてよいという利点を有している．

式 (1.34) をベクトル形式で書き直すと，次式 (1.35) で表すことができる．

$$
LM = \boldsymbol{s}(\boldsymbol{\theta}_0)'(\boldsymbol{I}(\boldsymbol{\theta}_0))^{-1}\boldsymbol{s}(\boldsymbol{\theta}_0) \tag{1.35}
$$

上式 (1.35) は LM 検定統計量の一般形である．線形回帰モデルにおけるパラメータの仮説検定は，$(k+1)\times 1$ のベクトル $\boldsymbol{s}(\boldsymbol{\theta}_0)$，$(k+1)\times(k+1)$ の行列 $\boldsymbol{I}(\boldsymbol{\theta}_0)$ をそれぞれ

---

8) 訳注：ML 推定量における 1 階の条件である．

9) 訳注：ベクトル形式では，$W = (\boldsymbol{\theta}_0 - \hat{\boldsymbol{\theta}})'\boldsymbol{I}(\hat{\boldsymbol{\theta}})(\boldsymbol{\theta}_0 - \hat{\boldsymbol{\theta}})$ である．

$$s(\theta_0) = [s(\beta_0)', s(\sigma^2_{\varepsilon,0})]' \tag{1.36}$$

$$\mathcal{I}(\theta_0) = \mathcal{I}(\beta_0, \sigma^2_{\varepsilon,0}) \tag{1.37}$$

と定義して，式 (1.14)，(1.17) をそれぞれ式 (1.36)，(1.37) に代入し，いずれも式 (1.35) に代入することで，回帰係数に関する *LM* 検定統計量を求めることができる．

最後に，これまでに紹介した各種検定の前提になっている，誤差項の正規性に関する検定手法を紹介したい．よく用いられるパラメトリックな手法として，残差に関する 3 次と 4 次のモーメントが正規分布と異なるかを検定する Jarque-Bera 検定（Jarque and Bera 1987）がある．この検定の統計量は次式で表される．

$$JB = \frac{n}{6}\left\{SK^2 + \frac{(K-3)^2}{4}\right\}$$

ここで，

$$SK = \frac{\frac{1}{n}\sum_{i=1}^{n}(e_i - \bar{e})^3}{\left\{\frac{1}{n}\sum_{i=1}^{n}(e_i - \bar{e})^2\right\}^{\frac{3}{2}}}$$

$$K = \frac{\frac{1}{n}\sum_{i=1}^{n}(e_i - \bar{e})^4}{\left\{\frac{1}{n}\sum_{i=1}^{n}(e_i - \bar{e})^2\right\}^{2}}$$

は，それぞれ残差の歪度（SK: skewness），尖度（K: kurtosis）を表す．残差が正規分布に従うという帰無仮説のもとで，検定統計量 JB は，自由度 2 のカイ二乗分布 χ^2_2 に従う．

例題 1.1　Barro and Sala-i-Martin の地域所得収束モデル

Barro and Sala-i-Martin（1995）の地域所得収束モデルは，ある時点・地域の 1 人当たり国内総生産（GDP: gross domestic product）の成長率の対数値が，初期時点の 1 人当たり GDP と線形関係にあることを示したモデルである．直線の傾きがマイナスであれば，初期時点の所得が低い地域は所得の成長率が高くなり，一方で初期時点の所得が高い地域は所得の成長率が低くなることを示す．つまり，地域の所得が一定レベルに収束することを示唆する．モデルは次のように表現される．

$$\ln\left(\frac{y_{it}}{y_{i0}}\right) = \alpha + \beta y_{i0} + \varepsilon_i, \quad t = 1, \ldots, T$$

y_{it} は地域 i，時点 t における 1 人当たり GDP，パラメータ $b = -\ln(1+\beta)/T$ は「収束の速さ」(speed of convergence) を表す．表にイタリア 20 州における，2000 年の 1 人当たり GDP，2000 年から 2008 年の実質 GDP 成長率を示す．

Region	Per capita GDP	Growth of GDP (2000–2008)	Region	Per capita GDP	Growth of GDP (2000–2008)
1. Piedmont	130	2.7	11. Marche	125	3.1
2. Aosta Valley	150	2.5	12. Latium	130	2.9
3. Lombardy	140	2.7	13. Abruzzo	100	4.0
4. Trentino-Alto Adige	170	0.5	14. Molise	90	3.5
5. Veneto	160	1.5	15. Campania	110	2.1
6. Friuli Venezia Giulia	160	0.5	16. Puglia	95	3.0
7. Liguria	135	2.0	17. Basilicata	80	4.2
8. Emilia Romagna	145	1.6	18. Calabria	100	3.0
9. Tuscany	135	2.2	19. Sicily	100	2.0
10. Umbria	130	3.2	20. Sardinia	110	2.4

出典：http://sitis.istat.it/sitis/html/

OLS 推定の結果を表にまとめる．これより，次のことが読み取れる．

	Estimate	Standard Error	t-value	p-value
Intercept	6.1614	0.7318	8.42	0.00***
Slope	−0.0295	0.0058	−5.13	0.00***

Signif. codes: ***: $p < 0.001$; **: $p < 0.01$; *: $p < 0.05$; .: $p < 0.1$.
$R^2 = 0.594$ F-statistics (Wald-test) = 26.32 (p-value = 0.00)
AIC = 42.952 BIC = 45.939 JB-test = 1.088 (p-value = 0.58)

t 検定より，定数項と説明変数のパラメータはともに 1% 水準で有意にゼロと異なる．説明変数の符号はマイナスと推定されている．F 検定より，モデルも 1% 水準で有意となっている．R^2 の結果は，モデルが成長率の総変動を 59.38% 説明可能であることを示している．残差の正規性が成り立つ確率は

58.03% となり，正規性を棄却できないことを示唆している．

例題 1.2　Zellner-Revanker の Cobb-Douglas 型生産関数

有名な Cobb-Douglas 型生産関数は，資本と労働力という 2 つの要素から生産力を推計する関数である．Zellner and Revankar（1970）は，地域ごとに集計された 1 人当たりのデータをもとに，Cobb-Douglas 型生産関数の修正を行った．修正した関数は規模の経済の考慮したものとなっている．次の表は，このモデルの実証研究に用いられた，米国における輸送用機械工業に関するデータを示している．なお，データの対象は 1957 年の米国における 25 州に関するものであり，単位はいずれも 100 万ドル（当時）である．

State	Per capita Value Added	Per capita Capital	Per capita Labor	State	Per capita Value Added	Per capita Capital	Per capita Labor
Alabama	1,855,118	55,941	463,985	Massachusetts	1,404,244	89,227	229,163
California	2,333,445	135,165	330,061	Michigan	7,182,313	766,030	863,352
Connecticut	4,484,870	257,870	805,675	Missouri	5,216,680	262,720	678,648
Florida	192,795	22,421	65,688	New Jersey	2,700,862	134,785	336,166
Georgia	4,289,169	162,394	641,324	New York	2,039,978	158,295	412,351
Illinois	2,629,193	214,498	321,422	Ohio	4,440,493	435,201	716,022
Indiana	3,816,035	434,169	571,269	Pennsylvania	2,650,554	147,313	421,253
Iowa	477,280	35,973	106,893	Texas	1,712,380	73,818	356,260
Kansas	6,506,776	136,316	1,134,066	Virginia	2,051,694	84,388	368,247
Kentucky	4,030,581	168,161	387,097	Washington	3,558,369	172,106	491,413
Louisiana	637,635	32,722	138,261	West Virginia	1,513,333	102,867	270,867
Maine	363,790	24,284	79,877	Wisconsin	2,462,754	154,937	371,958
Maryland	3,219,085	136,016	537,535				

Zellner and Revankar（1970）によって提案された一般化 Cobb-Douglas 型生産関数は，次式で表される．

$$\ln(y_i) = \beta_0 + \beta_1 \ln(k_i) + \beta_2 \ln(l_i) + \varepsilon_i$$

ここで，y_i, k_i, l_i はそれぞれ，地域 i における 1 人当たりの，付加価値，資本的支出，労働力支出を表す．パラメータの OLS 推定値を表に示す．

	Estimate	Standard error	t-value	p-value
β_0	−0.0671	0.2116	−0.32	0.75
β_1	3.1978	0.8322	3.84	0.00***
β_2	5.3504	0.5258	10.18	0.00***

Signif. codes: ***: $p < 0.001$; **: $p < 0.01$; *: $p < 0.05$; .: $p < 0.1$.
$R^2 = 0.924$　Adj. $R^2 = 0.917$　F-statistics = 134.300 (p-value = 0.00)
AIC = 43.413　BIC = 48.288　JB-test = 5.691 (p-value = 0.058)

定数項を除き，説明変数の p 値は小さく，1% 水準で有意である．R^2 より，モデルは1人当たり付加価値の総変動を 92.43% 説明している．そして，F 検定結果は 5% 水準で有意であるが，残差の正規性は 5% 水準で有意とならない．

1.2　誤差項の非球面性

前節の説明は，式 (1.4) で示した誤差項の球面性の仮定のもとに成立している．球面性の仮定は，次の2つの性質に分けて考えることができる．

(i) 均一分散（homoscedasticity）：分散共分散行列の対角項が一定の値であること
(ii) 無相関（absence of autocorrelation）：分散共分散行列の非対角項がゼロであること

空間データを扱う際は，不均一分散（heteroscedasticity）と空間的自己相関（spatial autocorrelation）が生じ，球面性の仮定が満たされない場合が多い．球面性における片方，あるいは両方の条件が満たされないとき，OLS 推定量が望ましい推定量とならないことを示すことは容易である．

次の場合を考えてみる．

$$\mathrm{E}[\boldsymbol{\varepsilon}\boldsymbol{\varepsilon}'|\boldsymbol{X}] = \sigma_\varepsilon^2 \boldsymbol{\Omega} \tag{1.38}$$

ただし，$\boldsymbol{\Omega}$ は $n \times n$ の誤差項間の相関行列（correlation matrix）である．

このときの OLS 推定量の期待値は

$$\mathrm{E}\left[\hat{\boldsymbol{\beta}}_{\mathrm{OLS}}|\boldsymbol{X}\right] = \boldsymbol{\beta} \tag{1.39}$$

であり，前節と同様に不偏性を持つ．しかし，その分散は

$$\mathrm{Var}\left[\hat{\boldsymbol{\beta}}_{\mathrm{OLS}}|\boldsymbol{X}\right] = \sigma_{\varepsilon}^2(\boldsymbol{X}'\boldsymbol{X})^{-1}\boldsymbol{X}'\boldsymbol{\Omega}\boldsymbol{X}(\boldsymbol{X}'\boldsymbol{X})^{-1} \neq \sigma_{\varepsilon}^2(\boldsymbol{X}'\boldsymbol{X})^{-1} \tag{1.40}$$

となるから，$\boldsymbol{\Omega}$ の要素の値に応じて $\mathrm{Var}[\hat{\boldsymbol{\beta}}_{\mathrm{OLS}}] > \sigma_{\varepsilon}^2(\boldsymbol{X}'\boldsymbol{X})^{-1}$ となりえ，OLS 推定量の分散は最小でなくなる．

均一分散を検定するために，不均一分散となるさまざまな状況を想定した数多くの手法が提案されている．Breusch-Pagan 検定（Breusch and Pagan 1979）は，$\sigma_i^2 = \sigma^2 \times f(\boldsymbol{\alpha}\boldsymbol{x}_i')$ で表される式を通じて，均一分散を検定する手法である．$\boldsymbol{\alpha}$ は $1 \times k$ のベクトル，$\boldsymbol{x}_i$ は標本 i における定数項を含む $1 \times k$ の説明変数ベクトルである．帰無仮説を均一分散（$\boldsymbol{\alpha} = \boldsymbol{0}$）とすると，$LM$ 検定統計量は

$$BP = \frac{1}{2}\left(\boldsymbol{g}'\boldsymbol{X}(\boldsymbol{X}'\boldsymbol{X})^{-1}\boldsymbol{X}'\boldsymbol{g}\right) \tag{1.41}$$

と表すことができる．ここで，$\boldsymbol{g}$ は残差 $\boldsymbol{e}$ を変換した $n \times 1$ のベクトルで，その i 番目の要素を $g_i = e_i^2/\{(\boldsymbol{e}'\boldsymbol{e}/n) - 1\}$ で定義している．均一分散の仮定（つまり $\boldsymbol{\alpha} = \boldsymbol{0}$）のもとで，検定統計量 BP は漸近的に自由度（$k - 1$）の $\chi^2_{(k-1)}$ 分布に従うことが知られている．よく用いられるもう 1 つの検定手法として，式 (1.40) で表される $\hat{\boldsymbol{\beta}}_{\mathrm{OLS}}$ の分散共分散行列を利用する，White 検定（White 1980）が知られている．この検定統計量 WH は $WH = n \times R^2$ で与えられる．ここで，R^2 は，残差の二乗 e_i^2 からなる $n \times 1$ のベクトルを被説明変数として，説明変数とそのクロス積を説明変数行列としたモデルの決定係数である．均一分散を帰無仮説として，検定統計量 WH は漸近的に $\chi^2_{(k-1)}$ 分布に従うことが知られている．なお，Breusch-Pagan 検定と White 検定はともに誤差項間の独立が前提となっているため，事前に同時性（simultaneity）を検定しておく必要があることは留意されたい．

時系列データ（time series data）を扱う分析では，誤差項間の自己相関（系列相関 serial correlation）に関する検定として Durbin-Watson 検定（Greene 2011）が知られている．しかし，空間データを扱う際の自己相関（空間的自己相関）に関する検定は，時系列データと比べ複雑な問題を伴うため，第 2 章で説明するアドホックな対処が必要となる．

前述したように，誤差項の球面性の仮定が満たされないとき，OLS 推定量

は最小分散推定量とならない．このようなときに望ましい推定量を得るための方法として，以下で説明する一般化最小二乗（GLS: Generalized Least Squares）法が知られている．

まず，$\boldsymbol{\Omega}(n \times n)$ を次のように分解する．

$$\boldsymbol{\Omega} = \boldsymbol{P}\boldsymbol{P}' \tag{1.42}$$

$\boldsymbol{P}$ は $n \times n$ の非特異行列（non-singular matrix）である．$\boldsymbol{\Omega}$ の逆行列は

$$\boldsymbol{\Omega}^{-1} = (\boldsymbol{P}')^{-1}\boldsymbol{P}^{-1} \tag{1.43}$$

と表すことができる．ここで，$\boldsymbol{P}^{-1}$ を式 (1.1) の両辺に左から掛けると

$$\boldsymbol{P}^{-1}\boldsymbol{y} = \boldsymbol{P}^{-1}\boldsymbol{X}\boldsymbol{\beta} + \boldsymbol{P}^{-1}\boldsymbol{\varepsilon}$$

となる．ここで，

$$\boldsymbol{y}^* = \boldsymbol{P}^{-1}\boldsymbol{y},\ \boldsymbol{X}^* = \boldsymbol{P}^{-1}\boldsymbol{X},\ \boldsymbol{\varepsilon}^* = \boldsymbol{P}^{-1}\boldsymbol{\varepsilon} \tag{1.44}$$

とおくと，式 (1.44) は

$$\boldsymbol{y}^* = \boldsymbol{X}^*\boldsymbol{\beta} + \boldsymbol{\varepsilon}^* \tag{1.45}$$

と表すことができる．このとき，式 (1.38) から誤差項の分散共分散行列の期待値は

$$\mathrm{E}[\boldsymbol{\varepsilon}^*\boldsymbol{\varepsilon}^{*\prime}] = \mathrm{E}\Big[\boldsymbol{P}^{-1}\boldsymbol{\varepsilon}\boldsymbol{\varepsilon}'(\boldsymbol{P}')^{-1}\Big] = \sigma_\varepsilon^2\boldsymbol{P}^{-1}\boldsymbol{\Omega}(\boldsymbol{P}')^{-1} \tag{1.46}$$

となる．式 (1.42) を用いると

$$\mathrm{E}[\boldsymbol{\varepsilon}^*\boldsymbol{\varepsilon}^{*\prime}] = \sigma_\varepsilon^2\boldsymbol{I}$$

と表せる．したがって，式 (1.44) における誤差項 $\boldsymbol{\varepsilon}^*$ は球面性を満足し，式 (1.45) の OLS 推定量が望ましい推定量となることを確認できる．

式 (1.45) における $\boldsymbol{\beta}$ の OLS 推定量は

$$\begin{aligned}\hat{\boldsymbol{\beta}}^*_{\text{OLS}} &= (\boldsymbol{X}'^*\boldsymbol{X}^*)^{-1}\boldsymbol{X}^{*\prime}\boldsymbol{y}^* \\ &= \left(\boldsymbol{X}'(\boldsymbol{P}')^{-1}\boldsymbol{P}^{-1}\boldsymbol{X}\right)^{-1}\boldsymbol{X}'(\boldsymbol{P}')^{-1}\boldsymbol{P}^{-1}\boldsymbol{y} \\ &= (\boldsymbol{X}'\boldsymbol{\Omega}^{-1}\boldsymbol{X})^{-1}\boldsymbol{X}'\boldsymbol{\Omega}^{-1}\boldsymbol{y} \\ &= \hat{\boldsymbol{\beta}}_{\text{GLS}}\end{aligned} \tag{1.47}$$

と表すことができる[10)]．この推定量の分散は次式で与えられる．

$$\text{Var}\left[\hat{\boldsymbol{\beta}}_{\text{GLS}}\right] = \sigma^2_{\boldsymbol{\varepsilon}}(\boldsymbol{X}'\boldsymbol{\Omega}^{-1}\boldsymbol{X})^{-1} \tag{1.48}$$

$\hat{\boldsymbol{\beta}}_{\text{GLS}}$ は，GLS 推定量や Aitken 推定量と呼ばれ，$\boldsymbol{\beta}$ の BLUE である．

GLS 推定量は，式 (1.45) の ML 推定量と一致することを示すこともできる．誤差項に正規性を仮定を仮定すると，尤度関数は

$$L(\boldsymbol{\beta}, \sigma^2_{\boldsymbol{\varepsilon}}) = \text{const.} \times \left(\sigma^2_{\boldsymbol{\varepsilon}}\right)^{-\frac{n}{2}} |\boldsymbol{\Omega}|^{-\frac{1}{2}} \exp\left\{-\frac{(\boldsymbol{y}-\boldsymbol{X\beta})'\boldsymbol{\Omega}^{-1}(\boldsymbol{y}-\boldsymbol{X\beta})}{2\sigma^2_{\boldsymbol{\varepsilon}}}\right\} \tag{1.49}$$

と表すことができる．ここで，$|\boldsymbol{\Omega}|$ は $\boldsymbol{\Omega}$ の行列式（determinant）である．対数尤度関数は

$$\begin{aligned}\ell(\boldsymbol{\beta}, \sigma^2_{\boldsymbol{\varepsilon}}) &= \ln\left\{L(\boldsymbol{\beta}, \sigma^2_{\boldsymbol{\varepsilon}})\right\} \\ &= \text{const.} - \frac{n}{2}\ln(\sigma^2_{\boldsymbol{\varepsilon}}) - \frac{1}{2}\ln|\boldsymbol{\Omega}| - \frac{(\boldsymbol{y}-\boldsymbol{X\beta})'\boldsymbol{\Omega}^{-1}(\boldsymbol{y}-\boldsymbol{X\beta})}{2\sigma^2_{\boldsymbol{\varepsilon}}}\end{aligned} \tag{1.50}$$

と表せる．式 (1.50) の最後の項以外は $\boldsymbol{\beta}$ に関して一定であるから，式 (1.50) を最大化することは，最後の項を最小化することにほかならない．したがって，式 (1.45) の ML 推定量は次式を最小化する解である．

$$(\boldsymbol{y}-\boldsymbol{X\beta})'\boldsymbol{\Omega}^{-1}(\boldsymbol{y}-\boldsymbol{X\beta})$$

上式の 1 階の導関数をゼロとする連立方程式を解くことで，ML 推定量

$$\hat{\boldsymbol{\beta}}_{\text{ML}} = (\boldsymbol{X}'\boldsymbol{\Omega}^{-1}\boldsymbol{X})^{-1}\boldsymbol{X}'\boldsymbol{\Omega}^{-1}\boldsymbol{y} \tag{1.51}$$

---

10) 訳注：原著では，逆行列を表す演算子「$^{-1}$」と転置を表す演算子「^{T}」を合わせた演算子「$^{-T}$」を用いているが，本書ではこの表記を用いず，明示的にそれぞれの演算子を表すこととする．

が得られ，式 (1.47) すなわち $\hat{\boldsymbol{\beta}}_{\mathrm{GLS}}$ と一致することが確認できる．

式 (1.45) に OLS 法を適用したとき，σ_ε^2 の不偏推定量は次式で表すことができる．

$$s_\varepsilon^2 = \frac{\boldsymbol{e}^{*\prime}\boldsymbol{e}^*}{n-k} \tag{1.52}$$

ここで，$\boldsymbol{e}^* = \boldsymbol{P}^{-1}\boldsymbol{y} - \boldsymbol{P}^{-1}\boldsymbol{X}\boldsymbol{\beta}$ であるから，これを式 (1.52) に代入すると

$$s_\varepsilon^2 = \frac{1}{n-k}\left(\boldsymbol{P}^{-1}\boldsymbol{y} - \boldsymbol{P}^{-1}\boldsymbol{X}\boldsymbol{\beta}\right)'\left(\boldsymbol{P}^{-1}\boldsymbol{y} - \boldsymbol{P}^{-1}\boldsymbol{X}\boldsymbol{\beta}\right) \tag{1.53}$$

となり，整理すると

$$s_\varepsilon^2 = \frac{1}{n-k}\left(\boldsymbol{y}'\boldsymbol{\Omega}^{-1}\boldsymbol{y} - \boldsymbol{\beta}'\boldsymbol{X}'\boldsymbol{\Omega}^{-1}\boldsymbol{y}\right) \tag{1.54}$$

と表すことができる．s_ε^2 を用いて，各係数パラメータの検定やモデルの検定を行うことができる．ただし，これらは以下のいずれかの場合に限り実行可能であることには留意が必要である．

(a) 誤差項の分散行分散行列における不均一分散と自己相関を考慮することにより，分散共分散行列を完全に特定できるとき
(b) 分散共分散行列のすべての要素が既知であるとき

条件 (a) を満たす方法として，不均一分散と自己相関を極力少ないパラメータを用いて特定化するアプローチが考えられる．これについては後の章で説明する．実際の分析では，条件 (b) が満たされる場合は非常に稀である．このため，GLS 推定法を用いるには，分散共分散行列のパラメータの一致推定量を得ておく必要がある．このときの GLS 推定結果は，推定量の性質について配慮した解釈が必要となる．

例題 1.3　Barro and Sala-i-Martin の地域所得収束モデル（続）

例題 1.1 のデータから，Breusch-Pagan 検定統計量を算出すると，$BP = 0.0045$，p 値は 0.9462 となる．この結果から，帰無仮説である均一分散は棄却されないことがわかる．しかし，この結果は残差間で自己相関がない場合のみ正確な判断となることに注意が必要である．残差間の自己相関に関しては，

第 2 章でその詳細を扱う．図はイタリア 20 州を北部と南部で色分けした散布図である．この図からは北部と南部に関して地理的な違いは確認できないものの，さらなる分析が必要なことは明らかである．

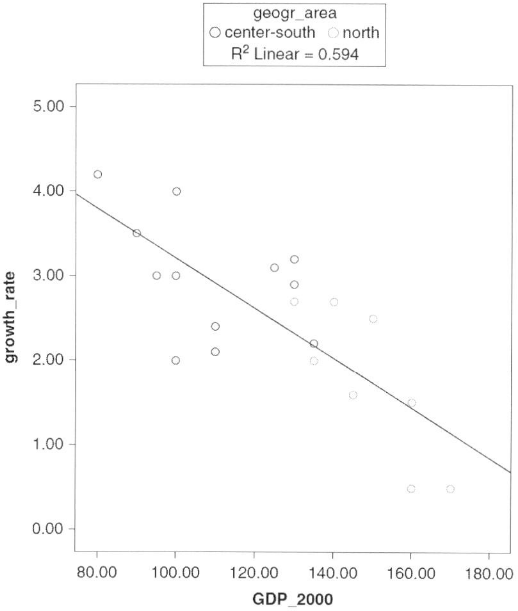

出典：ISTAT のデータベース（http://sitis.istat.it/sitis/html/）である "Territorial indicators" よりダウンロードしたデータを用いて，原著者作成．

1.3　内生性

OLS 推定量は，式 (1.3) で表される（強）外生性の仮定 $\mathrm{E}[\boldsymbol{\varepsilon}|\boldsymbol{X}] = \mathbf{0}$ を満足するときにのみ，望ましい推定量を得られる．この仮定は，$\mathrm{E}[\boldsymbol{X}]$ が一定のもとで，説明変数 $\boldsymbol{X}$ と誤差項 $\boldsymbol{\varepsilon}$ が無相関であること，つまり，$\mathrm{E}[\boldsymbol{X}'\boldsymbol{\varepsilon}] = \mathbf{0}$ と表すことができる．誤差項の期待値がゼロ $\mathrm{E}[\boldsymbol{\varepsilon}] = \mathbf{0}$ のとき，この条件は満たされる．式 (1.3) の仮定を満足しないとき，いくつか，あるいはすべての説明変数は内生的であるといい，OLS 推定量は，一般には不偏性と一致性を持たなく

なる．内生変数（endogeneous variables）は，変数が誤差（errors in variable）をともなう場合や，同時性（simultaneity）を持つ場合など，計量経済学が扱うさまざまな場面で生じる（Greene 2011）．後述するように，空間データを扱う回帰モデルにおいても内生性の問題は生じうる．

内生性を持つ場合に望ましい推定量を得る方法として，Theil（1953）とBasmann（1957）によって提案された二段階最小二乗（2SLS: Two-Stage Least Squares）法と呼ばれる推定法がある．この推定法は，操作変数（IV: instrumental variable）と呼ばれる変数を用いることでパラメータ推定を行う手法である．標本の大きさを n，操作変数の数を h として，$n \times h$ の操作変数行列 $\boldsymbol{H}$ を導入する．望ましい操作変数は，説明変数とは相関を持ち，誤差項とは相関を持たない，という条件を満たす必要がある．第一段階のモデルは，$\boldsymbol{X}$ における内性変数の列ベクトル $\boldsymbol{x}(n \times 1)$ を操作変数行列 $\boldsymbol{H}$ に次のように回帰する．

$$\boldsymbol{x} = \boldsymbol{H}\boldsymbol{\gamma} + \boldsymbol{\eta} \tag{1.55}$$

ただし，$\boldsymbol{\gamma}$ は $h \times 1$ のパラメータであり，誤差項 $\boldsymbol{\eta}(n \times 1)$ には $\boldsymbol{\eta} \sim$ i.i.d. $\mathcal{N}(\boldsymbol{0}, \sigma_\eta^2 \boldsymbol{I})$ を仮定する．このモデルにおける OLS 推定量は次のようになる．

$$\hat{\boldsymbol{\gamma}} = \hat{\boldsymbol{\gamma}}_{\mathrm{OLS}} = (\boldsymbol{H}'\boldsymbol{H})^{-1}\boldsymbol{H}'\boldsymbol{x} \tag{1.56}$$

第二段階では，$\boldsymbol{y}$ を $\boldsymbol{X}$ に直接的に回帰するのではなく，$\boldsymbol{H}$ で操作した（instrumented）$\boldsymbol{X}$ に回帰する．より正確に書けば，$\boldsymbol{y}$ を式 (1.55) から得られる $\boldsymbol{X}$ の推定値，つまり，$\hat{\boldsymbol{X}} = \boldsymbol{H}\hat{\boldsymbol{\gamma}}_{\mathrm{OLS}} = \boldsymbol{H}(\boldsymbol{H}'\boldsymbol{H})^{-1}\boldsymbol{H}'\boldsymbol{X} = \boldsymbol{P}_{\boldsymbol{H}}\boldsymbol{X}$ に回帰する．ここで，$\boldsymbol{P}_{\boldsymbol{H}}$ は $\boldsymbol{P}_{\boldsymbol{H}} = \boldsymbol{H}(\boldsymbol{H}'\boldsymbol{H})^{-1}\boldsymbol{H}'$ であり，$\boldsymbol{H}$ の冪等射影行列である．

第二段階のモデルは

$$\boldsymbol{y} = \hat{\boldsymbol{X}}'\boldsymbol{\beta} + \boldsymbol{\varepsilon} \tag{1.57}$$

と表すことができ，このモデルにおける $\boldsymbol{\beta}$ の OLS 推定量は次のように与えられる．

$$\hat{\boldsymbol{\beta}}_{\mathrm{2SLS}} = (\hat{\boldsymbol{X}}'\hat{\boldsymbol{X}})^{-1}\hat{\boldsymbol{X}}'\boldsymbol{y} \tag{1.58}$$

冪等行列の性質を用いると，式 (1.58) は次のように表すこともできる．

$$
\begin{aligned}
\hat{\boldsymbol{\beta}}_{\text{2SLS}} &= (\hat{\boldsymbol{X}}'\hat{\boldsymbol{X}})^{-1}\hat{\boldsymbol{X}}'\boldsymbol{y} \\
&= (\boldsymbol{X}'\boldsymbol{P}_H'\boldsymbol{P}_H\boldsymbol{X})^{-1}\boldsymbol{X}'\boldsymbol{P}_H'\boldsymbol{y} \\
&= (\boldsymbol{X}'\boldsymbol{P}_H\boldsymbol{X})^{-1}\boldsymbol{X}'\boldsymbol{P}_H'\boldsymbol{y} \\
&= (\boldsymbol{X}'\boldsymbol{H}(\boldsymbol{H}'\boldsymbol{H})^{-1}\boldsymbol{H}'\boldsymbol{X})^{-1}\boldsymbol{X}'\boldsymbol{H}(\boldsymbol{H}'\boldsymbol{H})^{-1}\boldsymbol{H}'\boldsymbol{y}
\end{aligned}
\tag{1.59}
$$

式 (1.59) で表す推定量は，二段階最小二乗（2SLS）推定量，操作変数（IV）推定量，一般化操作変数（GIV）推定量として知られている．また，式 (1.59) は，$\boldsymbol{P}_H$ を加重行列とみなせば，GLS 推定量とみなすこともできる．2SLS 法が提案された 1950 年代は上述したような二段階で推定を行っていたが，計算機性能が向上した現代においては外生性を操作変数に仮定することで一段階で推定を行うことができる．母集団におけるモーメント条件は

$$
\mathrm{E}[\boldsymbol{H}'\boldsymbol{\varepsilon}] = \boldsymbol{0} \tag{1.60}
$$

と表すことができ，これを標本におけるモーメント条件に書き換えると次のように表せる．

$$
\mathrm{E}[\boldsymbol{H}'(\boldsymbol{y} - \boldsymbol{X}\hat{\boldsymbol{\beta}})] = \boldsymbol{0} \tag{1.61}
$$

式 (1.61) を $\hat{\boldsymbol{\beta}}$ について解けば，モーメント法による推定量

$$
\hat{\boldsymbol{\beta}}_{\text{MM}} = (\boldsymbol{H}'\boldsymbol{X})^{-1}\,\boldsymbol{H}'\boldsymbol{y} \tag{1.62}
$$

を導くこともでき，これは式 (1.59) の 2SLS 推定量と一致する[11]．

2SLS 推定量は，平均と分散がそれぞれ

$$
\mathrm{E}\left[\hat{\boldsymbol{\beta}}_{\text{2SLS}}\right] = \boldsymbol{\beta} \tag{1.63}
$$

$$
\mathrm{Var}\left[\hat{\boldsymbol{\beta}}_{\text{2SLS}}\right] = \sigma_\varepsilon^2(\boldsymbol{H}'\boldsymbol{X})^{-1}\boldsymbol{H}'\boldsymbol{H}(\boldsymbol{X}'\boldsymbol{H})^{-1} \tag{1.64}
$$

の正規分布に漸近的に従い，これをもとに仮説検定を行うことが可能である．

---

11)　訳注：内生変数と操作変数の数が等しく，$\boldsymbol{H}'\boldsymbol{X}$ が非特異（正則）行列の場合に成立する．

例題 1.4　Zellner-Revankar の生産関数（続）

表は，例題 1.2 で説明した Zellner and Revankar（1970）の生産関数に関する元データである．

現象を理解するという目的は脇において，このデータを用いたIV 法の例を示そう.「付加価値」(Value added）を被説明変数,「労働力支出」(labour input）を内生的な説明変数とするモデルを考え，操作変数には「企業数」(number of establishments）を用いることとする．ここで,「企業数」は「労働力支出」との相関係数が 0.839 であり,「相関」を持つ変数といえる.

State	Value Added	Capital Input	Labour Input	Number of Establishments
Alabama	126,148	3,804	31,551	68
California	3,201,486	185,446	452,844	1,372
Connecticut	690,670	39,712	124,074	154
Florida	56,296	6,547	19,181	292
Georgia	304,531	11,530	45,534	71
Illinois	723,028	58,987	88,391	275
Indiana	992,169	112,884	148,530	260
Iowa	35,796	2,698	8,017	75
Kansas	494,515	10,360	86,189	76
Kentucky	124,948	5,213	12,000	31
Louisiana	73,328	3,763	15,900	115
Maine	29,467	1,967	6,470	81
Maryland	415,262	17,546	69,342	129
Massachusetts	241,530	15,347	39,416	172
Michigan	4,079,554	435,105	490,384	568
Missouri	652,085	32,840	84,831	125
New Jersey	667,113	33,292	83,033	247
New York	940,430	72,974	190,094	461
Ohio	1,611,899	157,978	259,916	363
Pennsylvania	617,579	34,324	98,152	233
Texas	527,413	22,736	109,728	308
Virginia	174,394	7,173	31,301	85
Washington	636,948	30,807	87,963	179
West Virginia	22,700	1,543	4,063	15
Wisconsin	349,711	22,001	52,818	142

IV 推定の結果を表にまとめる.

	Estimate	Standard Error	t-value	p-value
β_0	−55486.2500	0.21156	48669.26	−1.14
β_2	7.2645	0.3291	22.074	0.000***

Signif. codes: ***: $p < 0.001$; **: $p < 0.01$; *: $p < 0.05$; .: $p < 0.1$.
$R^2 = 0.970$　Adj. $R^2 = 0.969$　F-statistics = 487.268 (p-value = 0.00)
JB-test = 26.318 (p-value = 0.00)　BP-test = 20.187 (p-value = 0.00)
Second stage SSR = 8.25×10^{12}

推定結果は，データに対するモデルの当てはまりがよいことを示している．しかし，*JB* 検定統計量，*BP* 検定統計量の結果は，残差が正規性と均一分散の仮定を満たさない証拠を提示している．したがって，用いるモデルと推定法を再考する必要が示唆される．

1.4　R コード：線形回帰モデルの推定

統計ソフト R は，ウェブサイト〈`http://cran.r-project.org/`〉から無償でダウンロードすることができる．オペレーティングシステムは，Windows, Mac OS X, Linux に対応している．

R は，データを内部で生成したり，外部から読み込んだりすることができる．コンソール画面に次のようなコマンドを入力することで，$n \times 1$ のベクトル `x`，`y`，`z` を内部で生成することができる[12)]．

```
x <- c(x1, x2, ..., xn)
y <- c(y1, y2, ..., yn)
z <- c(z1, z2, ..., zn)
```

あるいは，外部ファイル（たとえば，TXT ファイル（`.txt`）や CSV ファイル（`.csv`）からデータを読み込むことができる．

12) 訳注：$n = 3$ としたときは，たとえば，次のようにする．

```
x <- c(1, 3, 5); y <- c(2, 4, 8); z <- c(2, 5, 7)
```

```
read.table("filename.txt", header=T, dec=".")
read.txt("filename.txt", header=T, dec=".")
read.csv("filename.csv", header=T, dec=".")
```

さて，単回帰モデルを考える．まず散布図を描画しておく．

```
plot(x, y)
```

単回帰モデルのパラメータは，次のようにして推定することができる．

```
model1 <- lm(y~x)
```

ここで，lm は線形モデル（Linear Modeling）の頭文字である．model1 は，lm(y~x) の結果が格納されたオブジェクトであり，オブジェクト名は分析者が任意の名を与えることができる．

先の散布図に回帰直線を加えるには，次のコマンドを入力する．

```
abline(model1)
```

つづいて，重回帰モデルを考える．単回帰モデルと同様に，lm() 関数を用いることでパラメータを推定することができる．

```
model2 <- lm(y~x+z)
```

推定結果は，次のコマンドを入力することでコンソール画面に表示される．

```
summary(model2)
```

summary() 関数は，パラメータの点推定値，p 値，R^2，自由度調整済み R^2 のほか，F 検定の結果を出力とする関数である．summary() 関数に含まれていない，AIC と BIC を計算したい場合は，次のコマンドを入力する．

```
AIC(model2)
BIC(model2)
```

パラメータの信頼区間も，次のコマンドで計算することができる．

```
confint(model2)
```

残差は model2 の risiduals に格納されており，次のようにして確認できる[13)].

```
model2$residuals
```

より多くのモデル診断指標を計算したい場合は，パッケージ {lmtest}，{tseries} が有用である．パッケージをインストールするには，次のコマンドを入力する．

```
install.packages("lmtest")
install.packages("tseries")
```

パッケージをインストールした後は，次のようにしてコンソール上に読み込む．

```
library(lmtest)
library(tseries)
```

パッケージ {lmtest}，{tseries} には，均一分散を検定する手法の 1 つである Breush-Pagan 検定や正規性の検定手法の 1 つである Jarque-Bera 検定など，モデル診断に有用な手法が実装されている．この検定の統計量は次のコマンドで計算できる．

```
bptest(model2)
jarque.bera.test(model2$residuals)
```

13) 訳注：オブジェクトのリストは，str() 関数を実行することで確認できる．たとえば，str(model2) と入力すれば，オブジェクト model2 に格納された全リストが参照できる．各リストに格納されたデータは，「(オブジェクト名) $ (リスト名)」などと入力することで呼び出すことができる．

キーワード

- 独立な誤差項を持つ線形回帰モデル（Linear model with independent disturbances）
- 最小二乗法（Ordinary Least Squares estimation method: OLS）
- 最良線形不偏推定量（Best Linear Unbiased Estimator: BLUE）
- 望ましい推定量の性質：不偏性，効率性，一致性，正規性（Properties of the parameter estimators: unbiasedness, efficiency, consistency, normality）
- 最尤法（Maximum Likelihood estimation method: ML）
- スコア関数（Score function）
- Fisher の情報行列（Fisher's information matrix）
- モーメント法（MM）（Method of Moments estimation method: MM）
- パラメータの仮説検定（Hypothesis testing on the model's parameters）
- モデルの F 検定（F-test on the model）
- 決定係数：R^2（Coefficient of determination: R^2）
- 調整済み決定係数：Adjusted R^2（Adjusted R^2）
- 赤池情報量規準（Akaike information criterion: AIC）
- Schwartz の（ベイジアン）情報量規準（Schwartz (or Bayesian) information criterion: BIC）
- 尤度比検定（Likelihood ratio test）
- Wald 検定（Wald test）
- スコア検定（ラグランジュ乗数検定）（Rao's score test (or Lagrange multiplier)）
- Jarque-Bera 検定（Jarque-Bera test）
- 不均一分散（Heteroscedasticity）
- Breusch-Pagan 検定（Breusch-Pagan test of homoscedasticity）
- 自己相関（Autocorrelation）
- 一般化最小二乗法（Generalized Least Squares (or Aitken) estimation criterion: GLS）
- 外生性（Exogeneity）
- 二段階最小二乗法（Two-Stage Least Squares estimation method (Generalized Instrumental Variable Estimator): 2SLS）

- 内生変数と相関する操作変数（Relevant instruments）
- 誤差項と無相関な操作変数（Exogenous instruments）

クイズ

1. OLS 推定量と ML 推定量が一致する条件は何か．空間データの回帰モデルを考えるとき，その条件は満たされやすいかどうか答えよ．OLS 推定量と ML 推定量が等しくなることは何を意味するか答えよ，また，逆に 2 つの推定量が等しくならないことは何を意味するか答えよ．
2. いま，被説明変数 $\boldsymbol{y}$ を地域内消費額，説明変数 $\boldsymbol{x}$ を地域所得とする回帰モデル $\boldsymbol{y} = \beta\boldsymbol{x} + \boldsymbol{\varepsilon}$ を考える．なお，変数はどちらも千ドル単位である．ここで，$\boldsymbol{x}$ の単位を百万ドル単位に変換したとき，パラメータの推定値 $\hat{\beta}$ はどうなるか答えよ．また，$\boldsymbol{y}$ の単位も百万ドル単位に変換したとき，$\hat{\beta}$ はどうなるか答えよ．
3. 観測したデータから求めたモデルがどれだけ理論モデルに当てはまるかを計る代表的な指標は何か答えよ．
4. IV 法において，操作変数が内生変数と相関することをどのように証明するか答えよ．
5. 時系列モデルにおいて，回帰残差間の自己相関は Durbin-Watson 統計量 $d = \sum_{t=2}^{T}(e_t - e_{t-1})^2 / \sum_{t=1}^{T} e_t^2$（$t = 1, \ldots, T$）によって検定することができる．この統計量は，時点 t の順序（古い→新しい）を考慮している．空間データにおける回帰残差間の自己相関を診断する際，考慮しなければいけない要素は何か答えよ．
6. 誤差項に不均一分散や自己相関が生じている場合，OLS 推定量の代わりに GLS 推定量を用いる方が望ましいのはなぜか答えよ．

章末問題

1.1　次ページの表に示すデータは，英国における地域経済データの一部である．データは，総付加価値（GVA: gross value added），労働生産性，企業開業率

Country	Region	GVA (% of UK)	Labor Productivity (UK = 100)	Business Birth Rate (%)
Wales		3.6	81.5	9.3
Scotland		8.3	96.9	10.9
Northern Ireland		2.3	82.9	6.5
England	North of England	3.2	86.2	11.2
England	North West England	9.5	88.6	11.1
England	Yorkshire & Humberside	6.9	84.7	10.5
England	East Midlands	6.2	89.2	10.3
England	West Midlands	7.3	89.1	10.5
England	East Anglia	8.7	96.8	10.5
England	Greater London	21.6	139.7	14.6
England	South East England	14.7	108.3	10.8
England	South West England	7.7	89.8	9.6

出典：http://www.statistics.gov.uk/hub/index.html

である．1.4 節で説明した R コードを用いて，下記の問いに答えよ．

1. 被説明変数が GVA，説明変数が労働生産性と企業開業率の回帰モデル（model 1）のパラメータを推定せよ．
2. 被説明変数が GVA，説明変数が労働生産性の回帰モデル（model 2），同様に被説明変数が GVA，説明変数が企業開業率の回帰モデル（model 3）のパラメータを推定せよ．
3. model 1–3 の結果を比較せよ．モデルの説明力の観点からは，どのモデルがよいか．また，よいモデルを選ぶ際に，考慮した要素を述べよ．
4. 労働生産性を企業開業率に回帰せよ（model 4）．
5. model 1 の残差を計算せよ．
6. 次ページの図を参照して，残差の地理的な分布を描け．そして，地理的な傾向があるか述べよ．

参考文献

Barro, R. J. and Sala-i-Martin, X. (1995) *Economic Growth*. New York: McGraw Hill.

Basmann, R. L. (1957) A Generalized Classical Method of Linear Estimation of Coefficients in a Structural Equation. *Econometrica*, 25, 1, 77–83.

Breusch, T. S. and Pagan, A. R. (1979) A Simple Test for Heteroscedasticity and Random

Coefficient Variation. *Econometrica*, 47, 5, 1287–1294.

Greene, W. (2011) *Econometric Analysis, 7th edition.* Upper Saddle River, NJ: Pearson Education.

Jarque, C. M. and Bera, A. K. (1987) A Test for Normality of Observations and Regression Residuals. *International Statistical Review*, 55, 169–172.

Theil, H. (1953) *Repeated Least Squares Applied to Complete Equation Systems.* The Hague: Central Planning Bureau.

White, H. (1980) A Heteroskedasticity-Consistent Covariance Matrix Estimator and a Direct Test for Heteroskedasticity. *Econometrica*, 48, 4, 817–838.

Zellner, A. and Revankar, N. (1970) Generalized Production Functions. *Review of Economic Studies*, 37, 241–250.

第 2 章　空間計量経済学における重要な定義

2.1　空間重み行列 W と空間ラグの定義

誤差項に自己相関が存在する場合，その分散共分散行列における非対角成分のいくつかは 0 にならない．すでに述べたとおり，共分散が 0 でないときには最小二乗法による推定量は有効性を持たず，さらには自己相関関係を特定できなければ一般化最小二乗法は適用できない．そこで本章では，国や地域などの地理的単位により観測されるデータを分析する際の，対角行列ではない分散共分散行列をモデル化する手法について考える．本節では，前提となる概念をいくつか紹介する．

たとえば，地域（$i = 1, \ldots, n$）において現象を観測する際，誤差項間における空間的自己相関の存在によって分散共分散行列の非対角要素は 0 ではなくなる．正の空間的自己相関は，地理的単位が近い場合の方が，遠い場合よりも類似している際に生じる．同様に，分散共分散行列は，いくつかの地域でより大きな誤差項の分散が存在する際に空間的異質性を表す．例を図 2.1 に示す．

空間的自己相関の定義において，近さの概念について言及したが，近さの概念に関してはさらなる説明が必要である．ここで，空間計量経済学は，標準的な計量経済学と異なり，空間データを扱う際に 2 つの異なる情報が必要となることについて言及しておきたい．

第 1 の情報は，経済的な変数の観測地（場所）に関係するものであり，第 2 の情報は，変数が観測された場所や空間的な観測地点間の近接的な結びつきに関係する．第 2 の情報の必要性は，標準的な計量経済学や統計学のソフトウェア（たとえば，Eviews や SPSS など）において，空間情報を扱う空間計量

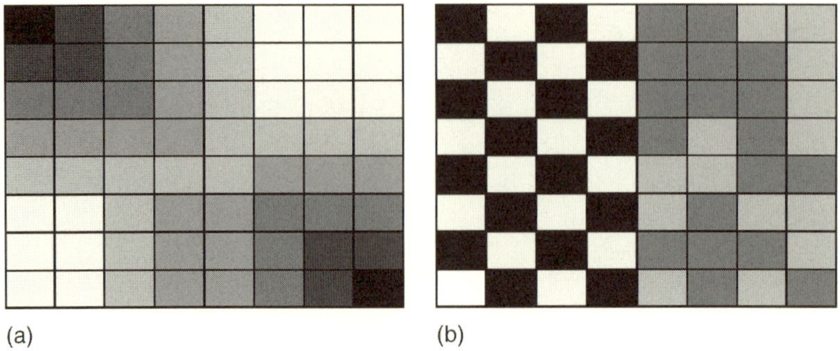

図 **2.1** 8×8で格子状に並んだ64の方形間での，(a) 空間的自己相関，および (b) 空間的異質性のイメージ．濃淡の違いは変数の値の大小を示しており，白いほど値が低く，黒いほど値が高い．(b) の左半分は異質性が高く，右半分は異質性が低い．

経済学や空間統計学専用機能の導入が進まない要因である．図2.1に示すような規則的に並んだ正方形の格子上でデータが観測される場合，近さの定義は図2.2に示したチェスの駒の動きにならって，ルーク (rook) 基準 (2つの地域が線で接しているときに近接) かクイーン (queen) 基準 (2つの地域が線もしくは点で接しているときに近接) で簡単に定義される．

しかし，空間計量経済学ではほとんどの場合，国や地域のような不整形な行

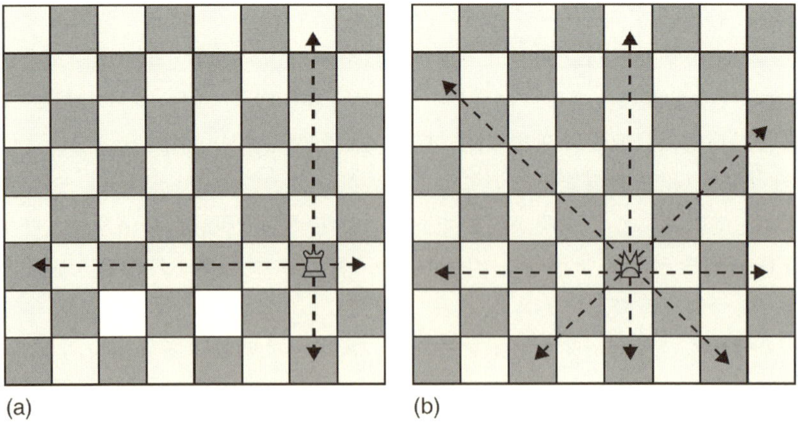

図 **2.2** 格子状に並んだ正方形間における近接性基準のイメージ．(a)，(b) はそれぞれチェスにおけるルークとクイーンの動きを表している．

政区域を取り扱うことになるため，別の定義が必要となる．

空間計量経済学の手法において最も大切なのはいわゆる空間重み行列 $\boldsymbol{W}$ と呼ばれる接続行列の定義である．空間重み行列の定義の中で最も単純な例を以下に示す．

$$\boldsymbol{W} = \begin{pmatrix} w_{11} & \cdots & w_{1j} & \cdots & w_{1n} \\ \vdots & \ddots & \vdots & \ddots & \vdots \\ w_{i1} & \cdots & w_{ij} & \cdots & w_{in} \\ \vdots & \ddots & \vdots & \ddots & \vdots \\ w_{n1} & \cdots & w_{nj} & \cdots & w_{nn} \end{pmatrix} \tag{2.1}$$

行列の各要素は次式で定義される．

$$w_{ij} = \begin{cases} 1 & \text{if } j \in N(i) \\ 0 & \text{otherwise} \end{cases} \tag{2.2}$$

ここで，$N(i)$ は地域 i に隣接する地域の集合である．また，定義より，$w_{ii} = 0$ とする．

近傍地域 $N(i)$ に関して異なる定義も可能で，図 2.2 に示されるような 2 つの地域間の距離を求め，閾値として最大距離を設定し，最大距離未満の距離にある 2 つの地域を近傍とする（すなわち，d_{ij} が i と j の距離だとすると，$d_{ij} < d_{\max}$ のとき，$j \in N(i)$ となる）方法や最近傍に基づく方法がある．さらに一般的な空間重み行列は，式 (2.2) に示すような単純に 0 か 1 かではなく，要素 w_{ij} を，地域間の地理的，経済学的もしくは社会学的な距離の減少関数で与えることによって定義することも可能である．

例題 2.1　空間重み行列 $\boldsymbol{W}$ を用いた例題

不整形な地域での分析のために空間重み行列を用いた，いくつかの例を以下に示す．図（a）に示す分析のための 8 つの不整形な地域と，図（b）から図（d）に示すさまざまな基準に基づく異なる空間重み行列について考える．空間重み行列の定義は順に，図（b）：接しているかどうか，図（c）：最近傍かどうか，図（d）：距離が 2 未満かどうかである．ただし，各セルの側面の長さを1とし，距離は各地域の重心間で計測する．空間重み行列は必ずしも対称行列でなくてもよい（たとえば（d））．さらに，各地域は自地域に隣接しているとは考えないため，慣習的に対角成分は0とすることに注意されたい．最近傍かどうかの基準において，2つ以上の地域が基準を満たす場合，適当（ランダム）に最近傍地域を1つを選択することとする．

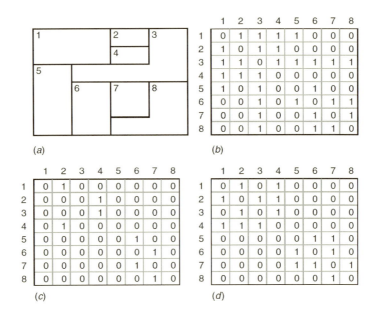

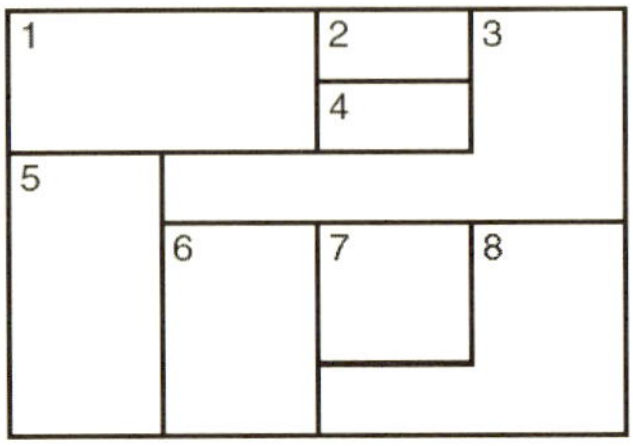

(*a*)

	1	2	3	4	5	6	7	8
1	0	1	1	1	1	0	0	0
2	1	0	1	1	0	0	0	0
3	1	1	0	1	1	1	1	1
4	1	1	1	0	0	0	0	0
5	1	0	1	0	0	1	0	0
6	0	0	1	0	1	0	1	1
7	0	0	1	0	0	1	0	1
8	0	0	1	0	0	1	1	0

(*b*)

	1	2	3	4	5	6	7	8
1	0	1	0	0	0	0	0	0
2	0	0	0	1	0	0	0	0
3	0	0	0	1	0	0	0	0
4	0	1	0	0	0	0	0	0
5	0	0	0	0	0	1	0	0
6	0	0	0	0	0	0	1	0
7	0	0	0	0	0	1	0	0
8	0	0	0	0	0	0	1	0

(*c*)

	1	2	3	4	5	6	7	8
1	0	1	0	1	0	0	0	0
2	1	0	1	1	0	0	0	0
3	0	1	0	1	0	0	0	0
4	1	1	1	0	0	0	0	0
5	0	0	0	0	0	1	1	0
6	0	0	0	0	1	0	1	0
7	0	0	0	0	1	1	0	1
8	0	0	0	0	0	0	1	0

(*d*)

空間重み行列は各行の合計が1になるように基準化されることが極めて多い．この例では次のように基準化する[1)]．

$$w_{ij}^{*} = \frac{w_{ij}}{\sum_{j=1}^{n} w_{ij}};\ w_{ij}^{*} \in \boldsymbol{W}^{*} \tag{2.3}$$

このような行基準化はさまざまな場合において大変役に立つ．たとえば，基準化された空間重み行列 $\boldsymbol{W}^{*}$ と被説明変数ベクトル $\boldsymbol{y}$ の積を $\boldsymbol{L}(\boldsymbol{y})$ とする．

1)　訳注：* は基準化された重みを示す．

$$\boldsymbol{L}(\boldsymbol{y}) = \boldsymbol{W}^{*}\boldsymbol{y} \tag{2.4}$$

このとき，i 番目の要素は次式のとおりである．

$$L(\boldsymbol{y}_i) = \sum_{j=1}^{n} w_{ij}^{*} y_j = \sum_{j=1}^{n} \frac{w_{ij} y_j}{\sum_{j=1}^{n} w_{ij}} = \frac{\sum_{j \in N(i)} y_j}{\# N(i)} \tag{2.5}$$

$\#N(i)$ は集合 $N(i)$ の濃度を示す．式 (2.5) は地域 i の隣接地域（基準は空間重み行列の定義による）で観測された変数 $\boldsymbol{y}$ の平均を示している．したがってこの式は y_i の空間ラグ項を意味し，時系列分析におけるラグオペレーターのアナロジーからしばしば $\boldsymbol{L}(\boldsymbol{y})$ で表される．

例題 2.2　英国 12 地方における隣接基準に基づく空間重み行列 $\boldsymbol{W}$

例として，章末問題 1.1 で扱った英国 12 地方[2)]の空間重み行列を，隣接基準に基づき次ページ上に示す．島の地方（北アイルランド）は隣接地方を持たないことに注意されたい．最終列は各地方における隣接地方数の合計を表している．次に，行を基準化した空間重み行列を次ページ下に示す．各行の合計が（2 行目：北アイルランドを除き）1 となっていることを確認されたい．

北アイルランドが隣接地方を持たないということは，空間ラグ変数を算出するうえで問題となる．このような場合，北アイルランドの「空間ラグ」変数が常に 0 となるためである．この問題を解決するために，慣習的に，2 つの地方が厳密には接していなくとも，最も近い地方（ここではスコットランド）を隣接地方とする．この点を考慮して修正した空間重み行列を 37 ページに示す．

2) 訳注：イングランドの 9 つの地方（region）およびウェールズ，北アイルランド，スコットランドを指す．

	1 Scotland	2 N Ireland	3 Wales	4 N of England	5 NW England	6 Yorksh & Humber	7 W Midlands	8 E Midlands	9 E Anglia	10 SW England	11 SE England	12 G London	ROW SUM
1 Scotland	0	0	0	1	0	0	0	0	0	0	0	0	1
2 N Ireland	0	0	0	0	0	0	0	0	0	0	0	0	0
3 Wales	0	0	0	0	1	0	1	0	0	1	0	0	3
4 N of England	0	0	0	0	1	1	0	0	0	0	0	0	2
5 NW England	0	0	1	1	0	1	1	1	0	0	0	0	5
6 Yorksh & Humber	0	0	0	1	1	0	0	1	0	0	0	0	3
7 W Midlands	0	0	1	0	1	0	0	1	0	1	1	0	5
8 E Midlands	0	0	0	0	1	1	1	0	1	0	1	0	5
9 E Anglia	0	0	0	0	0	0	0	1	0	0	1	0	2
10 SW England	0	0	0	0	0	0	1	0	0	0	1	0	2
11 SE England	0	0	0	0	0	0	1	1	1	1	0	1	5
12 G London	0	0	0	0	0	0	0	0	0	0	1	0	1

	1 Scotland	2 N Ireland	3 Wales	4 N of England	5 NW England	6 Yorksh & Humber	7 W Midlands	8 E Midlands	9 E Anglia	10 SW England	11 SE England	12 G London	ROW SUM
1 Scotland	0	0	0	1	0	0	0	0	0	0	0	0	1
2 N Ireland	0	0	0	0	0	0	0	0	0	0	0	0	0
3 Wales	0	0	0	0	0.33	0	0.33	0	0	0.33	0	0	1
4 N of England	0	0	0	0	0.5	0.5	0	0	0	0	0	0	1
5 NW England	0	0	0.2	0.2	0	0.2	0.2	0.2	0	0	0	0	1
6 Yorksh & Humber	0	0	0	0.33	0.33	0	0	0.33	0	0	0	0	1
7 W Midlands	0	0	0.2	0	0.2	0	0	0.2	0	0.2	0.2	0	1
8 E Midlands	0	0	0	0	0.2	0.2	0.2	0	0.2	0	0.2	0	1
9 E Anglia	0	0	0	0	0	0	0	0.5	0	0	0.5	0	1
10 SW England	0	0	0	0	0	0	0.5	0	0	0	0.5	0	1
11 SE England	0	0	0	0	0	0	0.2	0.2	0.2	0.2	0	0.2	1
12 G London	0	0	0	0	0	0	0	0	0	0	1	0	1

$$W = \begin{bmatrix} 0 & 0.5 & 0 & 0.5 & 0 & 0 & 0 & 0 & 0 & 0 & 0 & 0 \\ 1 & 0 & 0 & 0 & 0 & 0 & 0 & 0 & 0 & 0 & 0 & 0 \\ 0 & 0 & 0 & 0 & 0.33 & 0 & 0.33 & 0 & 0 & 0.33 & 0 & 0 \\ 0 & 0 & 0 & 0 & 0.5 & 0.5 & 0 & 0 & 0 & 0 & 0 & 0 \\ 0 & 0 & 0.2 & 0.2 & 0 & 0.2 & 0.2 & 0.2 & 0 & 0 & 0 & 0 \\ 0 & 0 & 0 & 0.33 & 0.33 & 0 & 0 & 0.33 & 0 & 0 & 0 & 0 \\ 0 & 0 & 0.2 & 0 & 0.2 & 0 & 0 & 0.2 & 0 & 0.2 & 0.2 & 0 \\ 0 & 0 & 0 & 0 & 0.2 & 0.2 & 0.2 & 0 & 0.2 & 0 & 0.2 & 0 \\ 0 & 0 & 0 & 0 & 0 & 0 & 0 & 0.5 & 0 & 0 & 0.5 & 0 \\ 0 & 0 & 0 & 0 & 0 & 0 & 0.5 & 0 & 0 & 0 & 0.5 & 0 \\ 0 & 0 & 0 & 0 & 0 & 0 & 0.2 & 0.2 & 0.2 & 0.2 & 0 & 0.2 \\ 0 & 0 & 0 & 0 & 0 & 0 & 0 & 0 & 0 & 0 & 1 & 0 \end{bmatrix}$$

続いて，章末問題 1.1 で示されたデータについて考察する．「労働生産性」（被説明変数 $\boldsymbol{y}$）のベクトルに（基準化された）空間重み行列を左から掛けると，下の表の 2 列目のような空間ラグ変数を得る．

y	W^*y
81.5	91.55
96.9	81.50
82.9	105.83
86.2	86.65
88.6	86.42
84.7	87.96
89.2	101.72
89.1	93.52
96.8	98.70
139.7	98.75
108.3	100.92
89.8	108.3

2.2　OLS による残差の空間的自己相関の検定

最小二乗法による回帰残差の空間的自己相関の有無に対する検定は，回帰残差の無相関を帰無仮説とした対立検定統計量として Moran（1950）で導入され Cliff and Ord（1972）で提案された空間的相関の一般的な指標に基づく手法が最も広く用いられている．この統計量は，時系列解析における，有名な Durbin-Watson（DW）統計量（Durbin and Watson 1950）のアナロジーとして同時期に文献で紹介されており（既述のように，回帰残差を扱うために拡張されて出版されたのは後である（Cliff and Ord 1972）），注目に値する．DW 統計量は，適切に空間重み行列を定義した特別な場合の Moran's I 統計量として定義することができる（たとえば Arbia 2006）．式 (2.6) のように，Moran's I 統計量はその本質として回帰残差とその空間ラグ値の相関をとる．

$$\mathrm{Corr}[\boldsymbol{\varepsilon}, \boldsymbol{L\varepsilon}] = \frac{\mathrm{Cov}[\boldsymbol{\varepsilon}, \boldsymbol{L\varepsilon}]}{\sqrt{\mathrm{Var}[\boldsymbol{\varepsilon}]\mathrm{Var}[\boldsymbol{L\varepsilon}]}} \tag{2.6}$$

式 (2.6) において，式 (2.4) で与えられる空間ラグの定義と，定常時系列において起こることのアナロジーから

$$\mathrm{Var}[\boldsymbol{\varepsilon}] = \mathrm{Var}[\boldsymbol{L\varepsilon}] \tag{2.7}$$

を想定すると，式 (2.8) を得る．

$$\mathrm{Corr}[\boldsymbol{\varepsilon}, \boldsymbol{L\varepsilon}] = \frac{\mathrm{Cov}[\boldsymbol{\varepsilon}, \boldsymbol{L\varepsilon}]}{\mathrm{Var}[\boldsymbol{\varepsilon}]} = \frac{\boldsymbol{\varepsilon}'\boldsymbol{W\varepsilon}}{\boldsymbol{\varepsilon}'\boldsymbol{\varepsilon}} \tag{2.8}$$

空間ラグの定義より，実際には式 (2.7) は空間データでは成立せず，$\mathrm{Var}[\boldsymbol{\varepsilon}] > \mathrm{Var}[\boldsymbol{L\varepsilon}]$ となる（Arbia 1989）．この不等式により，式 (2.8) で与えられた数値の絶対値が 1 で制約されるのではなく，$|I| \leq \sqrt{\{\mathrm{Var}[\boldsymbol{L\varepsilon}]/\mathrm{Var}[\boldsymbol{\varepsilon}]\}}$ によってより狭く制約される．とはいえ，Moran's I 統計量は，歴史的な経緯もあるが，より本質的にはラグランジュ乗数検定（3.7 節参照）と等価となることから，現在，書籍やソフトウェアの中でよく用いられている空間的自己相関の有無に関する検定統計量である（代替手法は Whittle 1954, Cliff and Ord 1972, 最近では Li et al. 2007 で議論されている）．元の定義では，Moran's I 統計量は，式 (2.8) における分母の偏りのある推定量と重みの合計による基準化を考慮している．そのため，式 (2.8) は次のような式に，経験的に対応する．

$$I = \frac{n}{\sum_i \sum_j w_{ij}} \frac{\boldsymbol{e}'\boldsymbol{We}}{\boldsymbol{e}'\boldsymbol{e}} \tag{2.9}$$

空間重み行列が行基準化されるときは $\sum_i \sum_j w_{ij} = n$ となるため，式 (2.9) は次のように単純に表現できる：

$$I = \frac{\boldsymbol{e}'\boldsymbol{W}\boldsymbol{e}}{\boldsymbol{e}'\boldsymbol{e}} \tag{2.10}$$

Cliff and Ord（1972）は 2 つの異なる仮定：(i) ランダム性と (ii) 誤差項の正規性，のもとに Moran's I 統計量の標本分布を得た．(i) を仮定する場合，標本分布は地理的な空間において観測されたデータについて，データの要素を入れ替えてできるすべての可能な順列を考慮し，それらすべてに対して Moran's I 統計量を計算して得られる．さらに Cliff と Ord は，漸近分布が特定の仮定に依存せず，常に式 (2.11) で表される期待値に従う正規分布であることを証明した．

$$\mathrm{E}[I] = \frac{n}{S_0}\frac{\mathrm{tr}[\boldsymbol{M}_X\boldsymbol{W}]}{n-k} \tag{2.11}$$

ここで，$S_0 = \sum_i \sum_j w_{ij}$，$\boldsymbol{M}_X = \boldsymbol{I} - \boldsymbol{P}_X$，$\boldsymbol{P}_X = \boldsymbol{X}(\boldsymbol{X}'\boldsymbol{X})^{-1}\boldsymbol{X}'$ である．対称的に，Moran's I 統計量の分散は正規性とランダム性のどちらの仮定を選択したかに依存する．特に，誤差項の正規性を仮定した場合には，分散は次のように表すことができる．

$$\mathrm{Var}[I] = \left(\frac{n}{S_0}\right)^2 \frac{\mathrm{tr}[\boldsymbol{M}_X\boldsymbol{W}\boldsymbol{M}_X\boldsymbol{W}'] + \mathrm{tr}[\boldsymbol{M}_X\boldsymbol{W}]^2 + [\mathrm{tr}[\boldsymbol{M}_X\boldsymbol{W}]]^2}{(n-k)(n-k+2)} - (\mathrm{E}[I])^2 \tag{2.12}$$

Moran's I 検定を用いるにあたり，明確な対立仮説がないという点に苦労する．しかし，ラグランジュ乗数検定との同等性（Burridge 1980 にて証明）についてすでに言及しているように，この点は大きな問題ではない．残差の相関に関する仮説に対する別の検定統計量は，対立仮説の明確な定式化をするまで詳細には取り扱うことができない．第 3 章で対立仮説の明確な定式化をするため，3.7 節にて明確な対立仮説のある残差の空間的自己相関の検定に関して取り扱うこととする．

例題 **2.3**　イタリア **20** 州における **Okun** の法則

Okun の法則（Okun 1962）は失業率の変化と実質 GDP の変化の間に負の相

関関係があるというものである．次の表に，イタリア20州におけるOkunの法則を検証するためのデータを表す．2つの変数の変化量は，1990–2000の期間で観測されたものである．

Region	Variation of Unemployment Rate	Variation of Real GDP	Region	Variation of Unemployment Rate	Variation of Real GDP
1. Piedmont	4.2	1.0	11. Marche	4.2	1.8
2. Aosta Valley	3.2	1.9	12. Latium	6.4	2.0
3. Lombardy	3.4	1.7	13. Abruzzo	6.2	0.5
4. Trentino-Alto Adige	2.75	1.7	14. Molise	8.1	0.9
5. Veneto	3.3	1.8	15. Campania	11.2	0.4
6. Friuli Venezia Giulia	3.4	1.9	16. Puglia	11.2	1.8
7. Liguria	4.8	2.3	17. Basilicata	9.6	1.4
8. Emilia Romagna	2.9	2.0	18. Calabria	11.3	0.2
9. Tuscany	4.3	1.1	19. Sicily	13.0	0.1
10. Umbria	4.6	2.3	20. Sardinia	9.9	0.7

出典：http://sitis.istat.it/sitis/html/

次ページの図に示す散布図は，法則から期待されるとおりに，負の相関関係を示している．

図中の直線から，失業率の変化が全体的に南イタリア（明るい色の円）では期待値より高く（正の残差に対応），北イタリア（暗い色の円）では期待値より低い（負の残差に対応）ことがわかる．このことは，モデルの特定に誤りがあり，残差に空間的自己相関が存在する兆候が認められると解釈できる．

パラメータの最小二乗推定値と，主な検定統計量を次の表に示す．

	Estimate	Standard Error	t-value	p-value
β_0	10.971	1.283	8.86	0.00***
β_1	−3.326	0.835	−3.98	0.00***

Signif. codes: ***: $p < 0.001$; **: $p < 0.01$; *: $p < 0.05$; .:$p < 0.1$.

$R^2 = 0.469$　Adj. $R^2 = 0.439$　F-statistics = 15.87 (p-value = 0.00)

AIC = 98.287　BIC = 101.274

JB-test = 1.233 (p-value = 0.54)　BP-test = 0.023 (p-value = 0.88)

F 検定は高い有意性を示しており，このことはモデルを受容することにつながる．さらに，パラメータは2つとも通常の信頼度で有意に0とは異なる．

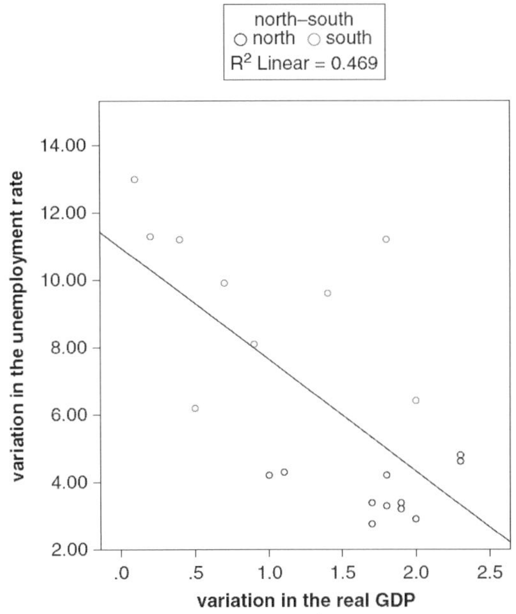

データ出典：散布図の作成にあたり，“Territorial indicators” と呼ばれる ISTAT のデータベースにあるデータを使用した．このデータは，〈http://sitis.istat.it/sitis/html/〉よりダウンロードすることができる．

JB，*BP* 検定はそれぞれ正規性と等分散性の仮説を棄却しない．次の表は，残差の空間的相関の有無を検定する Moran's *I* 検定統計量の計算結果を要約したものである．空間重み行列は隣接基準で指定されていることに注意されたい(ただし，サルディーニャ島とシチリア島の 2 つの島においては最も近くにある州を隣接州とする)．

Moran's *I* 検定

	Observed Value	Expected Value	Variance	*z*-value	*p*-value
Moran's *I*	0.4086	−0.0697	0.0274	2.89	0.00

Moran's *I* 検定の結果は回帰残差に有意な正の空間的自己相関が存在することを示している，したがってすでに得られた結果の再評価とモデルの再定義が必要となる．このような場合，正の空間的自己相関の存在により，*t* 検定量や

F 検定量が過大に算出され，本来棄却すべきモデルを受容することにつながる．そのうえ，*JB* 検定と *BP* 検定はともに有意でなかったため，正規性と等分散性の仮説を棄却していない．しかし，残差の空間的自己相関が有意に存在することから，2つの検定が誤った結論を導くかもしれないことがわかった．

例題 2.4　イタリア 20 州の Phillips 曲線

Phillips 曲線（Phillips 1958）とは失業率とインフレ率の負の相関関係を表すものであり[3]，高いインフレ率の下では失業率が低くなることを示す．もともと，Phillips 曲線は2つの変数の時系列的な変動を説明するために提案されたが，2つの変数の空間変動も説明するものと考えられている（Anselin 1988）．表は，Phillips のモデルを検証するためのイタリア 20 州のデータを示している．

Region	% variation unemployment rate	% variation price index	Region	% variation unemployment rate	% variation price index
1. Piedmont	4.2	2.1	11. Marche	4.2	1.6
2. Aosta Valley	3.2	1.4	12. Latium	6.4	2.0
3. Lombardy	3.4	1.7	13. Abruzzo	6.2	1.6
4. Trentino-Alto Adige	2.75	1.8	14. Molise	8.1	1.9
5. Veneto	3.3	1.5	15. Campania	11.2	1.8
6. Friuli Venezia Giulia	3.4	1.8	16. Puglia	11.2	2.3
7. Liguria	4.8	1.7	17. Basilicata	9.6	2.0
8. Emilia Romagna	2.9	1.9	18. Calabria	11.3	2.4
9. Tuscany	4.3	1.6	19. Sicily	13.0	2.4
10. Umbria	4.6	1.7	20. Sardinia	9.9	1.9

出典：http://sitis.istat.it/sitis/html/

次ページの散布図は正の関係を示す．

一方で，全体的に失業率が南イタリア（明るい色の円）では期待値よりも高く（正の残差に対応），北イタリア（暗い色の円）では期待値よりも低くなっており（負の残差に対応），残差の空間的自己相関が存在する可能性を示している．

3)　訳注：本来は失業率と賃金上昇率の関係を表すが，賃金上昇率とインフレ率には比例的関係があるため，失業率とインフレ率の関係を表すためにも用いられる．

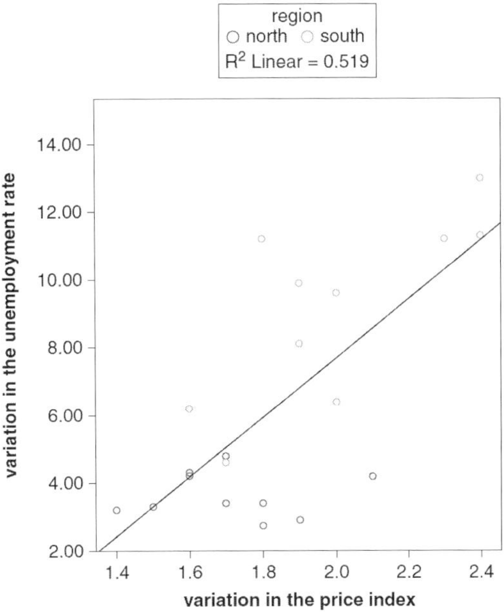

最小二乗法によるモデルの推定値は表に示すとおり．

	Estimate	Standard Error	t-value	p-value
β_0	−9.827	3.720	−2.64	0.02*
β_2	8.746	1.984	4.41	0.00***

Signif. codes: ***: $p < 0.001$; **: $p < 0.01$; *: $p < 0.05$; .: $p < 0.1$.

$R^2 = 0.519$　Adj. $R^2 = 0.493$　F-statistics = 19.440 (p-value = 0.00)

AIC = 96.282　BIC = 99.269

JB-test = 0.013 (p-value = 0.99)　BP-test = 0.2556 (p-value = 0.61)

すべてのパラメータの有意性の検定結果は帰無仮説を棄却につながり，それによってモデルの受容を示唆している．同様の示唆は F 検定や正規性，等分散性の検定からも得られる．空間重み行列を隣接行列で指定すると（例題 2.3 のように），残差における空間的自己相関の Moran's I 検定の計算結果は次のとおりとなる．

Moran's *I* 検定

	Observed Value	Expected Value	Variance	z-value	p-value
Moran's I	0.3213	−0.0694	0.0271	1.53	0.06

このケースでは，正の空間的自己相関が見られたものの，5% 有意水準では有意でない．

2.3 R コード

空間重み行列 **W** の作成とその取り扱いは，いかなるソフトウェアにおいても，空間回帰分析を行ううえで最も扱いが難しい部分である．空間を考慮できるソフトウェアと通常の計量経済学のソフトウェアの違いは，空間重み行列の作成や取り扱いが可能であるか否か，という点である．このため，本節では，空間重み行列を内部で作成する方法と外部から読み込む方法，そして，その取り扱いに関するいくつかの重要な手順を説明する．本節を含む以降の R の説明は，パッケージ {spdep} の利用を前提としている．このパッケージをインストールするには，次のコマンドを入力する．

```
install.packages("spdep")
```

パッケージをコンソール上に読み込むには，次のコマンドを入力する[4]．

```
library(spdep)
```

2.3.1 規則的な格子データのための空間重み行列の作成

まずはじめに，3 × 3 の規則的な方形の格子データを例に考える．次のコマンドで近接関係をリストしたオブジェクトを作成できる．

4) 訳注：パッケージのコンソール上への読み込み（library() 関数）は，R を立ち上げるたびに行う必要がある．一方，パッケージのインストール（install.packages() 関数）は毎回行う必要がない．

```
Wnb<-cell2nb(3, 3, type="***")
```

type は"rook"または "queen"を選択でき，分析者がそれを指定する．

cell2nb() 関数は，格子データから，近接関係のリストを作成する関数である．

オブジェクト Wnb は近接関係のリストである．Wnb とだけコンソールに入力すると，Wnb に含まれている情報の要約（地域の番号，近接リンクの数，リンクの平均値と非ゼロリンクの数と割合）が表示される．次のコマンドにより，空間重み行列に変換することができる．

```
W <- nb2listw(Wnb)
```

nb2listw() 関数は，近接関係のリストから，空間重み行列を作成する関数である．近接関係を視覚化するには，次のコマンドを入力する．

```
W$weights
```

変数 $\boldsymbol{x}$ の空間ラグ変数 $\boldsymbol{Wx}$ は，次のコマンドより得られる．

```
Wx <- lag.listw(W, x)
```

$\boldsymbol{Wx}$ は空間ラグ変数によく割り当てられるオブジェクト名である．

2.3.2 不規則な形状の地域データのための空間重み行列の作成

次に，不整形な地域の場合について，図 2.3（例題 2.3，2.4）に示した近接関係を持つイタリア 20 州（地域）を例に考える．

空間重み行列を内部で作成するには，2 つのオブジェクトが必要となる．

1. 各地域の近接関係をリストしたオブジェクト（外部から読み込む場合，そのファイルは TXT 形式で，拡張子は.GAL である必要がある．ここではファイル名を Italy.GAL とする．）
2. 各地域のインデックス（ここでは，$1, 2, \ldots, 20$）のみを含むオブジェクト

図 2.3 に示したイタリア 20 州の空間重み行列を作成することを考える．まず，

図 **2.3**　イタリア 20 州（地域）の境界

データ出典：http:www.istat.it/it/archivio/44523

拡張子が`.GAL`のファイルをRの外部で作成する[5]．ファイルの中身は，次のような形式で記述される必要がある．

1 行目

`0 20 Italy ita_regions`（ヘッダー：冒頭は必ず`0`；次に州の数（ここでは`20`）；つづいて各州のインデックスのみを含むオブジェクトの名前（ここでは`ita_regions`））

2 行目以降

`1 4`　（州インデックスと近接する州の数：州1が近接する州の数は4つ）

`2 3 7 8`　（近接する州のインデックス：州1が近接する州のインデックスであり，ここでは`2，3，6，8`）

`2 1`　（州インデックスと近接する州の数：州2が近接する州の数はただ1

---

5)　訳注：メモ帳など，適当なテキストエディターで作成する．保存する際に，拡張子を`.GAL`とすればよい．

つ）

1 （近接する州のインデックス：州 2 が近接する州のインデックスであり，ここでは 1）

⋮

ファイルのすべての中身を次ページの図に示す．

次に，各州のインデックスのみを含むオブジェクトは，次のコマンドで作成する．

```
ita_regions <- c(1, 2, 3, 4, 5, 6, 7, 8, 9, 10, 11, 12, 13,
14, 15, 16, 17, 18, 19, 20)
```

そして，.GAL ファイルを次のコマンドで読み込む[6]．

```
nbitaly <- read.gal("Italy.GAL", region.id=ita_regions)
```

こうして得られたオブジェクト nbitaly は，次のコマンドで空間重み行列に変換できる（参照：2.3.1 項）．

```
witaly <- nb2listw(nbitaly)
```

行基準化された空間重み行列 $\boldsymbol{W}^*$ が必要な場合は，次のようにオプションを追記する．

```
witaly <- nb2listw(nbitaly, style="W")
```

2.3.3 外部ファイルから空間重み行列 $\boldsymbol{W}$ を読み込む

n が大きい場合，2.3.2 項で説明した近接関係のリストを手入力するのは困難を伴う．空間重み行列は，GIS（たとえば，Burrough et al. 2014）や公的に利用可能な多くの地域関連の情報が公開されているホームページ（たとえば，米

6) 訳注：ディレクトリ指定してファイルを読み込む場合，たとえば，C ドライブ直下に Italy.GAL を保存しておいた場合，次のようにする．
```
nbitaly <- read.gal("C://Italy.GAL", region.id=ita_regions)
```

File: Italy.GAL

```
0 20 Italy ita_regions
1 4
2 3 7 8
2 1
1
3 4
1 4 5 8
4 2
3 5
5 4
3 4 6 8
6 1
5
7 3
1 8 9
8 6
1 3 5 7 9 11
9 5
7 8 10 11 12
10 3
9 11 12
11 5
8 9 10 12 13
12 6
9 10 11 13 14 15
13 3
11 12 14
14 4
12 13 15 16
15 4
12 14 16 17
16 3
14 15 17
17 3
15 16 18
18 2
17 19
19 2
18 20
20 1
19
```

国の州境およびその他米国境界線のデータについては〈http://www.census.gov/geo/maps-data/data/tiger-line.html〉，EU 各国およびその他世界各国の境界線のデータについては〈http://epp.eurostat.ec.europa.eu/portal/page/portal/gisco_Geographical_information_maps/popups/references/administrative_units_statistical_units_1〉）よりダウンロード可能なデータを，読み込むことでも作成できる．

特に，地域境界線とそれらの関係性は，拡張子が.shp，.dbf，.shx の 3 つのファイルで構成されるシェープファイル（shapefile）と呼ばれるデータによって表すことができる．.shp には，ポリゴンの重心座標や境界線といったような幾何学的な特性（座標）が，.dbf には，属性情報が，.shx には，.shp の図形情報と.dbf の属性情報の対応関係が，それぞれ保存．外部からファイルを読み込むには，3 つの手順を経る必要がある．順に，シェープファイルを読み込む（手順 1），近接関係のリストを作成する（手順 2），空間重み行列を作成する（手順 3）（参照：2.3.1 項，2.3.1 項），である．以下，この 3 つの手順について概説する．

手順 1：シェープファイルを読み込む：たとえば，Italy.shp，Italy.dbf，Italy.shx で構成されるシェープファイル Italy を読み込むには，次のコマンドを入力する．

```
Italy <- readShapePoly("Italy", IDvar="ID")
```

ID は州のインデックスである．コンソール上にデータを読み込んだら，データに含まれる変数名は次のコマンドで確認できる．

```
names(Italy)
```

次のコマンドで，近接関係を図示することができる．

```
plot(Italy)
```

各州の重心座標は次のコマンドで計算できる．

```
coords <- coordinates(Italy)
```

さらに次のコマンドで，州のインデックスを地図上に重ね合わせることができる．

```
text(coords, label=sapply(slot(Italy, "polygons"), function(i)
slot(I, "ID")))
```

手順2：近接関係のリストを作成する：次のコマンドで読み込んだデータから近接関係のリストを含むオブジェクトを作成できる．

```
contnb <- poly2nb(Italy, queen=T)
```

クイーン基準（参照：2.1節）は，境界線を少なくとも一点で共有する2つの地域を近接しているとする．poly2nb() 関数は，面データから近接関係のリストを含むオブジェクトを作成する関数である．

ただし，このコマンドは，データが境界線を共有しない孤立した地域を含む場合には利用できない．そこで，こうした地域に対応するため，オプションを追記する必要がある．

```
contnb <- poly2nb(Italy, queen=T, zero.policy=TRUE)
```

ただし，このコマンドでは，1つ以上の地域について近接関係が全くないとするリストが作成される．そこで，次のように閾値ありの最小距離基準を用いることで，近接関係を持たない地域の出現を避けることができる．

```
contnb <- dnearneigh(coordinates(Italy), 0, 380000, longlat
=F)
```

380,000 km は対象となる2点を通る地球の大円上での長さを念頭に置いた，慣習的に用いられる閾値である．

手順3：空間重み行列を作成する：近接関係のリストから，次のようにして空間重み行列を作成する（参照：2.3.1 項，2.3.2 項）.

```
W <- nb2listw(contnb, glist=NULL)
```

前述のように，行基準化された空間重み行列を作成する場合は，次のようなオプションを追記する.

```
W <- nb2listw(contnb, glist=NULL, style="W")
```

2.3.4 最小二乗法による残差に対する Moran's *I* の計算

推計したモデル（model1）の残差について，Moran's *I* 検定統計量を計算するには，次のコマンドを入力する.

```
lm.morantest(model1, W)
```

オブジェクト W は，たとえば 2.3.1 項から 2.3.3 項までで説明した手順で得られる空間重み行列である．デフォルトではランダム性の仮定のもと片側検定が実行される．デフォルトを変更するには次のようにオプションで指定する.

```
lm.morantest(model1, W, randomization=FALSE, alternative=
"two-sided")
```

上述のコマンドのようにオプションを指定することにより，残差が正規分布に従うことを帰無仮説に，残差に空間的自己相関が存在することを対立仮説とする両側検定を実行できる.

2.3.5 役に立つ R データベース

パッケージ {spdep} は，本書で説明した内容を実際に計算してみたい読者にとって，有用なデータセットを含んでいる．データセットは本節以降での例題や章末問題で利用する．特に，"baltimore"，"boston"，"columbus"，"used.cars"の 4 つのデータベースを利用する．たとえば，"used.cars"のデータを，コンソールに読み込むには，次のコマンドを入力すればよい.

```
data(used.cars)
```

このコマンドを実行すると，2つのオブジェクトが読み込まれる．読み込まれたオブジェクトを確認するには，次のコマンドを入力する．

```
ls()
```

読み込まれたオブジェクトは，(i) used.cars：属性データのリストを含むオブジェクト，(ii) usa48_1960：近接関係のリストを含むオブジェクト，の2つである．属性データの内容を確認するには，次のコマンドを入力する．

```
str(used.cars)
```

このコマンドより，オブジェクト used.cars には used.cars$tax.charges と usedcars$price1960 という2つの変数が含まれていることが確認できる．オブジェクトが2つ以上読み込まれている状態でリストを指定する際には，リスト名の前にオブジェクト名を付ける必要がある．

オブジェクト usa48_nb を用いて，次のコマンドにより空間重み行列を作成できる．

```
W <- nb2listw(usa48.nb)
```

その他のデータセット"baltimore"，"boston"，"columbus"の読み込みも，同様の手順で行うことができる．

キーワード

- 空間的自己相関（Spatial autocorrelation）
- 近傍（Neighborhood）
  - 近傍基準：ルーク基準およびクイーン基準の定義（Neighborhood criteria: rook's case and queen's case definition）
  - 近傍基準：最大距離基準（Neighborhood criteria: maximum distance criterion）
  - 近傍基準：最近傍基準（Neighborhood criteria: nearest neighbor criterion）

- 空間重み（もしくは接続）行列（Weight (or connectivity) matrix）
- 基準化された空間重み行列（Standardized weight matrix）
- 空間ラグ（Spatial lag）
- 回帰残差の空間的自己相関の Moran's I 検定（Moran's I test of spatial autocorrelation among regression residuals）
- 正規性仮説とランダム化仮説のもとでの Moran's I 検定のモーメント（Moments of Moran's I test under randomization and under the hypothesis of normality）

クイズ

1. Durbin-Watson 検定（すべての計量経済学のソフトウェアで利用可能で，残差に自己相関がないという仮説を検定するのに使われる）は空間データに対する回帰推定の場合に用いることができないのはなぜか述べよ．
2. 空間ラグ変数の意味は何か述べよ．
3. 空間重み行列の行基準化の意味は何か述べよ．また，この作業はどのような場合に有意義か述べよ．
4. Moran's I 検定統計量の標本分布を導き出すのに使われたランダム性の仮定の意味は何か述べよ．
5. 第 1 章のクイズ 5 で Durbin-Watson 検定統計量 $d = \sum_{t=2}^{T}(e_t - e_{t-1})^2 / \sum_{t=1}^{T} e_t^2$ を紹介した．この統計量を時間的な近接で現した適切な空間重み行列を用いながら行列表記を用いて記述せよ．

章末問題

2.1 地域統計分類単位（NUTS）とは，統計的な目的のために，細分化された欧州連合（EU）の国々を参照するための地理座標を付された標準のことである．それぞれ加盟国には，Eurostat により 3 つの NUTS レベルによる階層が作られる．レベル NUTS1 は国の細分地域に対応する．次ページの図はルーマニアの 8 つの NUTS2 地域の境界線を表している．この地図に基づいて，対応する空間重み行列と行基準化された空間重み行列を得ることができる．空間重み

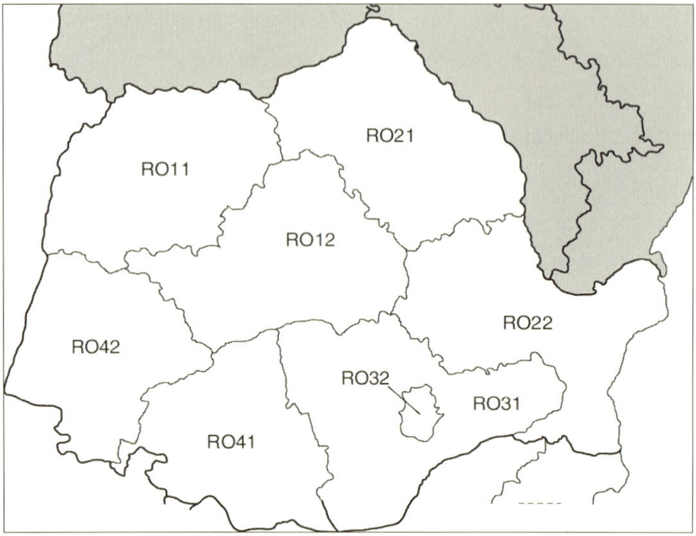

NUTS2 レベルのルーマニア **8** 地域の境界図

データ出典：http://epp.eurostat.ec.europa.eu/cache/GISCO/gearbook2007/NUTS2.pdf

行列の非ゼロエントリの割合を計算せよ.

2.2　章末問題2.1より得られる空間重み行列と表に示されるデータが与えられたとき，乳児死亡率の空間ラグ変数を計算せよ.

2.3　(a) 2.3.1項で説明した手法を用いて，下の表のような5×5 ($n = 25$) の正方格子の空間重み行列を作成せよ．ただし，空間重み行列はルーク基準に基

Regions	Infant Mortality Rates (2011)
RO11—Nord-Vest	8.7
RO12—Centru	10.1
RO21—Nord-Est	10.1
RO22—Sud-Est	11.3
RO31—Sud-Muntenia	10.3
RO32—Bucuresti-Ilfov	5.7
RO41—Sud-Vest Oltenia	9.3
RO42—Vest	8.9

出典：http://epp.eurostat.ec.europa.eu/portal/page/portal/region_cities/regional_statistics/data/database

づくものとする.

1	2	3	4	5
6	7	8	9	10
11	12	13	14	15
16	17	18	19	20
21	22	23	24	25

(b) 所定の，上で用いた格子に対してデータが与えられたとき，下の変数 $\boldsymbol{x}$ に対する空間ラグ変数 $L(\boldsymbol{x})$ を算出せよ.

27	16	−1	23	19
36	21	32	33	26
28	25	3	23	35
14	12	16	14	12
4	15	29	31	−1

2.4 章末問題 1.1 で対象とした英国 12 地方のもとで，2.3 節で説明した手順を用いながら，`.GAL` ファイルを作成し，空間重み行列を得よ．ただし，北アイルランドはスコットランドとウェールズに隣接しているものと考えることとする.

2.5 章末問題 1.1 で示されたデータに対し，章末問題 2.4 の結果を用いることにより，英国 12 地方における GVA（粗付加価値）変数の空間ラグ変数の値を算出せよ.

2.6 章末問題 2.5 で得られた結果に基づき，変数 GVA を水平軸に，ラグ変数 L(GVA) を垂直軸とした散布図を作成せよ．この図は，Anselin（1995）にて「Moran 散布図」（Moran scatterplot）と呼ばれる探査ツールである．この散布図からどのような考察ができるか述べよ.

2.7 章末問題 2.4 で得られた結果をもとに，章末問題 1.1 の model1 を再推定し，残差の空間的自己相関の有無を検定せよ．残差の空間的相関なしの仮説を支持することができるか述べよ.

2.8 2.3.2 項で説明した手法を用いながら，イタリア 20 州の空間重み行列を作成し，例題 2.3，2.4 を再度解け.

2.9 ウェブサイト〈`http://gis.cancer.gov/tools/seerstat_bridge/`

fips_vars/#statefips〉にアクセスし，米国51地域[7]に関するシェープファイルをダウンロードせよ．そして，2.3.3項で説明した手法を用いながら，空間重み行列を作成し，51地域の境界線の地図を描け．

参考文献

Anselin, L. (1988) *Spatial Econometrics: Methods and Models*, Dordrecht: Kluwer Academic Publishers.

Anselin, L. (1995) Local Indicators of Spatial Association, *Geographical Analysis*, 27, 93–115.

Arbia, G. (1989) *Spatial Data Configuration in the Statistical Analysis of Regional Economics and Related Problems*, Dordrecht: Kluwer Academic Press.

Arbia, G. (2006) *Spatial Econometrics: Statistical Foundations and Applications to Regional Economic Growth*, Heidelberg: Springer-Verlag.

Burridge, P. (1980) On the Cliff-Ord Test for Spatial Correlation, *Journal of the Royal Statistical Society B*, 42, 107–108.

Burrough P. A., Mcdonnell, R. A. and Lloyd, C. D. (2014) *Principles of Geographical Information Systems*, 3rd edition, Oxford: Oxford University Press.

Cliff, A. D. and Ord, J. K. (1972) *Spatial Autocorrelation*, London: Pion.

Durbin, J. and Watson, G. S. (1950) Testing for Serial Correlation in Least Squares Regression, I, *Biometrika*, 37, 409–428.

Kelejian, H. H. and Prucha, I. (2001) On the Asymptotic Distribution of the Moran I Test Statistic with Applications, *Journal of Econometrics*, 104, 219–257.

Li, H., Calder, C. A. and Cressie, N. (2007) Beyond Morans I: Testing for Spatial Dependence Based on the Spatial Autoregressive Model, *Geographical Analysis, 39*, 4, 357–375.

Moran, P. A. P. (1950) Notes on Continuous Stochastic Phenomena, *Biometrika*, 37, 1, 17–23.

Okun, A. M. (1962) *Potential GNP, Its Measurement and Significance*, Cowles Foundation, Yale University.

Phillips, A. W. (1958) The Relationship Between Unemployment and the Rate of Change of Money Wages in the United Kingdom 1861–1957, *Economica*, 25, 100, 283–299.

Whittle, P. (1954) On Stationary Processes in the Plane, *Biometrika*, 41, 434–449.

---

7) 訳注：米国50州およびワシントンD.C.を指す．

第3章　空間計量経済モデル

3.1　概　　説

本章では，誤差項において空間的自己相関がないという仮定が満たされない状態を考慮した，線形の空間計量経済モデルの種々の定式化について議論する．OLS 法を適用するための理想的な状態が成り立たなくなってしまったことを考慮するための一般的なモデル形は以下の方程式体系で与えられる．

$$\boldsymbol{y} = \lambda \boldsymbol{W}\boldsymbol{y} + \boldsymbol{X}\boldsymbol{\beta}_{(1)} + \boldsymbol{W}\boldsymbol{X}\boldsymbol{\beta}_{(2)} + \boldsymbol{u},\ |\lambda| < 1 \tag{3.1}$$

$$\boldsymbol{u} = \rho \boldsymbol{W}\boldsymbol{u} + \boldsymbol{\varepsilon}, \qquad |\rho| < 1 \tag{3.2}$$

ここで，$\boldsymbol{X}$ は説明変数行列，$\boldsymbol{W}$ は空間重み行列，$\boldsymbol{\varepsilon}|\boldsymbol{X} \sim$ i.i.d. $\mathcal{N}(\boldsymbol{0}, \sigma_{\varepsilon}^2 \boldsymbol{I})$ であり，$\boldsymbol{\beta}_{(1)}$，$\boldsymbol{\beta}_{(2)}$，λ，ρ は推定されるパラメータである．$\boldsymbol{W}$ が行基準化されている場合には，パラメータ λ と ρ についての制約を満たす．1 番目の式は，被説明変数 $\boldsymbol{y}$ の空間ラグ付き変数を説明変数の 1 つとして扱い，かつ，外生変数のいくつかもしくはすべてについての空間ラグ付き変数を含むものである（$\boldsymbol{W}\boldsymbol{X}$ 項）．2 番目の式は，確率的な誤差項についての空間的なモデルである．式 (3.1)，(3.2) における 3 つの重み行列が同じである必要はないが，実際的なケースでは，異なる重み行列の選択を根拠に基づいて行うことは難しい．式 (3.1) は次のようにも書くことができる．

$$\boldsymbol{y} = \lambda \boldsymbol{W}\boldsymbol{y} + \boldsymbol{Z}\boldsymbol{\beta} + \boldsymbol{u},\ |\lambda| < 1 \tag{3.3}$$

ここで，通常の説明変数と空間ラグ付きの説明変数によるすべての説明変数についての行列を $\boldsymbol{Z} = [\boldsymbol{X}, \boldsymbol{W}\boldsymbol{X}]$，回帰パラメータによるベクトルを $\boldsymbol{\beta} = [\boldsymbol{\beta}_{(1)}, \boldsymbol{\beta}_{(2)}]$

と定義した．このモデルは，Kelejian and Prucha（1998）においてはSARAR (1, 1)（Spatial AutoRegressive with addiotional AutoRregressive error structure の頭文字をとったもの）モデルと呼ばれたもので，いくつかの空間計量経済モデルを包含するものである．このモデルの特殊なケースとして，以下の5つがよく知られている．

(i) $\beta = 0$ かつ λ か ρ のいずれかが0であるモデル：純粋な空間的自己回帰モデルとして知られている
(ii) $\lambda = \rho = 0$ であるモデル：ラグ付き説明変数モデルとして知られている
(iii) $\lambda = 0, \rho \neq 0$ であるモデル：空間誤差モデル（SEM）として知られている
(iv) $\lambda \neq 0, \rho = 0$ であるモデル：空間ラグモデル（SLM）[1]として知られている
(v) $\lambda \neq 0,\ \rho \neq 0$ であるモデル：完結したモデル（SARAR モデル）である

以下では，これら5つの場合について見ていくが，その前に，モデルにおけるパラメータの一般的な条件について考える．まず，式 (3.1) は，$(\boldsymbol{I} - \lambda \boldsymbol{W})$ の逆行列が存在すると仮定すれば，次のようにも書けることがわかる．

$$\begin{aligned} (\boldsymbol{I} - \lambda \boldsymbol{W})\boldsymbol{y} &= \boldsymbol{X}\boldsymbol{\beta}_{(1)} + \boldsymbol{W}\boldsymbol{X}\boldsymbol{\beta}_{(2)} + \boldsymbol{u} \\ \boldsymbol{y} &= (\boldsymbol{I} - \lambda \boldsymbol{W})^{-1}(\boldsymbol{X}\boldsymbol{\beta}_{(1)} + \boldsymbol{W}\boldsymbol{X}\boldsymbol{\beta}_{(2)} + \boldsymbol{u}) \end{aligned} \tag{3.4}$$

式 (3.2) も，$(\boldsymbol{I} - \rho \boldsymbol{W})$ の逆行列が存在すると仮定すれば同様に，

$$\boldsymbol{u} = (\boldsymbol{I} - \rho \boldsymbol{W})^{-1}\boldsymbol{\varepsilon} \tag{3.5}$$

と書ける．Kelejian and Prucha（1998）は，$\boldsymbol{W}$ が行基準化されているとき，$|\lambda| < 1$ かつ $|\rho| < 1$ であれば，両方の逆行列が存在することを Gerschgorin（1931）の定理を用いて示しており，これが式 (3.1) と式 (3.2) について触れた制約にあ

1) 訳注：説明変数行列に通常の説明変数 $\boldsymbol{X}$ のみを含むモデルを指して，空間ラグモデルと呼ぶことがある．これと区別するため，説明変数行列に通常の説明変数 $\boldsymbol{X}$ と空間ラグ付きの説明変数 $\boldsymbol{WX}$ を含むモデルを，空間 Durbin モデル（Spatial Durbin Model）と呼ぶことがある（瀬谷創・堤盛人（2014）『空間統計学―自然科学から人文・社会科学まで』朝倉書店，pp.103–104）．

たる.

3.2　純粋な空間的自己回帰モデル

$\boldsymbol{\beta} = \mathbf{0}$ かつ $\lambda = 0$ もしくは $\rho = 0$ であり，さらには，$\boldsymbol{\varepsilon}|\boldsymbol{X} \sim$ i.i.d. $\mathcal{N}(\mathbf{0}, \sigma_\varepsilon^2 \boldsymbol{I})$ かつ $\boldsymbol{W}$ が非確率的であると仮定すれば，モデルは ML 法を用いて推定が可能な，単純な空間的自己回帰型のモデルとなる（Whittle 1954）．この場合，$\rho = 0$ であるときには，

$$\boldsymbol{y} = \lambda \boldsymbol{W} \boldsymbol{y} + \boldsymbol{\varepsilon}, \ |\lambda| < 1 \tag{3.6}$$

$\lambda = 0$ であるときには，

$$\boldsymbol{u} = \rho \boldsymbol{W} \boldsymbol{u} + \boldsymbol{\varepsilon}, \ |\rho| < 1 \tag{3.7}$$

である．このケースにおいては，以下の手順で尤度を導出することができる．最初に式 (3.6)（もしくは式 (3.7) において $\boldsymbol{u}$ を $\boldsymbol{y}$ とおいても同様）から，以下の式を得る．

$$(\boldsymbol{I} - \rho \boldsymbol{W})\boldsymbol{y} = \boldsymbol{\varepsilon}$$

より，

$$\boldsymbol{y} = (\boldsymbol{I} - \rho \boldsymbol{W})^{-1} \boldsymbol{\varepsilon}$$

なので，

$$\mathrm{E}[\boldsymbol{y}] = \mathbf{0} \tag{3.8}$$

また，

$$\mathrm{E}[\boldsymbol{y}\boldsymbol{y}'] = \sigma_\varepsilon^2 \Big((\boldsymbol{I} - \rho \boldsymbol{W})'(\boldsymbol{I} - \rho \boldsymbol{W}) \Big)^{-1} = \sigma_\varepsilon^2 \boldsymbol{\Omega} \tag{3.9}$$

である．正規性の導入を仮定していたことから，尤度関数は次のように表現される．

$$L(\rho, \sigma_{\varepsilon}^2) = \text{const.} \times \left(\sigma_{\varepsilon}^2\right)^{-\frac{n}{2}} |\boldsymbol{\Omega}|^{-\frac{1}{2}} \exp\left\{-\frac{1}{2\sigma_{\varepsilon}^2}\boldsymbol{y}'\boldsymbol{\Omega}^{-1}\boldsymbol{y}\right\} \tag{3.10}$$

式 (3.9) における行列 $\boldsymbol{\Omega}$ を明示的な式で置き換えると，次のように書ける．

$$\begin{aligned} L(\rho, \sigma_{\varepsilon}^2) = \text{const.} \times \left(\sigma_{\varepsilon}^2\right)^{-\frac{n}{2}} \times \left|\left((\boldsymbol{I} - \rho\boldsymbol{W})'(\boldsymbol{I} - \rho\boldsymbol{W})\right)^{-1}\right|^{-\frac{1}{2}} \\ \times \exp\left\{-\frac{1}{2\sigma_{\varepsilon}^2}\boldsymbol{y}'(\boldsymbol{I} - \rho\boldsymbol{W})'(\boldsymbol{I} - \rho\boldsymbol{W})\boldsymbol{y}\right\} \end{aligned} \tag{3.11}$$

そして最後に，対数尤度関数は次のように表現される．

$$\begin{aligned} \ell(\rho, \sigma_{\varepsilon}^2) = \text{const.} - \frac{n}{2}\ln(\sigma_{\varepsilon}^2) - \frac{1}{2}\ln\left|\left((\boldsymbol{I} - \rho\boldsymbol{W})'(\boldsymbol{I} - \rho\boldsymbol{W})\right)^{-1}\right| \\ - \frac{1}{2\sigma_{\varepsilon}^2}\boldsymbol{y}'(\boldsymbol{I} - \rho\boldsymbol{W})'(\boldsymbol{I} - \rho\boldsymbol{W})\boldsymbol{y} \end{aligned} \tag{3.12}$$

この式はパラメータについて非線形であり，数値的な最大化の計算が必要になる．

例題 3.1　イタリア 20 州における価格指数の空間的自己回帰

もう一度，図 2.3 で示されたイタリア 20 州の例を考えることにしよう．そして，例題 2.4 で示されていた価格指数の変動の空間的な分布を考えることにしよう．ここでは，ある 1 つの地域での価格指数の変動が，インフレが伝播するメカニズムによって近隣地域の価格指数の変動に影響を与えるかを検証するために，定数項を含んだ純粋な空間的自己回帰モデル，$\boldsymbol{y} = \beta_0\boldsymbol{i}_n + \lambda\boldsymbol{W}\boldsymbol{y} + \boldsymbol{\varepsilon}$（$\boldsymbol{y}$ は価格指数の変動）を推定したい．ただし，$\boldsymbol{i}_n$ は全要素を 1 とする $n \times 1$ ベクトルである．単純な隣接基準に従う空間重み行列を用いると孤立してしまう 2 つの島を含むため，近接性の基準として，最大閾値距離基準を用いることとする．ML 基準（対数尤度の数値的な最大化計算による）を用いた空間的自己回帰モデルの推定結果は下に示すとおりである．

	Estimate	Standard Error	t-value	p-value
β_0	1.8415	0.0378	48.72	0.00***

Signif.codes: ***: $p < 0.001$; **: $p < 0.01$; *: $p < 0.05$; .: $p < 0.1$.
$\lambda = 0.5609$　　LR-test = 0.947 (p-value = 0.33)
Log-likelihood = −2.066　　AIC = 10.132

前ページの表は，通常の定数項についての t 検定の結果と，空間パラメータ λ についての尤度比検定の結果を示したものである．この結果から，定数項のみが有意に0ではなく，かつ，結果として，地域レベルでの価格変動の伝播はないということが示されている．

3.3 空間ラグ付きの非確率的な説明変数を持つ古典的モデル

$\lambda = \rho = 0$ であるとき，さらに $\boldsymbol{\varepsilon}|\boldsymbol{X} \sim$ i.i.d. $\mathcal{N}(\mathbf{0}, \sigma_\varepsilon^2 \boldsymbol{I})$ であり，$\boldsymbol{X}$ と $\boldsymbol{W}$ の両方が非確率的であり，そしてすべての説明変数についての行列 $\boldsymbol{Z} = [\boldsymbol{X}, \boldsymbol{WX}]$ がフルランクであるということを仮定すれば，モデルは説明変数の内のいくつか，もしくはすべてについての空間ラグのみを含むこととなる．この状況では，特筆する推定上の問題は生じることはなく，OLS 法を用いることで，簡単にモデルの推定を行うことが可能である．

3.4 空間誤差モデル

3.4.1 概　　説

$\lambda = 0$ かつ $\rho \neq 0$ であるとき，モデルは次のようになる．

$$\boldsymbol{y} = \boldsymbol{Z\beta} + \boldsymbol{u} \tag{3.13}$$

$$\boldsymbol{u} = \rho \boldsymbol{Wu} + \boldsymbol{\varepsilon}, \ |\rho| < 1 \tag{3.14}$$

ここで，説明変数 $\boldsymbol{Z}$ と行列 $\boldsymbol{W}$ は非確率的である．このモデルは文字通り，空間誤差モデル（SEM: Spatial Error Model）（Anselin 1988, Arbia 2006, LeSage and Pace 2009）と呼ばれるものである．$\boldsymbol{\varepsilon}|\boldsymbol{X} \sim$ i.i.d. $\mathcal{N}(\mathbf{0}, \sigma_\varepsilon^2 \boldsymbol{I})$ であれば，式 (3.5) にあるように $\boldsymbol{y} = (\boldsymbol{I} - \rho\boldsymbol{W})^{-1}\boldsymbol{\varepsilon}$ であるから，以下のように書ける．

$$\begin{aligned} \mathrm{E}[\boldsymbol{u}] &= \mathbf{0} \\ \mathrm{E}[\boldsymbol{uu}'] &= \sigma_\varepsilon^2 \Big((\boldsymbol{I} - \rho\boldsymbol{W})'(\boldsymbol{I} - \rho\boldsymbol{W}) \Big)^{-1} = \sigma_\varepsilon^2 \boldsymbol{\Omega} \end{aligned} \tag{3.15}$$

分散不均一と自己相関の両方を持つ誤差項を考慮した定式化となる．パラメータ ρ の値が事前にわかっているケースは極めて稀であるが，そうしたケース

ではGLS法によるパラメータ推定手順が適用される．ここで式(3.14)から，

$$(\boldsymbol{I}-\rho\boldsymbol{W})\boldsymbol{u}=\boldsymbol{\varepsilon}$$

となることから，$\gamma=\rho\beta$ とすると，式(3.13)，(3.14)は次のようにも書ける．

$$\begin{aligned}(\boldsymbol{I}-\rho\boldsymbol{W})\boldsymbol{y}&=(\boldsymbol{I}-\rho\boldsymbol{W})\boldsymbol{Z}\boldsymbol{\beta}+(\boldsymbol{I}-\rho\boldsymbol{W})\boldsymbol{u}\\ \boldsymbol{y}&=\rho\boldsymbol{W}\boldsymbol{y}+\boldsymbol{Z}\boldsymbol{\beta}-\boldsymbol{W}\boldsymbol{Z}\rho\boldsymbol{\beta}+\boldsymbol{\varepsilon}\\ \boldsymbol{y}&=\rho\boldsymbol{W}\boldsymbol{y}+\boldsymbol{Z}\boldsymbol{\beta}-\boldsymbol{W}\boldsymbol{Z}\boldsymbol{\gamma}+\boldsymbol{\varepsilon}\end{aligned}\tag{3.16}$$

ここから，式(3.16)を直接的に推定することを考えるだろう．しかしながら，これには2つの問題点がある．1つ目の問題点は，制約 $\boldsymbol{\gamma}=\rho\boldsymbol{\beta}$ により，式(3.16)における ρ と $\boldsymbol{\beta}$ は個別に識別することはできないことである．2つ目の問題点は，$\boldsymbol{W}\boldsymbol{y}$ が誤差項と相関していることで，内生性の問題が起きてしまうことである．そのような問題が起きることを確かめるために，次のような状況を考えてみよう．式(3.16)から，

$$(\boldsymbol{I}-\rho\boldsymbol{W})\boldsymbol{y}=\boldsymbol{Z}\boldsymbol{\beta}-\boldsymbol{W}\boldsymbol{Z}\boldsymbol{\gamma}+\boldsymbol{\varepsilon}$$

であるので，

$$\boldsymbol{y}=(\boldsymbol{I}-\rho\boldsymbol{W})^{-1}(\boldsymbol{Z}\boldsymbol{\beta}-\boldsymbol{W}\boldsymbol{Z}\boldsymbol{\gamma})+(\boldsymbol{I}-\rho\boldsymbol{W})^{-1}\boldsymbol{\varepsilon}\tag{3.17}$$

これより，ラグ付き変数 $\boldsymbol{W}\boldsymbol{y}$ と誤差項間の共分散は次のように表現できる．

$$\begin{aligned}\mathrm{E}\left[(\boldsymbol{W}\boldsymbol{y})\boldsymbol{\varepsilon}'\right]&=\mathrm{E}\left[\left(\boldsymbol{W}(\boldsymbol{I}-\rho\boldsymbol{W})^{-1}(\boldsymbol{Z}\boldsymbol{\beta}-\boldsymbol{W}\boldsymbol{Z}\boldsymbol{\gamma})+\boldsymbol{W}(\boldsymbol{I}-\rho\boldsymbol{W})^{-1}\boldsymbol{\varepsilon}\right)\boldsymbol{\varepsilon}'\right]\\&=\boldsymbol{W}(\boldsymbol{I}-\rho\boldsymbol{W})^{-1}(\boldsymbol{Z}\boldsymbol{\beta}-\boldsymbol{W}\boldsymbol{Z}\boldsymbol{\gamma})\,\mathrm{E}[\boldsymbol{\varepsilon}']+\boldsymbol{W}(\boldsymbol{I}-\rho\boldsymbol{W})^{-1}\,\mathrm{E}[\boldsymbol{\varepsilon}\boldsymbol{\varepsilon}']\\&=\sigma_{\varepsilon}^{2}(\boldsymbol{I}-\rho\boldsymbol{W})^{-1}\boldsymbol{I}\\&\neq\boldsymbol{0}\end{aligned}\tag{3.18}$$

これより，誤差が空間ラグ付き変数 $\boldsymbol{W}\boldsymbol{y}$ と相関していることがわかり，誤差は内生性をもつ．よって，OLS法を行ってしまった場合には，誤差の内生性により，OLSがもつ最良な性質は失われてしまう．通常，内生性の問題に対処する際には操作変数法が用いられる．しかし，$\boldsymbol{Z}$ と $\boldsymbol{W}\boldsymbol{Z}$ という他の2つの

説明変数と線形独立な，$\boldsymbol{Wy}$ についての操作変数を特定することはできないという事実により，操作変数法は一貫性のある推定方法ではないということを Kelejian and Prucha（1998）が示している．結果として，パラメータ ρ が既知でない限りは，2 つの実行可能な推定方法が考えられる．

（i）最尤法（ML 法）
（ii）実行可能な GLS（FGLS 法）

これら 2 つの手続きについて，次の 2 つの項で議論していくこととする．

3.4.2　最尤法

式 (3.13) より，

$$\boldsymbol{u} = \boldsymbol{y} - \boldsymbol{Z\beta} \tag{3.19}$$

が得られ，$\boldsymbol{u}$ が式 (3.15) で与えられた分散共分散行列を持つ正規分布に従うとしたことから，以下の尤度関数を簡単に得ることができる．

$$L(\rho, \sigma_{\varepsilon}^2, \boldsymbol{\beta}) = \text{const.} \times \left(\sigma_{\varepsilon}^2\right)^{-\frac{n}{2}} |\boldsymbol{\Omega}|^{-\frac{1}{2}} \exp\left\{-\frac{1}{2\sigma_{\varepsilon}^2}\boldsymbol{u}'\boldsymbol{\Omega}^{-1}\boldsymbol{u}\right\} \tag{3.20}$$

上の式に式 (3.19) を代入して，以下の式を得る．

$$\begin{aligned} L(\rho, \sigma_{\varepsilon}^2, \boldsymbol{\beta}) = {} & \text{const.} \times \left(\sigma_{\varepsilon}^2\right)^{-\frac{n}{2}} |\boldsymbol{\Omega}|^{-\frac{1}{2}} \\ & \times \exp\left\{-\frac{1}{2\sigma_{\varepsilon}^2}(\boldsymbol{y} - \boldsymbol{Z\beta})^{-1}\boldsymbol{\Omega}^{-1}(\boldsymbol{y} - \boldsymbol{Z\beta})\right\} \end{aligned} \tag{3.21}$$

また，行列 $\boldsymbol{\Omega}$ を，式 (3.15) で示したものに置き換えると，次のように書ける．

$$\begin{aligned} L(\rho, \sigma_{\varepsilon}^2, \beta) = {} & \text{const.} \times \left(\sigma_{\varepsilon}^2\right)^{-\frac{n}{2}} \left|\left((\boldsymbol{I} - \rho\boldsymbol{W})'(\boldsymbol{I} - \rho\boldsymbol{W})\right)^{-1}\right|^{-\frac{1}{2}} \\ & \times \exp\left\{-\frac{1}{2\sigma_{\varepsilon}^2}(\boldsymbol{y} - \boldsymbol{Z\beta})'(\boldsymbol{I} - \rho\boldsymbol{W})'(\boldsymbol{I} - \rho\boldsymbol{W})(\boldsymbol{y} - \boldsymbol{Z\beta})\right\} \end{aligned} \tag{3.22}$$

これより，対数尤度は次のように書ける．

$$\ell(\rho,\sigma_\varepsilon^2,\boldsymbol{\beta}) = \text{const.} - \frac{n}{2}\ln\left(\sigma_\varepsilon^2\right) - \frac{1}{2}\ln\left|\left((\boldsymbol{I}-\rho\boldsymbol{W})'(\boldsymbol{I}-\rho\boldsymbol{W})\right)^{-1}\right| \\ - \frac{1}{2\sigma_\varepsilon^2}(\boldsymbol{y}-\boldsymbol{Z\beta})'(\boldsymbol{I}-\rho\boldsymbol{W})'(\boldsymbol{I}-\rho\boldsymbol{W})(\boldsymbol{y}-\boldsymbol{Z\beta}) \tag{3.23}$$

この式は，$\boldsymbol{\varepsilon}|\boldsymbol{X} \sim \text{i.i.d. } \mathcal{N}(\boldsymbol{0},\sigma_\varepsilon^2\boldsymbol{I})$ としたときの以下の回帰モデル

$$\boldsymbol{y}^* = \boldsymbol{Z}^{*\prime}\boldsymbol{\beta} + \boldsymbol{\varepsilon}$$

における尤度関数と一致している．ただし，

$$\boldsymbol{y}^*(\rho) = \boldsymbol{y} - \rho\boldsymbol{Wy}$$
$$\boldsymbol{Z}^*(\rho) = \boldsymbol{Z} - \rho\boldsymbol{WZ}$$

である．Lee（2004）は，式 (3.13)，(3.14) において，ML 推定量が一致性と漸近的正規性を持つということを保証する条件を正式に示した．

式 (3.23) は，非線形性が強いことから，解析的に最大化問題を解くことはできない．しかしながら，パラメータの推定値を得るために，数値的に最大化問題を解くことは可能である．ただし，利用可能なソフトウェアにおいて用いられている演算過程は，すべて疑似尤度によって近似されたものであることを注意しておく．

数値的に解の探索を行う際，パラメータ ρ のそれぞれの値に対する行列式の評価を繰り返し行う必要があるので，$\ln|\boldsymbol{I}-\rho\boldsymbol{W}|$ 項は対数尤度の最大化を行ううえでの問題を引き起こす．n がとても大きい場合には，この演算は負荷のかかるものとなってくるだろう．このことを解決する手段として，Ord の近似を用いることがある（Ord 1975）．

$$\ln|\boldsymbol{I}-\rho\boldsymbol{W}| = \ln\left\{\prod_{i=1}^{n}(1-\rho\phi_i)\right\} \tag{3.24}$$

ここで ϕ_i は，空間重み行列 $\boldsymbol{W}$ の i 番目の固有値を表す．こうした分解を行うことによって，計算を格段に簡単化することが可能であるが，もしも n が非常に大きい場合，行列 W のスペクトル分解を行った結果も同様にして，非常に大きな行列を用いた近似になるため，完全には精度上の問題を除去するこ

とができないことが，Kelejian and Prucha（1998）で述べられている．このような計算上の問題については，第 5 章において詳しく触れることとする．n が非常に大きいときに行列式の対数値の評価を行う際の問題への対処として，Kelejian and Prucha（1998）によって提案された推定法を次の節で紹介する．

もしも ρ が既知であれば，ML 法による推定量は，1.2 節における式 (1.47) の分散共分散行列を，式 (3.15) で明示したものに置き換えた際に得られる GLS 推定量と一致する．

3.4.3　実行可能な GLS 法

ここで簡単に，もう一度式 (3.13)，(3.14) を示す．

$$\boldsymbol{y} = \boldsymbol{Z\beta} + \boldsymbol{u}$$

$$\boldsymbol{u} = \rho\boldsymbol{Wu} + \boldsymbol{\varepsilon},\ |\rho| < 1$$

実行可能な GLS 法（FGLS 法）は，以下のような手順を経ることで得ることができる（Kelejian and Prucha 1998）．

手順 1：$\boldsymbol{\beta}$ の一致推定量 $\tilde{\boldsymbol{\beta}}$ を得る．
手順 2：$\tilde{\boldsymbol{\beta}}$ を用いて，$\boldsymbol{u}$ の推定量 $\hat{\boldsymbol{u}}$ を得る．
手順 3：$\hat{\boldsymbol{u}}$ を式 (3.14) の ρ を推定するために用い，これを $\hat{\rho}$ とする．
手順 4：$\hat{\rho}$ を用いて式 (3.13) を以下のように変形する．

$$(\boldsymbol{I} - \hat{\rho}\boldsymbol{W})\boldsymbol{y} = (\boldsymbol{I} - \hat{\rho}\boldsymbol{W})\boldsymbol{Z\beta} + \boldsymbol{\varepsilon}$$

手順 5：変形されたモデルの誤差は標準的仮定を満たすので，GLS 法に基づいて変形されたデータを用い，$\boldsymbol{\beta}$ を OLS 法で推定する．

以下で，これらの手順について詳しく議論していくこととする．

手順 1：式 (3.13) における $\boldsymbol{\beta}$ の OLS 推定量は次のように表される．

$$\tilde{\boldsymbol{\beta}} = (\boldsymbol{Z}'\boldsymbol{Z})^{-1}\boldsymbol{Z}'\boldsymbol{y} \tag{3.25}$$

この推定量は一致性を持つことが Kelejian and Prucha（1998）によって示され

ている．

手順 2：式 (3.13) より，誤差項の推定値を得る．

$$\hat{\boldsymbol{u}} = \boldsymbol{y} - \boldsymbol{Z}\tilde{\boldsymbol{\beta}} \tag{3.26}$$

手順 3：ρ の一致推定量を得るために Kelejian and Prucha（1998）は以下に示すような追加的な仮定を導入した GMM の手続きを提案した．

(i) $\mathrm{E}[\boldsymbol{\varepsilon}^4] < \infty$

(ii) 行列 $\boldsymbol{W}$ と行列 $(\boldsymbol{I}-\rho\boldsymbol{W})^{-1}$ は両方とも，c を n に依存しない定数とした場合に，$\sum_{i=1}^{n} w_{ij} < c$ かつ $\sum_{j=1}^{n} w_{ij} < c$ であるという意味で「絶対的に加算可能」であり，$(\boldsymbol{I}-\rho\boldsymbol{W})^{-1}$ についても同様である．

(iii) $\boldsymbol{Q}_Z$，$\boldsymbol{Q}_1$，$\boldsymbol{Q}_2$ は，$\boldsymbol{Q}_Z = \lim_{n\to\infty} \boldsymbol{Z}'\boldsymbol{Z}$，$\boldsymbol{Q}_1 = \lim_{n\to\infty} \boldsymbol{Z}'\boldsymbol{\Omega}\boldsymbol{Z}$，$\boldsymbol{Q}_2 = \lim_{n\to\infty} \boldsymbol{Z}'\boldsymbol{\Omega}^{-1}\boldsymbol{Z}$ となる非特異行列である．

以上のような条件を仮定したうえで，式 (3.13)，(3.14) をスカラー表記で書くと，次のようになる．

$$\begin{aligned} y_i &= z_i\boldsymbol{\beta} + u_i \\ u_i &= \rho\sum_{i=1}^{n} w_{ij}u_j + \varepsilon_i \end{aligned} \tag{3.27}$$

ここで次のような定義を行う．

$$\bar{u}_i = \sum_{i=1}^{n} w_{ij}u_j; \quad \bar{\bar{u}}_i = \sum_{i=1}^{n} w_{ij}\bar{u}_j; \quad \bar{\varepsilon}_i = \sum_{i=1}^{n} w_{ij}\varepsilon_j \tag{3.28}$$

よって，式 (3.27) から以下のようになる．

$$u_i - \rho\bar{u}_i = u_i - \rho\sum_{i=1}^{n} w_{ij}u_j = \varepsilon_i \tag{3.29}$$

$$\bar{u}_i - \rho\bar{\bar{u}}_i = \bar{\varepsilon}_i \tag{3.30}$$

3つのモーメント条件は以下のような方法で得ることができる．式 (3.29)，(3.30) を二乗し平均をとると，次のようになる．

$$\frac{1}{n}\sum_{i=1}^{n}(u_i - \rho\bar{u}_i)^2 = \frac{1}{n}\sum_{i=1}^{n}\varepsilon_i^2 = \mathrm{E}[\varepsilon_i^2] \tag{3.31}$$

$$\frac{1}{n}\sum_{i=1}^{n}(\bar{u}_i - \rho\bar{\bar{u}}_i)^2 = \frac{1}{n}\sum_{i=1}^{n}\bar{\varepsilon}_i^2 = \mathrm{E}[\bar{\varepsilon}_i^2] \tag{3.32}$$

さらに，式 (3.29)，(3.30) を掛けた後に平均をとると，3 番目のモーメント条件を得る．

$$\frac{1}{n}\sum_{i=1}^{n}(u_i - \rho\bar{u}_i)(\bar{u}_i - \rho\bar{\bar{u}}_i) = \mathrm{E}[\varepsilon_i\bar{\varepsilon}_i] \tag{3.33}$$

ただし，Kelejian and Prucha（1998）によって証明されているように，

$$\mathrm{E}[\varepsilon_i^2] = \sigma_{\boldsymbol{\varepsilon}}^2,\ \mathrm{E}[\bar{\varepsilon}_i] = \sigma_{\boldsymbol{\varepsilon}}^2\,\mathrm{tr}\left[\frac{\boldsymbol{W}'\boldsymbol{W}}{n}\right],\ \mathrm{E}[\varepsilon_i\bar{\varepsilon}_i] = 0 \tag{3.34}$$

となることを注記しておく．加えて，式 (3.31)，(3.32)，(3.33) における $\boldsymbol{u}$ を，式 (3.26) で求めた $\hat{\boldsymbol{u}}$ で置き換えると，理論的なモーメントと，それに対する経験的な式とを等号で結ぶことによって得られる 3 つのモーメント条件は次のようになる．

$$\begin{cases} \dfrac{1}{n}\displaystyle\sum_{i=1}^{n}(\hat{u}_i - \rho\hat{\bar{u}}_i)^2 = \sigma_{\boldsymbol{\varepsilon}}^2 \\ \dfrac{1}{n}\displaystyle\sum_{i=1}^{n}(\hat{\bar{u}}_i - \rho\hat{\bar{\bar{u}}}_i)^2 = \sigma_{\boldsymbol{\varepsilon}}^2\,\mathrm{tr}\left[\dfrac{\boldsymbol{W}'\boldsymbol{W}}{n}\right] \\ \dfrac{1}{n}\displaystyle\sum_{i=1}^{n}(\hat{u}_i - \rho\hat{\bar{u}}_i)(\hat{\bar{u}}_i - \rho\hat{\bar{\bar{u}}}_i) = 0 \end{cases} \tag{3.35}$$

簡単な代数的計算を行うと，

$$\begin{cases} \dfrac{1}{n}\displaystyle\sum_{i=1}^{n}\hat{u}_i^2 + \dfrac{\rho^2}{n}\displaystyle\sum_{i=1}^{n}\hat{\bar{u}}_i^2 - \dfrac{2\rho}{n}\displaystyle\sum_{i=1}^{n}\hat{u}_i\hat{\bar{u}}_i = \sigma_{\boldsymbol{\varepsilon}}^2 \\ \dfrac{1}{n}\displaystyle\sum_{i=1}^{n}\hat{\bar{u}}_i^2 + \dfrac{\rho^2}{n}\displaystyle\sum_{i=1}^{n}\hat{\bar{\bar{u}}}_i^2 - \dfrac{2\rho}{n}\displaystyle\sum_{i=1}^{n}\hat{\bar{u}}_i\hat{\bar{\bar{u}}}_i = \sigma_{\boldsymbol{\varepsilon}}^2\,\mathrm{tr}\left[\dfrac{\boldsymbol{W}'\boldsymbol{W}}{n}\right] \\ \dfrac{1}{n}\displaystyle\sum_{i=1}^{n}\hat{u}_i\hat{\bar{u}}_i + \dfrac{\rho^2}{n}\displaystyle\sum_{i=1}^{n}\hat{\bar{u}}_i\hat{\bar{\bar{u}}}_i - \rho\left(\dfrac{1}{n}\displaystyle\sum_{i=1}^{n}\hat{\bar{u}}_i^2 + \dfrac{1}{n}\displaystyle\sum_{i=1}^{n}\hat{u}_i\hat{\bar{\bar{u}}}_i\right) = 0 \end{cases} \tag{3.36}$$

あるいは，

$$\begin{cases} \dfrac{\rho^2}{n}\displaystyle\sum_{i=1}^{n}\hat{\hat{u}}_i^2 - \dfrac{2\rho}{n}\sum_{i=1}^{n}\hat{u}_i\hat{\hat{u}}_i - \sigma_\varepsilon^2 = -\dfrac{1}{n}\sum_{i=1}^{n}\hat{u}_i^2 \\ \dfrac{\rho^2}{n}\displaystyle\sum_{i=1}^{n}\hat{\hat{\hat{u}}}_i^2 - \dfrac{2\rho}{n}\sum_{i=1}^{n}\hat{\hat{u}}_i\hat{\hat{\hat{u}}}_i - \sigma_\varepsilon^2\,\mathrm{tr}\left[\dfrac{\boldsymbol{W}'\boldsymbol{W}}{n}\right] = -\dfrac{1}{n}\sum_{i=1}^{n}\hat{\hat{u}}_i^2 \\ \dfrac{\rho^2}{n}\displaystyle\sum_{i=1}^{n}\hat{\hat{u}}_i\hat{\hat{\hat{u}}}_i - \rho\left(\dfrac{1}{n}\sum_{i=1}^{n}\hat{\hat{u}}_i^2 + \dfrac{1}{n}\sum_{i=1}^{n}\hat{u}_i\hat{\hat{\hat{u}}}_i\right) = -\dfrac{1}{n}\sum_{i=1}^{n}\hat{u}_i\hat{\hat{u}}_i \end{cases} \tag{3.37}$$

と書ける．式 (3.37) における 3 つの式は，行列表記を用いるとよりシンプルに書ける．

$$\boldsymbol{A}_1\boldsymbol{\phi} - \boldsymbol{A}_2 = \boldsymbol{0} \tag{3.38}$$

ただし，次のように定義している．

$$\boldsymbol{A}_1 = \begin{bmatrix} \dfrac{1}{n}\sum\hat{\hat{u}}_i^2 & -\dfrac{2}{n}\sum\hat{u}_i\hat{\hat{u}}_i & -1 \\ \dfrac{1}{n}\sum\hat{\hat{\hat{u}}}_i^2 & -\dfrac{2}{n}\sum\hat{\hat{u}}_i\hat{\hat{\hat{u}}}_i & -\dfrac{1}{n}\mathrm{tr}[\boldsymbol{W}'\boldsymbol{W}] \\ \dfrac{1}{n}\sum\hat{\hat{u}}_i\hat{\hat{\hat{u}}}_i & -\dfrac{1}{n}\left(\sum\hat{\hat{u}}_i^2 + \sum\hat{u}_i\hat{\hat{\hat{u}}}_i\right) & 0 \end{bmatrix} \tag{3.39}$$

$$\boldsymbol{A}_2' = \left[-\dfrac{1}{n}\sum_{i=1}^{n}\hat{u}_i^2,\ -\dfrac{1}{n}\sum_{i=1}^{n}\hat{\hat{u}}_i^2,\ -\dfrac{1}{n}\sum_{i=1}^{n}\hat{u}_i\hat{\hat{u}}_i\right] \tag{3.40}$$

$$\boldsymbol{\phi}' = \left[\rho^2,\ \rho,\ \sigma_\varepsilon^2\right] \tag{3.41}$$

よって，パラメータベクトルの一致推定量は，$\boldsymbol{\phi}$ について次のように式 (3.38) を解くことで得られる．

$$\boldsymbol{\phi} = \boldsymbol{A}_1^{-1}\boldsymbol{A}_2 = \left[\hat{\rho}^2, \hat{\rho}, \hat{\sigma}_\varepsilon^2\right]' \tag{3.42}$$

手順 4：手順 3 で得られた推定量 $\hat{\rho}$ を用いて，式 (3.15) における分散共分散行列 $\boldsymbol{\Omega}$ の要素を次のように推定する．

$$\hat{\boldsymbol{\Omega}} = \left((\boldsymbol{I} - \hat{\rho}\boldsymbol{W})'(\boldsymbol{I} - \hat{\rho}\boldsymbol{W})\right)^{-1} \tag{3.43}$$

手順 5：最後に，式 (1.47) における分散共分散行列を，式 (3.43) のものと置き換えたうえで，回帰パラメータ $\boldsymbol{\beta}$ を GLS 法を用いて推定する．

$$\hat{\boldsymbol{\beta}}_{\text{FGLS}} = (\boldsymbol{Z}'\hat{\boldsymbol{\Omega}}^{-1}\boldsymbol{Z})^{-1}\boldsymbol{Z}'\hat{\boldsymbol{\Omega}}^{-1}\boldsymbol{y} \tag{3.44}$$

この操作は，$(\boldsymbol{I} - \hat{\rho}\boldsymbol{W})\boldsymbol{y} = (\boldsymbol{I} - \hat{\rho}\boldsymbol{W})\boldsymbol{Z\beta} + \boldsymbol{\varepsilon}$ のように変換されたデータに対して GLS 法を適用することに対応している．

例題 3.2 米国 **48** 州における中古車価格と税の関係

空間誤差モデルの 1 つの例として，1960 年における州ごとの中古車価格と，1955–59 年の期間における，州ごとの新車を買う際の税と運送料についてのデータセットに関しての考察を行うこととしよう．このデータセットは，空間計量経済学の中でも非常に有名なものであり，2.3.5 項にあるような手順を踏めば，R のコンソール上に読み込むことが可能である．

考察対象になる 48 州の地図は次ページの図に示すとおりである（アラスカ州とハワイ州については，その他の州から離れた場所に位置しているという理由により，分析対象から除外した．また，ワシントン D.C. についても，その例外的な特徴により，分析対象から除外した．）

データは以下に示すとおりである．

n.	States	tax	price	n.	States	tax	price	n.	States	tax	price
1	Washington	129	1,461	17	Nebraska	159	1,547	33	Maryland	135	1,466
2	Maine	218	1,601	18	Illinois	139	1,510	34	Virginia	171	1,468
3	Minnesota	176	1,469	19	Georgia	96	1,572	35	Missouri	164	1,627
4	Michigan	252	1,611	20	S. Carolina	133	1,509	36	Indiana	161	1,502
5	New Hampshire	186	1,606	21	Mississippi	82	1,586	37	Idaho	174	1,555
6	Vermont	154	1,491	22	Oklahoma	159	1,460	38	Montana	153	1,465
7	Wisconsin	92	1,536	23	Arkansas	136	1,468	39	W. Virginia	172	1,601
8	New York	150	1,517	24	Alabama	196	1,631	40	Kansas	133	1,463
9	Wyoming	149	1,481	25	Texas	97	1,584	41	Kentucky	178	1,511
10	Massachusetts	168	1,659	26	Louisiana	220	1,636	42	N. Carolina	257	1,647
11	Connecticut	138	1,515	27	Florida	96	1,539	43	Tennessee	112	1,559
12	Rhode Island	52	1,460	28	Utah	89	1,520	45	N. Dakota	93	1,495
13	Ohio	195	1,592	29	Colorado	185	1,626	46	Oregon	265	1,592
14	Iowa	141	1,574	30	Nevada	115	1,544	47	S. Dakota	105	1,470
15	New Jersey	144	1,418	31	Delaware	122	1,477	48	New Mexico	58	1,473
16	Pennsylvania	165	1,509	32	California	153	1,609	49	Arizona	188	1,655

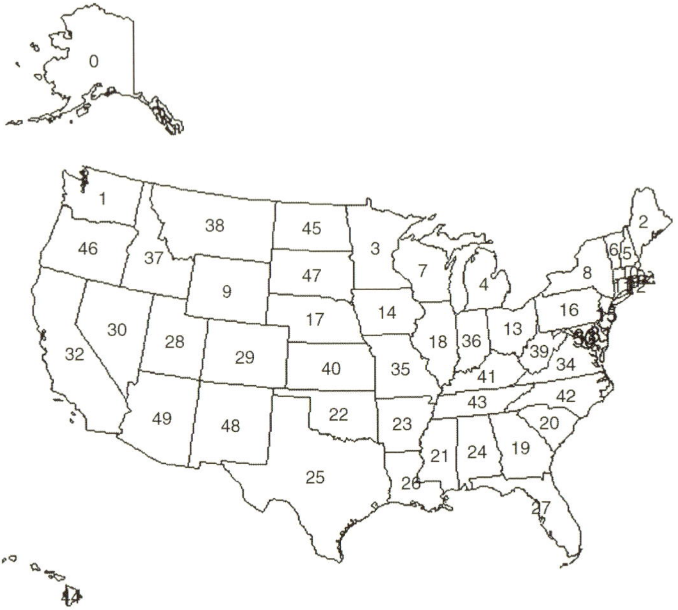

分析を行っていくにあたり，比較のため，単回帰モデル $\boldsymbol{y} = \beta_0 \boldsymbol{i}_n + \beta_1 \boldsymbol{x} + \boldsymbol{\varepsilon}$ についての OLS 推定を行うこととしよう．ここで，$\boldsymbol{y}$ は 1960 年の中古車価格であり，$\boldsymbol{x}$ は 1955–59 年における新車購入時にかかる税と運送料である．分析結果については，主要な検定量とともに以下の表に示した．

	Estimate	Standard Error	t-value	p-value
β_0	1435.7506	27.5796	52.06	0.00^{***}
β_1	0.6872	0.1754	3.92	0.00^{***}

Signif. codes: ***: $p < 0.001$; **: $p < 0.01$; *: $p < 0.05$; .: $p < 0.1$.
F-test = 15.35 (p-value = 0.00^{***})
AIC = 528.332　　BIC = 533.945
JB-test = 1.891 (p-value = 0.39)　　BP-test = 0.001 (p-value = 0.97)

F 検定量は高い有意性を示しており，このモデルを採択するという判断に至る．さらに，両方のパラメータは，仮説検定の際に通常用いられるような信頼水準において有意である．*JB* 検定と *BP* 検定については両方ともに有意ではないことから，正規性の仮定と均一分散の仮定は採択されることとなる．

下の表に示したのは，残差における空間的自己相関についての仮定に関する Moran's I 検定統計量の要約である．ここで用いた $\boldsymbol{W}$ 行列は，行基準化された単純な隣接行列である．

Moran's *I* 検定

	Observed Value	Expected Value	Variance	z-value	p-value
Moran's I	0.5748	−0.0303	0.0090	6.39	0.00***

検定結果から，残差において有意性の高い正の空間的自己相関が存在することが示唆される．やはり，OLS 法のモデルはもっともらしいものではなく，残差において正かつ有意な空間的自己相関が存在しているという事実を考えれば，その代わりに空間誤差モデルを用いた分析を行う必要性が明確に示唆される結果となった．最初に，ML 法（3.4.2 項）を用いて空間誤差モデルの推定を行うこととしよう．その結果は下に示すとおりである．

	Estimate	Standard Error	t-value	p-value
β_0	1528.3452	31.9624	47.82	0.00***
β_1	0.0883	0.1192	0.74	0.46***

Signif. codes: ***: $p < 0.001$; **: $p < 0.01$; *: $p < 0.05$; .: $p < 0.1$.
$\rho = 0.8190$　LR-test = 40.899 (p-value = 0.00)
Wald-statistics = 122.32 (p-value = 0.00)
AIC = 489.430　BIC = 496.917　JB-test = 2.085 (p-value = 0.35)

この結果を見ると，尤度比検定（式 (1.31)）と Wald 検定（式 (1.33)）を行うことにより，パラメータ ρ が高い有意性を持つことが示された一方で，税についての回帰係数は有意ではないということが示されたこととなる．これより，残差間の空間的自己相関によってモデルにおける変動はほとんど説明され，なおかつモデルは，ある州における中古車価格は，隣接する州の中古車価格によってのみ説明されるという，純粋な自己回帰（$\boldsymbol{\beta} = \boldsymbol{0}$ かつ ρ か λ のいずれかが 0 である場合のこと，3.2 節を参照）の形になる．

最後に同様の空間誤差モデルを，3.4.3 項で議論した FGLS 法を用いて推定することとしよう．結果は以下の表に示すとおりである．

	Estimate	Standard Error	t-value	p-value
β_0	1512.9836	28.69940	52.72	0.00***
β_1	0.1780	0.1502	1.19	0.24
ρ	0.6540	0.2184	3.10	0.00***
σ_2	1672.5780			

Signif. codes: ***: $p < 0.001$; **: $p < 0.01$; *: $p < 0.05$; .: $p < 0.1$.
JB-test = 2.854 (p-value = 0.24)

FGLS 推定量は，実質的には ML 推定による結論の確認である．税についての回帰係数は有意ではなく，ある州における中古車価格は，純粋な空間的自己回帰によって説明される．しかしながら，$\boldsymbol{\beta}_0$ と ρ の推定値は，2 つの推定法によって異なり，特に，ρ の値は ML 法によって推定を行った場合，FGLS 法で得られた値より大きくなってしまうという点には注意が必要である．加えて，ML 法を用いた際の標準誤差は，FGLS 法を用いた際の標準誤差とは異なるものになってしまうことについても注意が必要である．

3.5　空間ラグモデル

3.5.1　概　　説

$\lambda \neq 0$ かつ $\rho = 0$ であるとき，モデルは次のようになる．

$$\boldsymbol{y} = \lambda \boldsymbol{W y} + \boldsymbol{Z\beta} + \boldsymbol{u},\ |\lambda| < 1 \tag{3.45}$$

ただし，$\boldsymbol{u}|\boldsymbol{X} \approx$ i.i.d. $\mathcal{N}(\boldsymbol{0}, \sigma_u^2 \boldsymbol{I})$ である．このモデルは，文字通り空間ラグモデル（SLM: Spatial Lag Model）（Anselin 1988; Arbia, 2006）と呼ばれるものである．この場合には，空間ラグ付きの $\boldsymbol{y}$ の値が確率的な誤差と相関することから，内生性の問題が発生する．実際に，式 (3.18) のときと同じ議論を行うと，$(\boldsymbol{I} - \lambda\boldsymbol{W})\boldsymbol{y} = \boldsymbol{Z\beta} + \boldsymbol{u}$ から $\boldsymbol{y} = (\boldsymbol{I} - \lambda\boldsymbol{W})^{-1}\boldsymbol{Z\beta} + (\boldsymbol{I} - \lambda\boldsymbol{W})^{-1}\boldsymbol{u}$ という式を得ることができて，ラグ項 $\boldsymbol{Wy}$ と誤差項間の共分散は以下のように表せる．

$$
\begin{aligned}
\mathrm{E}\Big[(\boldsymbol{W}\boldsymbol{y})\boldsymbol{u}'\Big] &= \mathrm{E}\Big[\Big(\boldsymbol{W}(\boldsymbol{I}-\lambda\boldsymbol{W})^{-1}\boldsymbol{Z}\boldsymbol{\beta} + (\boldsymbol{I}-\lambda\boldsymbol{W})^{-1}\boldsymbol{u}\Big)\boldsymbol{u}'\Big] \\
&= \boldsymbol{W}(\boldsymbol{I}-\lambda\boldsymbol{W})^{-1}\boldsymbol{Z}\boldsymbol{\beta}\,\mathrm{E}[\boldsymbol{u}'] + \boldsymbol{W}(\boldsymbol{I}-\lambda\boldsymbol{W})^{-1}\,\mathrm{E}[\boldsymbol{u}\boldsymbol{u}'] \\
&= \sigma_{\boldsymbol{u}}^2\boldsymbol{W}(\boldsymbol{I}-\lambda\boldsymbol{W})^{-1}\boldsymbol{I} \\
&\neq \boldsymbol{0}
\end{aligned}
$$

したがって，内生性の存在によって GLS 法を用いることはできない．これまで，それに代わる 2 つの推定法が提案されてきた．

(i) 最尤法（ML 法）
(ii) 二段階最小二乗法（2SLS 法）

3.5.2　最尤法

最初に，式 (3.45) を $(\boldsymbol{I}-\lambda\boldsymbol{W})\boldsymbol{y} = \boldsymbol{Z}\boldsymbol{\beta}+\boldsymbol{u}$ のように書き直すと，次の式が得られる．

$$
\boldsymbol{y} = (\boldsymbol{I}-\lambda\boldsymbol{W})^{-1}\boldsymbol{Z}\boldsymbol{\beta} + (\boldsymbol{I}-\lambda\boldsymbol{W})^{-1}\boldsymbol{u}
$$

よって，

$$
\mathrm{E}[\boldsymbol{y}] = \mathrm{E}\Big[(\boldsymbol{I}-\lambda\boldsymbol{W})^{-1}\boldsymbol{Z}\boldsymbol{\beta} + (\boldsymbol{I}-\lambda\boldsymbol{W})^{-1}\boldsymbol{u}\Big] = (\boldsymbol{I}-\lambda\boldsymbol{W})^{-1}\boldsymbol{Z}\boldsymbol{\beta} \tag{3.46}
$$

$$
\mathrm{E}[\boldsymbol{y}\boldsymbol{y}'] = \sigma_{\boldsymbol{u}}^2\Big((\boldsymbol{I}-\lambda\boldsymbol{W})'(\boldsymbol{I}-\lambda\boldsymbol{W})\Big)^{-1} = \sigma_{\boldsymbol{u}}^2\boldsymbol{\Omega} \tag{3.47}
$$

ゆえに，$\boldsymbol{y}$ の尤度は次のように書ける．

$$
\begin{aligned}
L(\sigma^2, \lambda, \boldsymbol{\beta}; \boldsymbol{y}) &= \text{const.} \times |\sigma_{\boldsymbol{u}}^2\boldsymbol{\Omega}|^{-\frac{1}{2}} \\
&\quad \times \exp\left\{-\frac{1}{2\sigma_{\boldsymbol{u}}^2}\Big(\boldsymbol{y}-(\boldsymbol{I}-\lambda\boldsymbol{W})^{-1}\boldsymbol{Z}\boldsymbol{\beta}\Big)'\boldsymbol{\Omega}^{-1}\Big(\boldsymbol{y}-(\boldsymbol{I}-\lambda\boldsymbol{W})^{-1}\boldsymbol{Z}\boldsymbol{\beta}\Big)\right\}
\end{aligned} \tag{3.48}
$$

これより，対数尤度は次のように書ける．

$$\ell(\sigma^2, \lambda, \boldsymbol{\beta}; \boldsymbol{y}) = \text{const.} - \frac{1}{2}\ln|\sigma_u^2 \boldsymbol{\Omega}| \\ - \frac{1}{2\sigma_u^2}\left(\boldsymbol{y} - (\boldsymbol{I} - \lambda \boldsymbol{W})^{-1}\boldsymbol{Z}\boldsymbol{\beta}\right)' \boldsymbol{\Omega}^{-1}\left(\boldsymbol{y} - (\boldsymbol{I} - \lambda \boldsymbol{W})^{-1}\boldsymbol{Z}\boldsymbol{\beta}\right) \tag{3.49}$$

式 (3.47) における表現を用いると，行列 $\sigma_u^2 \boldsymbol{\Omega}$ の行列式は以下のように書ける．

$$|\sigma_u^2 \boldsymbol{\Omega}| = \left|\sigma_u^2\left((\boldsymbol{I} - \lambda \boldsymbol{W})'(\boldsymbol{I} - \lambda \boldsymbol{W})\right)^{-1}\right| \\ = \sigma_u^{2n}\left|(\boldsymbol{I} - \lambda \boldsymbol{W})^{-1}\left((\boldsymbol{I} - \lambda \boldsymbol{W})^{-1}\right)'\right|$$

また，

$$\left|\left((\boldsymbol{I} - \lambda \boldsymbol{W})'(\boldsymbol{I} - \lambda \boldsymbol{W})\right)^{-1}\right| = \left|(\boldsymbol{I} - \lambda \boldsymbol{W})^{-1}\right|\left|\left((\boldsymbol{I} - \lambda \boldsymbol{W})'\right)^{-1}\right|$$

であるから，次のようにも書ける[2)]．

$$\left|\sigma_u^2 \boldsymbol{\Omega}\right| = \sigma_u^{2n}\,|\boldsymbol{I} - \lambda \boldsymbol{W}|^{-2} \tag{3.50}$$

対数尤度の式に戻って，式 (3.47) と式 (3.50) を式 (3.49) に代入にすると，次の式を得る．

$$\ell(\sigma^2, \lambda, \boldsymbol{\beta}; \boldsymbol{y}) = \text{const.} - \frac{1}{2}\ln\left\{\sigma_u^{2n}\,|\boldsymbol{I} - \lambda \boldsymbol{W}|^{-2}\right\} \\ - \frac{1}{2\sigma_u^2}\left(\boldsymbol{y} - (\boldsymbol{I} - \lambda \boldsymbol{W})^{-1}\boldsymbol{Z}\boldsymbol{\beta}\right)'\left(\left((\boldsymbol{I} - \lambda \boldsymbol{W})'(\boldsymbol{I} - \lambda \boldsymbol{W})\right)^{-1}\right)^{-1} \\ \times\left(\boldsymbol{y} - (\boldsymbol{I} - \lambda \boldsymbol{W})^{-1}\boldsymbol{Z}\boldsymbol{\beta}\right) \\ = \text{const.} - \frac{n}{2}\ln\left(\sigma_u^2\right) + \ln|\boldsymbol{I} - \lambda \boldsymbol{W}| \\ - \frac{1}{2\sigma_u^2}\left(\boldsymbol{y} - (\boldsymbol{I} - \lambda \boldsymbol{W})^{-1}\boldsymbol{Z}\boldsymbol{\beta}\right)'(\boldsymbol{I} - \lambda \boldsymbol{W})'(\boldsymbol{I} - \lambda \boldsymbol{W}) \\ \times\left(\boldsymbol{y} - (\boldsymbol{I} - \lambda \boldsymbol{W})^{-1}\boldsymbol{Z}\boldsymbol{\beta}\right) \tag{3.51}$$

また，

2) 訳注：$\boldsymbol{A}$ が正則行列のとき，$|\boldsymbol{A}^{-1}| = |\boldsymbol{A}|^{-1}$ である．

$$(\boldsymbol{I} - \lambda\boldsymbol{W})\Big(\boldsymbol{y} - (\boldsymbol{I} - \lambda\boldsymbol{W})^{-1}\boldsymbol{Z\beta}\Big) = (\boldsymbol{I} - \lambda\boldsymbol{W})\boldsymbol{y} - \boldsymbol{Z\beta}$$

であるから，最終的に以下の式を得る．

$$\begin{aligned}\ell(\sigma^2, \lambda, \boldsymbol{\beta}; \boldsymbol{y}) = \text{const.} - \frac{n}{2}\ln\left(\sigma_{\boldsymbol{u}}^2\right) + \ln|\boldsymbol{I} - \lambda\boldsymbol{W}| \\ - \frac{1}{2\sigma_{\boldsymbol{u}}^2}\Big((\boldsymbol{I} - \lambda\boldsymbol{W})\boldsymbol{y} - \boldsymbol{Z\beta}\Big)'\Big((\boldsymbol{I} - \lambda\boldsymbol{W})\boldsymbol{y} - \boldsymbol{Z\beta}\Big)\end{aligned} \tag{3.52}$$

未知パラメータ σ^2, λ, $\boldsymbol{\beta}$ を求めるため，この対数尤度関数を数値的に最大化する．

3.5.3　二段階最小二乗法

内生性の問題を除去するための方法として，ML 推定量の他に，二段階最小二乗法も用いることが可能である．二段階最小二乗法を用いるためには，最初に，空間ラグ項 $\boldsymbol{Wy}$ があることによって生じる内生性の問題を除去することが可能な，適切な操作変数を特定することが必要である．言い換えれば，$\boldsymbol{Wy}$ と相関し（関連性），かつ，誤差項と無相関（外生性）な操作変数を特定することが必要である．式 (3.46) における事実を踏まえれば，以下の式を得ることができる．

$$\mathrm{E}[\boldsymbol{y}] = \mathrm{E}[(\boldsymbol{I} - \lambda\boldsymbol{W})^{-1}\boldsymbol{Z\beta} + (\boldsymbol{I} - \lambda\boldsymbol{W})^{-1}\boldsymbol{u}] = (\boldsymbol{I} - \lambda\boldsymbol{W})^{-1}\boldsymbol{Z\beta} \tag{3.53}$$

ここで，$|\lambda| < 1$ であるから，式 (3.53) における逆行列は以下のように展開することができる．

$$(\boldsymbol{I} - \lambda\boldsymbol{W})^{-1} = \boldsymbol{I} + \lambda\boldsymbol{W} + \lambda^2\boldsymbol{W}^2 + \lambda^3\boldsymbol{W}^3 + \cdots$$

よって，

$$\begin{aligned}\mathrm{E}[\boldsymbol{y}] &= \Big(\boldsymbol{I} + \lambda\boldsymbol{W} + \lambda^2\boldsymbol{W}^2 + \lambda^3\boldsymbol{W}^3 + \cdots\Big)\boldsymbol{Z\beta} \\ &= \boldsymbol{Z\beta} + \lambda\boldsymbol{WZ\beta} + \lambda^2\boldsymbol{W}^2\boldsymbol{Z\beta} + \cdots\end{aligned} \tag{3.54}$$

このように，$\mathrm{E}[\boldsymbol{y}]$ は $\boldsymbol{Z}$, $\boldsymbol{WZ}$, $\boldsymbol{W}^2\boldsymbol{Z}$, ... の線形関数で表すことができる．このことは，式 (3.54) における展開式の最初の 3 つの項 $\boldsymbol{Z}$, $\boldsymbol{WZ}$, $\boldsymbol{W}^2\boldsymbol{Z}$ を，$\boldsymbol{Wy}$ に

よる内生性を除去するための操作変数として用いることを示唆するものである．これらの操作変数のセットを，$\boldsymbol{H} = [\boldsymbol{Z}, \boldsymbol{WZ}, \boldsymbol{W}^2\boldsymbol{Z}]$ という $n \times 3k$ の行列とおく．次に式 (3.45) を以下のように書くこととする．

$$\boldsymbol{y} = \boldsymbol{M\theta} + \boldsymbol{u} \tag{3.55}$$

ここで，$\boldsymbol{M} = [\boldsymbol{Wy}, \boldsymbol{Z}]$ は説明変数をまとめた行列であり，$\boldsymbol{\theta}' = [\lambda, \boldsymbol{\beta}']$ は未知パラメータのベクトルである．二段階推定法の一段階目においては，説明変数 $\boldsymbol{M}$ を，操作変数 $\boldsymbol{H}$ に操作変数回帰する．

$$\boldsymbol{M} = \boldsymbol{H\gamma} + \boldsymbol{\eta} \tag{3.56}$$

ここで，$\boldsymbol{\eta}$ は誤差項である．式 (3.56) におけるパラメータは，OLS 法を行うことで次のように推定される．

$$\hat{\boldsymbol{\gamma}} = (\boldsymbol{H}'\boldsymbol{H})^{-1}\boldsymbol{H}'\boldsymbol{M} \tag{3.57}$$

$\boldsymbol{M}$ の推定された値，$\hat{\boldsymbol{M}}$ は以下のように与えられる．

$$\hat{\boldsymbol{M}} = \boldsymbol{H}\hat{\boldsymbol{\gamma}} = \boldsymbol{H}(\boldsymbol{H}'\boldsymbol{H})^{-1}\boldsymbol{H}'\boldsymbol{M} \tag{3.58}$$

二段階推定法の二段階目においては，$\boldsymbol{\gamma}$ と操作された説明変数の間の関係性を，OLS 法を行うことで推定する．

$$\boldsymbol{\gamma} = \hat{\boldsymbol{M}}\boldsymbol{\theta} + \boldsymbol{u} \tag{3.59}$$

θ の二段階推定量は以下のように得られる．

$$\hat{\boldsymbol{\theta}}_{2SLS} = (\hat{\boldsymbol{M}}'\hat{\boldsymbol{M}})^{-1}\hat{\boldsymbol{M}}'\boldsymbol{y} \tag{3.60}$$

例題 3.3　ボストンにおける住宅価格の決定要因

空間ラグモデルの例について見ていくこととする．ここで使うデータは，Harrison and Rubinfield（1978）によって収集され，Gilley and Pace（1966）によって統合されたものであり，空間計量経済においては非常に有名なものである．データは `Boston` というデータセットに格納されているもので，2.3.5 項と同様の手順を踏めば，Rのコンソール上に読み込むことができる．このデータは，ボストンにある506の国勢調査区で観測された住宅価格の中央値と，住宅価格の潜在的な決定要因になると考えられる，各地区における一連の説明

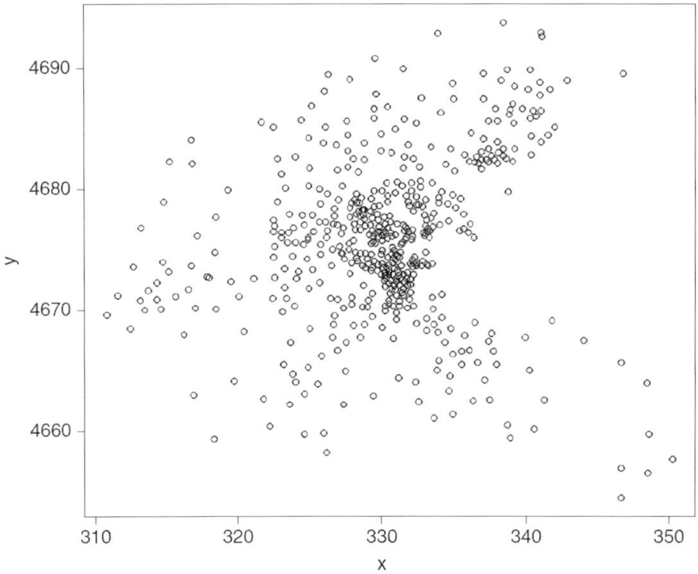

	Variable	Variable Description
1	MEDV	Median value of owner-occupied housing expressed in thousands of USD
2	CRIM	Value of per-capita crimes
3	RM	Average number of rooms per dwelling
4	INDUS	Proportion of non-retail business acres per town
5	NOX	Value of the NOX (nitric oxides) concentration (parts per 10 millions) per town
6	AGE	Proportion of owner-occupied units built before 1940
7	DIS	Weighted distance from five Boston employment centers
8	RAD	Index of accessibility to radial highways per town
9	PTRATIO	Pupil to teachers ration per town
10	B	A transformed proportion of blacks
11	LSTAT	Percentage of lower status population
12	TAX	Full-value property tax per USD 10,000 per town

変数が合わさったデータである.

各国勢調査区各々の重心を記した地図は前ページのグラフに示すとおりで，データベースに含まれる説明変数のリストは，その次に示した表のとおりである．単純な回帰モデルを OLS 法で推定することから始めていくこととする．住宅価格が上の表に挙げられた 11 変数による関数を用いて表現されるかどうかをテストしていきたい．単純な OLS 推定の結果を，検定量とともに以下に示した．

	Estimate	Standard Error	t-value	p-value
Intercept	37.3083	5.1997	7.18	0.00***
CRIM	−0.1034	0.0333	−3.10	0.00**
RM	4.0744	0.4206	4.07	0.00***
INDUS	0.0182	0.0620	0.29	0.77
NOX	−17.8292	3.8897	−4.58	0.00***
AGE	−0.0026	0.0134	−0.20	0.84
DIS	−1.2102	0.1861	−6.50	0.00***
RAD	0.3046	0.0669	4.56	0.00***
PTRATIO	−1.1311	0.1260	−8.97	0.00***
B	0.0099	0.0027	3.60	0.00***
LSTAT	−0.5251	0.0515	−10.19	0.00***
TAX	−0.0109	0.0037	−2.94	0.00***

Signif. codes: ***: $p < 0.001$; **: $p < 0.01$; *: $p < 0.05$; .: $p < 0.1$.

F-test = 121 (p-value = 0.00***) AIC = 3045.227 BIC = 3100.172

JB-test = 936.742 (p-value = 0.00***)

BP-test = 59.214 (p-value = 0.00***)

F 統計量は高い有意性を示しており，このモデルを採択するという判断に至る．さらに，INDUS と AGE 以外のすべての変数が，通常の信頼度において有意である．特に，RM，RAD と B は正に有意である一方，CRIME，NOX，DIS，LSTAT と TAX は負に有意である．なお，JB 検定と BP 検定は有意であることから，正規性の仮定と均一分散の仮定については，これを棄却できる．空間重み行列については，先ほどの図において，2 つの地区の重心間の距離が 3.99 以下ならば，隣接した地区であるとする，距離ベースの重み行列とした．以下に示すのは，残差の空間的自己相関に関する仮説についての Moran's I 統計量の計算結果をまとめたものである．

Moran's *I* 検定

	Observed Value	Expected Value	Variance	z-value	p-value
Moran's I	0.0780	−0.0071	0.0002	6.73	0.00***

検定の結果から，回帰残差において有意性の高い正の空間的自己相関が存在することが示唆されたため，以後さらなる分析を行うことが必要そうである．今回のケースでは，分析を行う際に非常に小さな地域単位を扱うため，住宅価格は空間においてスムーズに変化していると推測するのが合理的であると考えられる．また，住宅価格が高い地域は特定のゾーンに集中しており，住宅価格についての正の空間的自己相関が観察されそうである．これらの理由により，空間ラグモデルを用いることが，残差における相関を除去すると同時に，より当てはまりの良い結果を得ることにつながるか否かをテストしていくこととする．

最初に，ML 法（3.5.2 項）を用いてモデルを推定することとしよう．結果は以下に示すとおりである．

	Estimate	Standard Error	t-value	p-value
Intercept	28.3780	5.8225	4.87	0.00***
CRIM	−0.0975	0.0326	−2.99	0.00***
RM	3.8432	0.4135	9.29	0.00***
INDUS	−0.0007	0.0606	−0.01	0.99
NOX	−13.6020	4.0537	−3.36	0.00***
AGE	0.0017	0.0132	0.13	0.90
DIS	−1.1782	0.1834	−6.42	0.00***
RAD	0.2927	0.0655	4.47	0.00***
PTRATIO	−0.9761	0.1304	−7.48	0.00***
B	0.0098	0.0027	3.68	0.00***
LSTAT	−0.5234	0.0502	−10.42	0.00***
TAX	−0.0105	0.0036	−2.90	0.00***
λ	0.2202	0.0607	3.63	0.00***

Signif. codes: ***: $p < 0.001$; **: $p < 0.01$; *: $p < 0.05$; .: $p < 0.1$.
$\lambda = 0.2202$　LR-test = 12.492 (p-value = 0.00***)
Wald-statistics = 13.16 (p-value = 0.00***)
AIC = 3034.7　BIC = 3093.9
JB-test = 1144.455 (p-value = 2.20.00***)
LM-testforresiduals = 13.341 (p-value = 0.00***)

t 検定の結果から，OLS 法の場合と同様に，INDUS と AGE 以外のすべての変数が有意であり，符号の向きについても OLS 法と一致している．尤度比検定と Wald 検定の結果によって，λ の有意性が高いことが示された一方で，変数 TAX についての回帰係数は有意ではない．

しかしながら，空間ラグモデルでの定式化では，住宅価格の空間的依存性という重要な特徴を際立たせた一方で，残差の空間的自己相関の問題については，完全には取り除くことができていないことが見て取れる．実際に，残差についての *LM* 検定の結果を見てみると，依然として有意な正の自己相関が存在することが示されている．

最後に，3.5.3 項で紹介した二段階最小二乗法を用いて，同様の空間ラグモデルを推定してみる．結果は以下に示すとおりである．

	Estimate	Standard Error	t-value	p-value
Intercept	28.3670	5.8399	4.86	0.00***
CRIM	−0.0975	0.0330	−2.96	0.00***
RM	3.8429	0.4216	9.11	0.00***
INDUS	−0.0007	0.0615	−0.01	0.99
NOX	−13.5970	4.0608	−3.35	0.00***
AGE	0.0017	0.0133	0.13	0.90
DIS	−1.1782	0.1841	−6.40	0.00***
RAD	0.2927	0.0662	4.42	0.00***
PTRATIO	−0.9759	0.1336	−7.31	0.00***
B	0.0098	0.0027	3.63	0.00***
LSTAT	−0.5234	0.0509	−10.28	0.00***
TAX	−0.0105	0.0037	2.86	0.00***
λ	0.2205	0.0686	3.02	0.00***

Signif. codes: ***: $p < 0.001$; **: $p < 0.01$; *: $p < 0.05$; .: $p < 0.1$.
JB-statistics = 1144.613 (p-value = 0.00***)

二段階最小二乗法は実質上，ML 法で推定を行った際の係数の符号と有意性に関する結論についての確認を行うためのものである．特に，地区における小売業でない土地の割合（INDUS）と，地区において古い建物が存在していること（AGE）が，住宅価格の中央値に対して有意な影響を及ぼさない，という結果が整合的であるかということをここでは確認する．結局，パラメータ λ の有意性が確認されたと同時に，その推定された値は，ML 法を行ったときに得られた値と非常に類似したものとなった．しかしながら，ML 法の場合と対照的に，2SLS 法では正規性の仮定を満足することは必要なことではないので，今回のケースでは（Jarque-Bera 検定によって，正規性が満たされていないということが示されたことを考慮すれば），2SLS 法による推定の方がより信頼性のある推定である．しかるに，どちらの推定法を用いた際にも，依然として残差間に相関が存在していることから，必ずしもすべての点で満足のいくモデルであるとはいえない．モデルに空間ラグを導入することが，残差における非球面性を十分に取り除くことにつながらないとすれば，追加的な空間的要素を更にモデルの中に含ませることが必要だろう．こうした問題意識が，次の節における発展的な議論へとつながっていくのである．

3.6　一般的な SARAR(1,1) モデル

3.6.1　概　　説

最初に，式 (3.1)，(3.2) において，$\boldsymbol{\beta} = \mathbf{0}$ とおいた場合を考えることとしよう．

$$\boldsymbol{y} = \lambda \boldsymbol{W}\boldsymbol{y} + \boldsymbol{u},\ |\lambda| < 1 \tag{3.61}$$

$$\boldsymbol{u} = \rho \boldsymbol{W}\boldsymbol{u} + \boldsymbol{\varepsilon},\ |\rho| < 1 \tag{3.62}$$

これより，

$$(\boldsymbol{I} - \lambda\boldsymbol{W})\boldsymbol{y} = \boldsymbol{u},\ \boldsymbol{y} = (\boldsymbol{I} - \lambda\boldsymbol{W})^{-1}\boldsymbol{u} \tag{3.63}$$

$$(\boldsymbol{I} - \rho\boldsymbol{W})\boldsymbol{u} = \boldsymbol{\varepsilon},\ \boldsymbol{u} = (\boldsymbol{I} - \rho\boldsymbol{W})^{-1}\boldsymbol{\varepsilon} \tag{3.64}$$

となる．式 (3.63)，(3.64) を合わせると，

$$\boldsymbol{y} = (\boldsymbol{I} - \lambda\boldsymbol{W})^{-1}(\boldsymbol{I} - \rho\boldsymbol{W})^{-1}\boldsymbol{\varepsilon} \tag{3.65}$$

とすることができて，結果的に，

$$\begin{aligned} \mathrm{E}[\boldsymbol{y}\boldsymbol{y}'] &= \mathrm{E}\left[(\boldsymbol{I} - \lambda\boldsymbol{W})^{-1}(\boldsymbol{I} - \rho\boldsymbol{W})^{-1}\boldsymbol{\varepsilon}\boldsymbol{\varepsilon}'\left((\boldsymbol{I} - \lambda\boldsymbol{W})^{-1}\right)'\left((\boldsymbol{I} - \rho\boldsymbol{W})^{-1}\right)'\right] \\ &= \sigma_{\varepsilon}^2(\boldsymbol{I} - \lambda\boldsymbol{W})^{-1}(\boldsymbol{I} - \rho\boldsymbol{W})^{-1}\left((\boldsymbol{I} - \lambda\boldsymbol{W})^{-1}\right)'\left((\boldsymbol{I} - \rho\boldsymbol{W})^{-1}\right)' \\ &= \sigma_{\varepsilon}^2\boldsymbol{\Omega} \end{aligned} \tag{3.66}$$

となる．よって，ここでは $\boldsymbol{\Omega}$ の逆行列は次のようになる[3)]．

$$\begin{aligned}\boldsymbol{\Omega}^{-1} &= (\boldsymbol{I}-\lambda\boldsymbol{W}')(\boldsymbol{I}-\rho\boldsymbol{W}')(\boldsymbol{I}-\lambda\boldsymbol{W})(\boldsymbol{I}-\rho\boldsymbol{W}) \\ &= \Big(\boldsymbol{I}-(\lambda+\rho)\boldsymbol{W}'+\lambda\rho\boldsymbol{W}'\boldsymbol{W}'\Big)\Big(\boldsymbol{I}-(\lambda+\rho)\boldsymbol{W}'+\lambda\rho\boldsymbol{W}'\boldsymbol{W}'\Big)'\end{aligned} \tag{3.67}$$

ここでは，2つのパラメータ λ と ρ は，それらの和 $\lambda+\rho$ と積 $\lambda\rho$ の形で存在しているので，λ と ρ を一義的に識別することはできない．このような事実に基づいて，諸文献においては，式 (3.61)，(3.62) で定式化されているような，すべての空間パラメータを具備したモデルは実行不可能であるという説が支持されてきた．しかしながら，モデルの推定を行うのが不可能になるのは，$\boldsymbol{\beta}=\boldsymbol{0}$ である場合のみであり，大概の空間計量経済学を用いた分析を行う際に生じうる，$\boldsymbol{\beta}\neq\boldsymbol{0}$ という状況下ではその限りではないということが，Kelejian and Prucha（1998）によって示されている．このような場合には，3.4 節や 3.5 節で取り扱った，空間ラグモデルや空間誤差モデルを包含するような，より一般的な空間モデルを定義することができる．このモデルは，すでに述べたとおり，Kelejian and Prucha（1998）においては SARAR(1, 1) モデルと呼ばれ，片や，Anselin（1998）では一般空間モデル（General Spatial Model），LeSage and Kelly（2009）では SAC モデルと呼ばれるものである．

一般的な SARAR モデルは，$\boldsymbol{\varepsilon}|\boldsymbol{X} \sim$ i.i.d. $\mathcal{N}(\boldsymbol{0},\sigma_{\varepsilon}^2\boldsymbol{I})$ として次のように表される．

$$\boldsymbol{y}=\boldsymbol{Z\beta}+\lambda\boldsymbol{Wy}+\boldsymbol{u},\ |\lambda|<1 \tag{3.68}$$

$$\boldsymbol{u}=\rho\boldsymbol{Wu}+\boldsymbol{\varepsilon},\qquad |\rho|<1 \tag{3.69}$$

式 (3.68)，(3.69) には2つの推定上の問題がある．1つ目の問題は，前節の空間ラグモデルの場合と同様に，ラグ項 $\boldsymbol{Wy}$ の存在に起因する内生性の問題である．2つ目の問題は，式 (3.69) における確率的誤差間の自己相関が存在することによって，パラメータ ρ が既知でない限りは，GLS 法による推定を行うことができないという問題である．このような場合には，以下に挙げる推定方法を用いることが可能である．

3) 訳注：a を定数，$\boldsymbol{A}$ を対称行列としたとき，$(\boldsymbol{I}-a\boldsymbol{A})'=(\boldsymbol{I}-a\boldsymbol{A}')$ が成り立つ．

（i）最尤法（ML 法）
（ii）一般化空間二段階最小二乗法（GS2SLS 法）
（iii）Lee の操作変数法（LIV 法）

ML 法は実行可能であるが，現在のところその ML 推定量が通常のような最適な大標本的特性を持っているということについての公式な証明がなされていないという欠点がある．GS2SLS 法は有効性を完全に満足しているわけではない．LIV 法では，有効性の向上が限定的でしかない場合であっても，GS2SLS 法と比べてより有効な推定量を得ることができる．ここからは，3 つの推定法について述べていくこととする．

3.6.2　最尤法

もう一度，式（3.1），（3.2）の両方を包含した完全なモデルを考える．

$$\boldsymbol{y} = \boldsymbol{Z\beta} + \lambda \boldsymbol{Wy} + \boldsymbol{u}, |\lambda| < 1 \tag{3.70}$$

$$\boldsymbol{u} = \rho \boldsymbol{Wu} + \boldsymbol{\varepsilon}, \qquad |\rho| < 1 \tag{3.71}$$

式 (3.70) から，

$$\mathrm{E}[\boldsymbol{y}] = (\boldsymbol{I} - \rho \boldsymbol{W})^{-1}\boldsymbol{Z\beta} \tag{3.72}$$

これに加えて，

$$\begin{aligned}\mathrm{E}[\boldsymbol{yy}'] &= \mathrm{E}\Big[(\boldsymbol{I} - \lambda\boldsymbol{W})^{-1}(\boldsymbol{I} - \rho\boldsymbol{W})^{-1}\boldsymbol{\varepsilon\varepsilon}'\Big((\boldsymbol{I} - \lambda\boldsymbol{W})^{-1}\Big)'\Big((\boldsymbol{I} - \rho\boldsymbol{W})^{-1}\Big)'\Big] \\ &= \sigma_\varepsilon^2(\boldsymbol{I} - \lambda\boldsymbol{W})^{-1}(\boldsymbol{I} - \rho\boldsymbol{W})^{-1}\Big((\boldsymbol{I} - \lambda\boldsymbol{W})^{-1}\Big)'\Big((\boldsymbol{I} - \rho\boldsymbol{W})^{-1}\Big)' \\ &= \sigma_\varepsilon^2\boldsymbol{\Omega}\end{aligned} \tag{3.73}$$

を得ることができるので，誤差における正規性の仮定をおくことで，

$$\boldsymbol{y} \sim \mathcal{N}\Big((\boldsymbol{I} - \lambda\boldsymbol{W})^{-1}\boldsymbol{X\beta},\ \sigma_\varepsilon^2\boldsymbol{\Omega}\Big) \tag{3.74}$$

とすることができる．ここで，式 (3.50) で述べた，行列式 $|\sigma_\varepsilon^2\boldsymbol{\Omega}|$ の単純化方法をもう一度用いれば，以下のような尤度を容易に得ることができる．

$$L(\sigma^2, \lambda, \rho, \boldsymbol{\beta}; \boldsymbol{y}) = \text{const.} \times \left(\sigma_{\varepsilon}^2\right)^{-\frac{n}{2}} |\boldsymbol{I} - \lambda \boldsymbol{W}||\boldsymbol{I} - \rho \boldsymbol{W}|$$
$$\times \exp\left\{ - \frac{1}{2\sigma_{\varepsilon}^2}\left(\boldsymbol{y} - (\boldsymbol{I} - \rho \boldsymbol{W})^{-1}\boldsymbol{Z\beta}\right)' \right.$$
$$\left. \times \boldsymbol{\Omega}^{-1}\left(\boldsymbol{y} - (\boldsymbol{I} - \rho \boldsymbol{W})^{-1}\boldsymbol{Z\beta}\right)\right\}$$

また，対数尤度は

$$\ell(\sigma^2, \lambda, \rho, \boldsymbol{\beta}; \boldsymbol{y}) = \text{const.} - \frac{n}{2} \ln\left(\sigma_{\varepsilon}^2\right) + \ln|\boldsymbol{I} - \lambda \boldsymbol{W}| + \ln|\boldsymbol{I} - \rho \boldsymbol{W}|$$
$$- \frac{1}{2\sigma_{\varepsilon}^2}\left(\boldsymbol{y} - (\boldsymbol{I} - \rho \boldsymbol{W})^{-1}\boldsymbol{Z\beta}\right)'(\boldsymbol{I} - \lambda \boldsymbol{W})' \tag{3.75}$$
$$\times (\boldsymbol{I} - \rho \boldsymbol{W})'(\boldsymbol{I} - \rho \boldsymbol{W})(\boldsymbol{I} - \lambda \boldsymbol{W}) \times [\boldsymbol{y} - (\boldsymbol{I} - \lambda \boldsymbol{W})^{-1}\boldsymbol{Z\beta}]$$

となり，

$$(\boldsymbol{I} - \lambda \boldsymbol{W})\left(\boldsymbol{y} - (\boldsymbol{I} - \lambda \boldsymbol{W})^{-1}\boldsymbol{Z\beta}\right) = (\boldsymbol{I} - \lambda \boldsymbol{W})\boldsymbol{y} - \boldsymbol{Z\beta}$$

なので，最終的に，

$$\ell(\sigma^2, \lambda, \rho, \boldsymbol{\beta}; \boldsymbol{y}) = \text{const.} - \frac{n}{2} \ln\left(\sigma_{\varepsilon}^2\right) + \ln|\boldsymbol{I} - \lambda \boldsymbol{W}| + \ln|\boldsymbol{I} - \rho \boldsymbol{W}|$$
$$- \frac{1}{2\sigma_{\varepsilon}^2}\left((\boldsymbol{I} - \rho \boldsymbol{W})(\boldsymbol{y} - \boldsymbol{Z\beta} - \lambda \boldsymbol{W}\boldsymbol{y})\right)' \tag{3.76}$$
$$\times \left((\boldsymbol{I} - \rho \boldsymbol{W})(\boldsymbol{y} - \boldsymbol{Z\beta} - \lambda \boldsymbol{W} y)\right)$$

を得ることができる．一般的にこの対数尤度は，未知パラメータの推定量を得る際のみ数値計算によって最大化される．これまで用いてきた表現は，いわゆる空間 Cochrane-Orcutt 変換として知られる，以下のような変換を行うことによって，違った形でも表記することができる．

$$\boldsymbol{y}^* = (\boldsymbol{I} - \rho \boldsymbol{W})\boldsymbol{y}$$
$$\boldsymbol{Z}^* = (\boldsymbol{I} - \rho \boldsymbol{W})\boldsymbol{Z}$$

以上のような表現を行うことにより，対数尤度は次のようになる．

$$
\begin{aligned}
\ell(\sigma^2, \lambda, \rho, \boldsymbol{\beta}; \boldsymbol{y}) = \text{const.} &- \frac{n}{2}\ln\left(\sigma_\varepsilon^2\right) + \ln|\boldsymbol{I} - \lambda\boldsymbol{W}| \\
&+ \ln|\boldsymbol{I} - \rho\boldsymbol{W}| \\
&- \frac{1}{2\sigma_\varepsilon^2}\left(\boldsymbol{y}^* - \boldsymbol{Z}^*\boldsymbol{\beta} - \lambda\boldsymbol{W}\boldsymbol{y}^*\right)'\left(\boldsymbol{y}^* - \boldsymbol{Z}^*\boldsymbol{\beta} - \lambda\boldsymbol{W}\boldsymbol{y}^*\right)
\end{aligned}
\tag{3.77}
$$

すでに述べたように，現在のところ上のような対数尤度関数を最大化することによって得られる ML 推定量が，通常の ML 推定量が持ち合わせるべき最適な大標本特性を持っているという証明はなされていない．このような理由から（また，n が大きいときの行列式の対数値を計算する際に生じるような計算上の問題を克服するうえでも），次の節で議論するような，空間二段階最小二乗法が提案されている．

3.6.3　一般化空間二段階最小二乗法

一般化空間二段階最小二乗（GS2SLS）法は，Kelejian and Prucha（1998）によって導入された推定法で，$\boldsymbol{W}\boldsymbol{y}$ による内生性の問題と確率的誤差間の空間的相関の問題の両方を勘案したものである．GS2SLS 法は，3.5.3 項で空間ラグモデルの推定法として扱った 2SLS 法の拡張であり，誤差における空間的な誤差構造を説明するために，3.4.3 項で示した GMM 推定法を組み合わせた推定法である．

GS2SLS 法の手順は，以下の手順を踏むことで行うことができる．

手順 1：パラメータ $\boldsymbol{\beta}$, λ の一致推定量 $\tilde{\boldsymbol{\beta}}$, $\tilde{\lambda}$ を得る．
手順 2：$\tilde{\boldsymbol{\beta}}$, $\tilde{\lambda}$ を用いて，式 (3.70) の $\boldsymbol{u}$ の推定量 $\hat{\boldsymbol{u}}$ を得る．
手順 3：$\hat{\boldsymbol{u}}$ を用いて，式 (3.70) の ρ の推定量 $\hat{\rho}$ を得る．
手順 4：$\hat{\rho}$ を用いて，式 (3.70) を次のように変形する．

$$
(\boldsymbol{I} - \hat{\rho}\boldsymbol{W})\boldsymbol{y} = (\boldsymbol{I} - \hat{\rho}\boldsymbol{W})\boldsymbol{Z}\boldsymbol{\beta} + \boldsymbol{\varepsilon}
$$

手順 5：変形された変数 $\boldsymbol{Z}^* = (\boldsymbol{I} - \hat{\rho}\boldsymbol{W})\boldsymbol{Z}$，$\boldsymbol{W}\boldsymbol{Z}^* = \boldsymbol{W}(\boldsymbol{I} - \hat{\rho}\boldsymbol{W})\boldsymbol{Z}$，$\boldsymbol{W}^2\boldsymbol{Z}^* = \boldsymbol{W}^2(\boldsymbol{I} - \hat{\rho}\boldsymbol{W})\boldsymbol{Z}$ を操作変数として，上のように変形されたモデルのパラメータを 2SLS 法を用いて推定する．

以下では，これら各手順について詳しく議論していく．

手順1：内生性の問題を考慮するため，3.5.3 項における場合と同様に，$\boldsymbol{Z}$ と $\boldsymbol{WZ}$ を操作変数とする 2SLS 法を用いて，式 (3.70) のパラメータを推定する．こうして得られた推定量を $\tilde{\boldsymbol{\beta}}$ と $\tilde{\lambda}$ と書くことにする．

手順2：式 (3.68) から，

$$\hat{\boldsymbol{u}} = \boldsymbol{y} - \boldsymbol{Z}\tilde{\boldsymbol{\beta}} - \tilde{\lambda}\boldsymbol{W}\boldsymbol{y} \tag{3.78}$$

を得ることができるが，ここで，

$$\hat{\hat{\boldsymbol{u}}} = \boldsymbol{W}\hat{\boldsymbol{u}} \tag{3.79}$$

$$\bar{\bar{\boldsymbol{u}}} = \boldsymbol{W}^2\hat{\boldsymbol{u}} \tag{3.80}$$

と定義する．

手順3：式 (3.78)，(3.80) を用い，ρ の一致推定量を得るために，式 (3.38) におけるモーメント条件のもとで，3.5.3 項で紹介した一般化モーメント法を実行する．そうして得られた ρ の一致推定量を $\hat{\rho}$ とする．

手順4：手順3で得られた推定量 $\hat{\rho}$ を用いて，元のモデルを以下のように変形する．

$$(\boldsymbol{I} - \hat{\rho}\boldsymbol{W})\boldsymbol{y} = (\boldsymbol{I} - \hat{\rho}\boldsymbol{W})(\boldsymbol{Z}\boldsymbol{\beta} - \lambda\boldsymbol{W}\boldsymbol{y}) + \boldsymbol{\varepsilon} \tag{3.81}$$

手順5：最後に，式 (3.81) における $\boldsymbol{\beta}$ と λ を，$\boldsymbol{H} = [\boldsymbol{X}, \boldsymbol{WX}, \boldsymbol{W}^2\boldsymbol{X}]$ を操作変数とした 2SLS 法で推定する．この方法を行うことによって，

$$\hat{\boldsymbol{\delta}}_{\mathrm{GS2SLS}} = \left(\hat{\boldsymbol{Q}}^{*\prime}\boldsymbol{Q}\right)\hat{\boldsymbol{Q}}^{*\prime}\boldsymbol{y}^{*} \tag{3.82}$$

が得られる．ここで，$\boldsymbol{\delta}' \equiv [\boldsymbol{\beta}', \lambda]$，$\boldsymbol{Q} = [\boldsymbol{Z}, \boldsymbol{W}\boldsymbol{y}]$，$\boldsymbol{Q}^{*} = (\boldsymbol{I} - \hat{\rho}\boldsymbol{W})\boldsymbol{Q}$，$\hat{\boldsymbol{Q}}^{*} = \boldsymbol{H}(\boldsymbol{H}'\boldsymbol{H})^{-1}\boldsymbol{H}'\boldsymbol{Q}^{*}$ である．SARAR モデルにおける仮定のもとでは，GS2SLS 推定量は以下で示す漸近分散

$$\sigma_{\varepsilon}^{2}\left(\hat{\boldsymbol{Q}}^{*\prime}\hat{\boldsymbol{Q}}^{*}\right)^{-1} \tag{3.83}$$

を持つ一致推定量であるということが Kelejian and Prucha（1998）によって示

されている．

3.6.4　Lee の操作変数法

GS2SLS 推定量は一致性を持つものの，それら推定量は完全には有効性を持たないということも証明されている．このような課題を克服するための漸近的有効性を持つ推定量が Lee（2003）によって提案されており，これは最良実行可能な GS2SLS（BFG2SLS: Best Feasible GS2SLS）法として知られているものである．

提案された推定上の手続きでは，最適な操作変数行列は以下のように定義されている．

$$\bar{\boldsymbol{Q}}^{*} = (\boldsymbol{I} - \hat{\rho}\boldsymbol{W})\Big(\boldsymbol{Z}\boldsymbol{W}(\boldsymbol{I} - \tilde{\lambda}\boldsymbol{W})^{-1}\boldsymbol{Z}\tilde{\boldsymbol{\beta}}\Big) \tag{3.84}$$

ただし，記号の意味は 3.6.3 項の場合と同じである．BFGS2SLS 推定量は次のように定義される．

$$\hat{\boldsymbol{\delta}}_{\mathrm{BFGS2SLS}} = \Big(\bar{\boldsymbol{Q}}^{*\prime}\boldsymbol{Q}^{*}\Big)^{-1}\bar{\boldsymbol{Q}}^{*\prime}\boldsymbol{y}^{*} \tag{3.85}$$

BFGS2SLS 推定量は，大標本における分散の理論的下限を実現するものである．しかしながら，n が非常に大きくなった場合においては，式 (3.84) で示した操作変数を計算する際に，数値的に難しい演算を行う必要が出てきてしまう．こういった理由から，Lee 自身によって，計算上遥かに単純な代替的推定量についても提案が行われている．サンプルが小さい場合には，BFGS2SLS 推定量とその簡素版の有効性は実質的に GS2SLS 法とは異ならないことが，Kelejian et al.（2004）のシミュレーション研究によって示されている．

例題 3.4　ボストンにおける住宅価格の決定要因（続）

例題 3.3 では，ボストンにおける 506 の国勢調査区の住宅価格が持つ空間的な変動性を，空間ラグモデルを推定し説明することを試みた．空間ラグモデルによる推定を行った段階では，ML 法を用いたときと 2SLS 法を用いたときの両方において，依然として回帰残差間に正の有意な空間的相関が生じたままの状態になってしまっており，申し分のない結果が得られたとは言い難い．そこで，同様のモデルを SARAR(1, 1) モデルを用い，もう一度推定しなおすことにする．

最初に，普段通り ML 推定のテクニック（3.6.2 項）を用いてモデルを推定していくことから始める．結果はこの表に示すとおりである．

	Estimate	Standard Error	t-test	p-value
Intercept	38.2473	6.0539	6.32	0.00***
CRIM	−0.1165	0.0325	−3.58	0.00***
RM	3.8364	0.4075	9.41	0.00***
INDUS	−0.0069	0.0618	−0.11	0.91
NOX	−19.4590	4.1417	−4.70	0.00***
AGE	−0.0177	0.0140	−1.26	0.21
DIS	−1.4638	0.2609	−5.61	0.00***
RAD	0.3217	0.0727	4.43	0.00***
PTRATIO	−1.0252	0.1380	−7.43	0.00***
B	0.0099	0.0026	3.74	0.00***
LSTAT	−0.5163	0.0497	−10.39	0.00***
TAX	−0.0112	0.0039	−2.91	0.00***
λ	0.0724	0.0940	0.77	0.44
ρ	0.5261	0.1141	4.61	0.00***

Signif. codes: ***: $p < 0.001$; **: $p < 0.01$; *: $p < 0.05$; .: $p < 0.1$.
LR-statistics = 26.375 (p-value = 0.00***)
AIC = 3022.9 BIC = 3086.2 JB-statistics = 1085.642 (p-value = 0.00***)

変数の有意性と符号に関して，ここで得られた結果と例題 3.3 で得られた結果とを比較していく．残差の空間的自己相関に関するパラメータ ρ が正かつ有意にゼロとは異なっている一方で，パラメータ λ は正ではあるものの，有意にゼロとは異なるという結果は得られなかった．同じモデルについて，今度は 3.6.3 項で触れた，一般化空間二段階最小二乗法のテクニックを用いた推定を行った結果についてもさらに見ていくことにする．推定結果は次ページの表に示すとおりである．

二段階最小二乗法に基づく推定は，実質上，ML 法で推定を行った際の変数の符号と有意性に関する結論についての確認を行うためのものである．特に，地区における小売業でない土地の割合（INDUS）と，地区において古い建物が存在していること（AGE）が，住宅価格の中央値に対して有意な影響を及ぼさない，ということを確認するものである．残差の非正規性が有意に示されてお

	Estimate	Standard Error	t-value	p-value
Intercept	33.8711	5.9812	5.66	0.00***
CRIM	−0.1097	0.0329	−3.33	0.00***
RM	3.8188	0.4156	9.19	0.00***
INDUS	−0.0064	0.0625	−0.10	0.92
NOX	−17.1886	4.1399	−4.15	0.00***
AGE	−0.0112	0.0139	−0.81	0.42
DIS	−1.3976	0.2283	−6.12	0.00***
RAD	0.3157	0.0713	4.43	0.00***
PTRATIO	−1.0003	0.1385	−7.22	0.00***
B	0.0098	0.0027	3.65	0.00***
LSTAT	−0.5196	0.0505	−10.28	0.00***
TAX	−0.0111	0.0038	−2.88	0.00***
λ	0.1686	0.0825	2.04	0.04**

Signif. codes: ***: $p < 0.001$; **: $p < 0.01$; *: $p < 0.05$; .: $p < 0.1$.
$\rho = 0.3587$　JB-statistics = 1129.996 (p-value = 0.00***)

り，このことは，非正規性の仮定を必要としない GS2SLS 法を用いた推定を行うべきであることを示唆するものである．この代替的な推定法を用いた場合には，ML 法を用いた際には有意ではなかったパラメータ λ についても有意にゼロとは異なるという結果になった．

3.7　明示的な対立仮説を用いた残差における空間的自己相関の検定

2.3.4 項で，Moran's I 統計量（Moran 1950）に基づく，OLS 回帰残差間に空間的自己相関が存在しないという仮説についての検定手続きに関して説明した．この検定統計量の弱点は，空間的に無相関であるという帰無仮説に対する対立仮説が明確には考えられていない点にある．本章では，これまで，古典的回帰モデルに代わるような，空間的なサンプルを扱う際に観測されうる空間的依存性を考慮するためのさまざまな方法に基づく定式化を扱ってきた．これらのモデルは，検定手続きを行う際の無相関という帰無仮説に対する明示的な対立仮説であると考えることができる．よってここでは，より包括的な方法に基づいて，問題に対してアプローチすることにする．

対立仮説を空間ラグや空間誤差の形態で表すことができ，かつ，ML 法に基づいて推定を行った場合には，ラグランジュ乗数検定を用いることができる

(1.1 節)．さらに，本章で取り扱ったすべての空間モデルについて，Moran's I 統計量の修正版を用いることも考えることができる．これら2つの検定方法について，以下の3.7.1項と3.7.2項で見ていくことにする．

3.7.1 SEM や SLM を対立仮説とした残差における空間的自己相関の検定

最初に，ラグランジュ乗数検定の一般形を見てみることにしよう（式 (1.35)）．

$$LM = \boldsymbol{s}(\boldsymbol{\theta}_0)'\left(\boldsymbol{\mathcal{I}}(\boldsymbol{\theta}_0)\right)^{-1}\boldsymbol{s}(\boldsymbol{\theta}_0) \tag{3.86}$$

ここで，$\boldsymbol{\theta}$ はパラメータベクトルであり，$\boldsymbol{s}(\boldsymbol{\theta}_0) = \partial L(\boldsymbol{\theta})/\partial\boldsymbol{\theta}$ はスコア関数，$\boldsymbol{\mathcal{I}}(\boldsymbol{\theta}_0) = -\mathrm{E}\left[\partial^2 L(\boldsymbol{\theta})/\partial\boldsymbol{\theta}\partial\boldsymbol{\theta}'\right]$ は空間的自己相関が存在しないという帰無仮説における尤度関数 $L(\boldsymbol{\theta})$ の Fisher の情報行列である．対立仮説が空間誤差モデルであると特定できる場合，対数尤度関数は式 (3.23) で導出されたものである．よってこの場合は，式 (3.86) は明示的に，

$$LM_{\mathrm{SEM}} = \frac{n^2}{\mathrm{tr}\,[\boldsymbol{W}'\boldsymbol{W} + \boldsymbol{W}\boldsymbol{W}]}\left(\frac{\hat{\boldsymbol{\varepsilon}}'\boldsymbol{W}\hat{\boldsymbol{\varepsilon}}}{\hat{\boldsymbol{\varepsilon}}'\hat{\boldsymbol{\varepsilon}}}\right)^2 \tag{3.87}$$

と表現されるが，これは Burridge（1980）で示されているとおり，単純に Moran's I 統計量の二乗となる．よって，Moran's I 統計量を用いる場合と LM 検定を用いる場合では，同様の推論結果が導かれることとなる．

それに対して，対立仮説が空間ラグモデルであると特定できる場合，対数尤度関数は式 (3.52) で導出されたものとなるので，式 (3.86) は，

$$LM_{\mathrm{SLM}} = \frac{n^2}{Q}\left(\frac{\hat{\boldsymbol{\varepsilon}}'\boldsymbol{W}\boldsymbol{y}}{\hat{\boldsymbol{\varepsilon}}'\hat{\boldsymbol{\varepsilon}}}\right)^2 \tag{3.88}$$

という形をとる．ただし，$Q = (\boldsymbol{W}\boldsymbol{X}\hat{\boldsymbol{\beta}})'(\boldsymbol{I}-\boldsymbol{M}_x)(\boldsymbol{W}\boldsymbol{X}\hat{\boldsymbol{\beta}})/\hat{\sigma}_\varepsilon^2+T$，$\boldsymbol{M}_x = \boldsymbol{X}(\boldsymbol{X}'\boldsymbol{X})^{-1}\boldsymbol{X}'$，$T = \mathrm{tr}[\boldsymbol{W}'\boldsymbol{W} + \boldsymbol{W}\boldsymbol{W}]$ であり，$\boldsymbol{\beta}$ と $\hat{\sigma}_\varepsilon^2$ は，式 (3.45) に対応したパラメータの ML 推定量を表している．空間自己回帰かつ移動平均型の構造を持つ誤差構造に対応した対立仮説をさらに考えることもあるが，そういった対立仮説についての詳しい言及はここでは行わないこととする．LM_{SEM} と LM_{SLM} は両方とも，帰無仮説のもとでは漸近的に自由度1の χ_1^2 分布に従う．しかしながら，2つの

検定統計量は互いに独立ではないので，SEM についての *LM* 検定を例にとれば，この場合，空間ラグの要素がないという状況を仮定したうえで，誤差が SEM になっているとする対立仮説の検定を行えるだけの話であり，SLM についての *LM* 検定の場合でもしかりである．こうした理由から，Anselin et al.（1996）によって，ロバスト *LM* 検定が提案されている．空間誤差モデルを対立仮説とした場合の検定量は，

$$RLM_{\mathrm{SEM}} = \frac{1}{T(1 - T \times Q^{-1})} \left(\frac{n\hat{\boldsymbol{\varepsilon}}'\boldsymbol{W}\hat{\boldsymbol{\varepsilon}}}{\hat{\boldsymbol{\varepsilon}}'\hat{\boldsymbol{\varepsilon}}} - \frac{T}{Q} \frac{n\hat{\boldsymbol{\varepsilon}}'\boldsymbol{W}\boldsymbol{y}}{\hat{\boldsymbol{\varepsilon}}'\hat{\boldsymbol{\varepsilon}}} \right)^2 \tag{3.89}$$

で表現され，空間ラグモデルを対立仮説とした場合の検定量は，

$$RLM_{\mathrm{SLM}} = \frac{1}{Q - T} \left(\frac{n\hat{\boldsymbol{\varepsilon}}'\boldsymbol{W}\hat{\boldsymbol{\varepsilon}}}{\hat{\boldsymbol{\varepsilon}}'\hat{\boldsymbol{\varepsilon}}} - \frac{n\hat{\boldsymbol{\varepsilon}}'\boldsymbol{W}\boldsymbol{y}}{\hat{\boldsymbol{\varepsilon}}'\hat{\boldsymbol{\varepsilon}}} \right)^2 \tag{3.90}$$

で表現される．

3.7.2　空間モデルを対立仮説とした残差における空間的自己相関の検定：修正 Morans' *I* 検定

2.2 節において，Moran（1950）によって導入され，回帰残差における空間的無相関の仮説を検定する目的で Cliff and Ord（1972）によって研究が行われた統計量である，Moran's *I* を扱った．読者の便利のため，ここでもう一度 Moran's *I* を記しておくことにする．

$$I = \frac{n}{\sum_i \sum_j w_{ij}} \frac{\hat{\boldsymbol{\varepsilon}}'\boldsymbol{W}\hat{\boldsymbol{\varepsilon}}}{\hat{\boldsymbol{\varepsilon}}'\hat{\boldsymbol{\varepsilon}}} \tag{3.91}$$

$\hat{\boldsymbol{\varepsilon}}$ はモデルの残差である．近年，Cliff and Ord（1972）において用いられた，空間的な相関がないという帰無仮説下における統計量の期待値と分散を導出するための基準化係数が，理論的正当性があるものではないという議論から，Kelejian and Prucha（2001）によって，この指標に対する批判がなされている．実際，式 (3.91) の分母は，分子に表れている二次形式の標準偏差の推定量に相当するものであるが，この推定量は一致性を持たないことが証明されている．こうした理由から，推定量の不一致性を取り除き，分散を 1 に基準化す

るような，代替的な基準化係数が Kelejian and Prucha（2001）によって提案された．代替となる Moran's I 検定は一般に以下のような表現をとるものとされている（Kelejian and Prucha 2001）．

$$\bar{I} = \frac{\hat{\boldsymbol{\varepsilon}}'\boldsymbol{W}\hat{\boldsymbol{\varepsilon}}}{\tilde{\sigma}^2} \tag{3.92}$$

ここで $\tilde{\sigma}^2$ は，対立仮説として選択されたモデルに依存する基準化係数である．特に，対立仮説が空間誤差モデルである場合には，基準化係数は次のようになる．

$$\tilde{\sigma}^2 = \frac{1}{n}\hat{\boldsymbol{\varepsilon}}'\hat{\boldsymbol{\varepsilon}}\left(\mathrm{tr}\left[(\boldsymbol{W}' + \boldsymbol{W})\boldsymbol{W}\right]\right)^{-\frac{1}{2}} \tag{3.93}$$

ただし $\mathrm{tr}(\boldsymbol{A})$ は行列 $\boldsymbol{A}$ の主対角要素の和，トレースを表す．結果として，検定統計量は次のように定義される．

$$\bar{I} = \frac{n\hat{\boldsymbol{\varepsilon}}'\boldsymbol{W}\hat{\boldsymbol{\varepsilon}}}{\hat{\boldsymbol{\varepsilon}}'\hat{\boldsymbol{\varepsilon}}\left(\mathrm{tr}\left[(\boldsymbol{W}' + \boldsymbol{W})\boldsymbol{W}\right]\right)^{-\frac{1}{2}}} \tag{3.94}$$

式 (3.91)，(3.94) において記されている 2 つの表現は，空間重み行列の要素が二値選択（0 か 1）であるとき，すなわち $w_{ij} = w_{ij}^2$ であるときには一致し，

$$\sum_i \sum_j w_{ij} = \left(\mathrm{tr}\left[(\boldsymbol{W}' + \boldsymbol{W})\boldsymbol{W}\right]\right)^{-\frac{1}{2}}$$

となる．

一方，SARAR(1, 1) モデルの場合は，基準化係数は以下のような方法で導出することができる．SARAR モデルの 2 つの式を再掲する．

$$\boldsymbol{y} = \lambda\boldsymbol{W}\boldsymbol{y} + \boldsymbol{X}\boldsymbol{\beta}_{(1)} + \boldsymbol{W}\boldsymbol{X}\boldsymbol{\beta}_{(2)} + \boldsymbol{u} = \boldsymbol{Q}\boldsymbol{\delta} + \boldsymbol{u},\ |\lambda| < 1 \tag{3.95}$$

$$\boldsymbol{u} = \rho\boldsymbol{W}\boldsymbol{u} + \boldsymbol{\varepsilon}, \qquad |\rho| < 1 \tag{3.96}$$

ここで，$\boldsymbol{Q} = [\boldsymbol{Z}, \boldsymbol{W}\boldsymbol{y}]$，$\boldsymbol{Z} = [\boldsymbol{X}, \boldsymbol{W}\boldsymbol{X}]$，$\boldsymbol{\delta}' = [\boldsymbol{\beta}', \rho]$，$\boldsymbol{\beta}' = [\boldsymbol{\beta}'_{(1)}, \boldsymbol{\beta}'_{(2)}]$ とおいたうえで，いま一度，3.4.3 項で説明した GMM による手続きにおける仮定の妥当性を前提とする．式 (3.82) で導出した一般化空間二段階最小二乗推定量

$$\hat{\boldsymbol{\delta}}_{\mathrm{GS2SLS}} = \left(\hat{\boldsymbol{Q}}^{*\prime}\boldsymbol{Q}\right)\hat{\boldsymbol{Q}}^{*\prime}\boldsymbol{y}^{*} \tag{3.97}$$

について，さらに見ていく．ここで $\hat{\boldsymbol{Q}}^{*} = \boldsymbol{H}(\boldsymbol{H}'\boldsymbol{H})^{-1}\boldsymbol{H}'\boldsymbol{Q}^{*}$ であり，$\boldsymbol{H}$ は操作変数 $\boldsymbol{H} = [\boldsymbol{X}, \boldsymbol{W}\boldsymbol{X}, \boldsymbol{W}^2\boldsymbol{X}]$ による行列である．そのうえで，GS2SLS 残差を $\hat{\boldsymbol{\varepsilon}} = \boldsymbol{y} - \boldsymbol{Q}\tilde{\boldsymbol{\delta}}$ とおく．$\rho \neq 0$ であるという対立仮説に対して，残差間に空間的な相関がないという帰無仮説（すなわち $\rho = 0$）を検定するために，Kelejian and Prucha（2001）は以下の基準化係数を導出した．

$$\tilde{\sigma}^2 = n^{-2}\left(\hat{\boldsymbol{\varepsilon}}'\hat{\boldsymbol{\varepsilon}}\right)^2\left(\mathrm{tr}\left[(\boldsymbol{W}' + \boldsymbol{W})\boldsymbol{W}\right] + \left(n^{-1}\hat{\boldsymbol{\varepsilon}}'\hat{\boldsymbol{\varepsilon}}\right)\hat{\boldsymbol{c}}'\hat{\boldsymbol{c}}\right)^{\frac{1}{2}} \tag{3.98}$$

これを式 (3.92) に代入し，Moran's I 統計量を以下のように修正する．

$$\bar{I} = \frac{\left(\hat{\boldsymbol{\varepsilon}}'\boldsymbol{W}\hat{\boldsymbol{\varepsilon}}\right)}{n^{-2}\left(\hat{\boldsymbol{\varepsilon}}'\hat{\boldsymbol{\varepsilon}}\right)^2\left(\mathrm{tr}\left[(\boldsymbol{W}' + \boldsymbol{W})\boldsymbol{W}\right] + \left(n^{-1}\hat{\boldsymbol{\varepsilon}}'\hat{\boldsymbol{\varepsilon}}\right)\hat{\boldsymbol{c}}'\hat{\boldsymbol{c}}\right)^{\frac{1}{2}}} \tag{3.99}$$

先ほどまでの記号に加えてさらに，

$$\hat{\boldsymbol{c}} = -\boldsymbol{H}\hat{\boldsymbol{P}}\hat{\boldsymbol{a}}$$

$$\hat{\boldsymbol{P}} = \left(\frac{\boldsymbol{H}'\boldsymbol{H}}{n}\right)^{-1}\frac{\boldsymbol{H}'\hat{\boldsymbol{Q}}^{*}}{n}\left(\frac{\hat{\boldsymbol{Q}}^{*\prime}\hat{\boldsymbol{Q}}^{*}}{n}\right)^{-1}$$

$$\hat{\boldsymbol{a}} = \frac{\hat{\boldsymbol{Q}}^{*\prime}(\boldsymbol{W} + \boldsymbol{W}')\hat{\boldsymbol{\varepsilon}}}{n}$$

と定義した．Kelejian and Prucha（2001）においては，誤差における正規性のアプリオリな仮定が満足されない場合でも，修正 Moran's I 検定量が標準正規分布に分布収束することが証明されている．n が大きい際には，$\bar{I}$ は $\mathcal{N}(0, 1)$ に従うが，サンプルが小さい場合には，期待値と分散はまた異なった値をとることになる．修正 Moran's I 検定量の正式な表現については，ここで引用を行った Kelejian and Prucha（2001）で導出が行われている．

例題 3.5　Phillips 曲線（続）

　すでに例題 2.4 でも議論した，イタリア 20 州についての Phillips 曲線の推定に関して，もう一度議論していくこととする．OLS推定を行った結果，モデルは $\Delta(\mathrm{unempl}) = -9.827 + 8.746\Delta(\mathrm{prices})$ となり，隣接ベースの $\boldsymbol{W}$ 行列を用いた場合の回帰残差についての Moran's I 検定統計量（0.3212607）は，94% の水準で有意にはゼロとは異ならないということが示された．Moran's I 検定は知ってのとおり明示的な対立仮説を持たない．したがってここでは，残差の空間的依存性がないという帰無仮説に対する明示的な対立仮説として空間ラグと空間誤差を用いた，残差の空間的無相関という仮説に対する検定を行っていくこととする．得られた LM 検定の結果は，ロバスト LM 検定の結果と合わせて以下に示すとおりである．

Test Statistics	Test Value	p-value
LM_{SEM}	2.863	0.09
LM_{SLM}	12.772	0.00
RLM_{SEM}	1.717	0.19
RLM_{SLM}	11.626	9.00

表を見ても明らかなように，これと同様の分析を示した．Burridge（1980）から想定されたとおり，空間誤差モデルにおいては，LM 検定を行うことにより，残差の空間的相関が有意には認められらないという Moran's I の結果を確かめることができた．しかしながら，空間ラグモデルについて比較を行うと，誤差の空間的な独立性の仮説が棄却される結果となった．ロバスト検定の結果も，実質的にこれらの結果を確かめるものとなった．

3.8　空間計量経済モデルのパラメータ解釈

標準的な線形回帰モデルでは，回帰パラメータは単純に，被説明変数 $\boldsymbol{y}$ の偏微分

$$\beta_k = \frac{\partial y_i}{\partial X_{k,i}} \tag{3.100}$$

と解釈することができる．つまり，ある1つの説明変数 $\boldsymbol{X}_k$ の1単位の増加による変数 $\boldsymbol{y}$ の変動である，と直接的に解釈することができる．

しかしながら，本章で紹介した空間計量経済モデルにおいては，パラメータ

の解釈は直接的に行うことは難しく，もう少し明確にしておく必要がある．実際，地点 i における変数 $\boldsymbol{X}_k$ の変動は，同地点の y_i に影響を与えるのみならず，他の地点で観察された y_j に対しても影響を与える．このことについて，例題 2.3 における Okun の法則のモデルを例として考えてみることにする．その際のモデルは，GDP レベルの上昇が，失業のレベルを引き下げると予測した．簡単にするため，空間ラグモデルを考えてみると，モデルは次のように表すことができる．

$$\Delta(\text{unempl})_i = \beta_0 + \beta_1 \Delta(\text{GDP})_i + \lambda \sum_{j=1}^{n} w_{ij} \Delta(\text{unempl})_j \tag{3.101}$$

この場合，地域 i における GDP の上昇は，直接的な影響として，地域 i における失業のレベルを引き下げる．しかしながら，この枠組みで考えている空間的自己回帰のメカニズムを踏まえれば，地域 i における失業のレベルの変動は，他の近隣地域の失業のレベルに対しても影響を与えることから，総計としてのインパクト評価を同時に行う必要がある．こういった話題については，Kelejian et al.（2006）や LeSage and Pace（2009）をはじめとした文献においても取り扱われている．この問題に対する解決策は，それぞれのモデルについて式 (3.100) のような偏微分を行い，結果を評価するという手続きを通して得ることができる．たとえば，空間ラグモデルの場合，

$$\boldsymbol{y} = \lambda \boldsymbol{W}\boldsymbol{y} + \boldsymbol{X}\boldsymbol{\beta} + \boldsymbol{u},\ |\lambda| < 1 \tag{3.102}$$

というふうにモデルは書けるが，これを誘導型に書き直すと，

$$\boldsymbol{y} = (\boldsymbol{I} - \lambda \boldsymbol{W})^{-1} \boldsymbol{X}\boldsymbol{\beta} + (\boldsymbol{I} - \lambda \boldsymbol{W})^{-1} \boldsymbol{u} \tag{3.103}$$

とすることができるので，

$$\mathrm{E}[\boldsymbol{y}] = (\boldsymbol{I} - \lambda \boldsymbol{W})^{-1} \boldsymbol{X}\boldsymbol{\beta} \tag{3.104}$$

となる．各変数 $\boldsymbol{X}_k$ が $\boldsymbol{y}$ に与えるインパクトは，以下のような行列で表される偏微分 $\partial \mathrm{E}[\boldsymbol{y}]/\partial \boldsymbol{X}'_k$ によって説明することができる．

$$\frac{\partial \mathrm{E}[\boldsymbol{y}]}{\partial \boldsymbol{X}_k'} = \boldsymbol{S}_k = \begin{bmatrix} \dfrac{\partial \mathrm{E}[y_1]}{\partial X_{k,1}} & \cdots & \dfrac{\partial \mathrm{E}[y_i]}{\partial X_{k,n}} \\ \vdots & \ddots & \vdots \\ \dfrac{\partial \mathrm{E}[y_n]}{\partial X_{k,1}} & \cdots & \dfrac{\partial \mathrm{E}[y_n]}{\partial X_{k,n}} \end{bmatrix} \tag{3.105}$$

ここで行列の個別要素を次のように定義する.

$$s_{k,(i,j)} = \frac{\partial \mathrm{E}[y_i]}{\partial X_{k,i}} \tag{3.106}$$

これを基礎として LeSage and Pace（2009）は，モデルに含まれる各々の説明変数 $\boldsymbol{X}_k$ について計算される，以下のようなインパクト指標を提案した.

1. 全域的な指標としての平均直接インパクト（Average Direct Impact）．この指標は，それぞれの観測値について，ある $X_{k,i}$ の変化が y_i に対して与えるインパクトの総計を平均したものであり，単純に行列 $\boldsymbol{S}_k$ のすべての対角項の平均である.

$$\mathrm{ADI}_k = \frac{1}{n}\,\mathrm{tr}[\boldsymbol{S}_k] = \frac{1}{n}\sum_{i=1}^{n} \frac{\partial \mathrm{E}[y_i]}{\partial X_{k,i}} \tag{3.107}$$

2. 他のすべての観測値がある1つの観測値に対して与えるインパクトについての指標は，ある1つの観測値に対する平均総インパクト（Average Total Impact To an observation）と呼ばれる．それぞれの観測値に対して，この指標は行列 $\boldsymbol{S}_k$ の i 番目の行の和として計算される.

$$\mathrm{ATIT}_{k,j} = \frac{1}{n}\sum_{i=1}^{n} s_{k,(i,j)} = \frac{1}{n}\sum_{i=1}^{n} \frac{\partial \mathrm{E}[y_i]}{\partial X_{k,j}} \tag{3.108}$$

3. ある1つの観測値が他のすべての観測値に対して与える影響は，ある1つの観測値による平均総インパクト（Average Total Impact From an observation）と呼ばれる．それぞれの観測値に対して，この指標は行列 $\boldsymbol{S}_k$ の j 番目の列の和として計算される.

$$\mathrm{ATIF}_{k,i} = \frac{1}{n}\sum_{j=1}^{n} s_{k,(i,j)} = \frac{1}{n}\sum_{j=1}^{n}\frac{\partial \mathrm{E}[y_i]}{\partial X_{k,j}} \tag{3.109}$$

4. 先述した指標のうち，2つの指標によって得られる，平均的なインパクトについての全域的な指標は

$$\mathrm{ATI}_k = \frac{1}{n}\boldsymbol{i}'\boldsymbol{S}_k\boldsymbol{i} = \frac{1}{n}\sum_{j=1}^{n}\mathrm{ATIT}_{k,j} = \frac{1}{n}\sum_{i=1}^{n}\mathrm{ATIF}_{k,i} \tag{3.110}$$

で表されるが，これは単に行列 $\boldsymbol{S}_k$ のすべての要素の平均をとったものである．

5. 間接的なインパクトの平均についての指標は，ATI_k と ADI_k の差分をとったもので，

$$\mathrm{AII}_k = \mathrm{ATI}_k - \mathrm{ADI}_k \tag{3.111}$$

これは単に，行列 $\boldsymbol{S}_k$ の非対角要素の平均をとったものである．

一般的な SARAR モデルに関する指標は，単純に式 (3.103) の表現を置き換えることによって得ることができる．

例題 **3.6** イタリアにおける **Okun** の法則（続）

最後の節で説明したインパクト指標を用いて，第2章の例題 2.3 で扱ったイタリア 20 州における Okun の法則についてもう一度考えてみることにする．例題 2.3 では，空間効果を無視し単純に OLS 法を用いた推定を行ったが，その際には，残差における有意な相関が観測された．そこで，例題 2.3 で Moran's *I* を計算した際に用いたものと同様の $\boldsymbol{W}$ 行列（島嶼部を含む，単純な地域間の隣接関係に基づく行基準化された $\boldsymbol{W}$ 行列）をベースにして，モデルを空間ラグと想定したうえでもう一度推定を行い，3.8 節で説明したインパクト指標を計算してみることにする．結果については，比較のため，OLS 法による結果とともに次ページの表に示した．

OLS 法では，解釈は直接的なものになる．すなわち，ある1つの地域にお

	OLS	Spatial Lag Model
Intercept	10.971***	3.123***
GDP	−3.326***	−1.135***
λ	—	0.748***
ADI_{GDP}	—	−1.542
AII_{GDP}	—	−2.956
ATI_{GDP}	—	−4.498

いてGDPが1単位増加した際には，同地域において−3.326単位だけ失業の大きさが引き下げられる．空間ラグの枠組みにおいては，OLS法の場合と同様の係数の解釈を行うことは間違いである．GDPが1単位増加することの「直接的な」効果が失業の大きさを1.13532単位だけ引き下げるわけではなく，1.542448単位（表のADI_{GDP}を見よ）だけ引き下げるのである．さらに，GDPの増加がある1つの地域から他のすべての地域へスピルオーバーする（空間ラグのメカニズムと実質同じ），という「間接的な」効果の存在を踏まえれば，ある1つの地域におけるGDPの1単位の増加が，平均して4.498159単位だけ失業の大きさを引き下げるという（ATI_{GDP}），トータルのインパクトを生み出すこととなる．よってこの場合，地理的な伝播のメカニズムを考慮することによって，空間効果を含まない伝統的なモデルの代わりに空間ラグモデルを想定した方が，GDPが増加することによるインパクトがより大きいものになるのである．

3.9 Rコード：空間線形回帰モデルの推定

本章において説明した推定手続きに関するRの関数は，すべてパッケージ{spdep}に格納されている．すべてのコマンドは，1.4節で説明した標準的な回帰モデルのコマンドと類似したものであり，非常に簡単に用いることができる．ここでは，基本的なモデル$\boldsymbol{y} = \beta_0 \boldsymbol{i}_n + \beta_1 \boldsymbol{x} + \beta_2 \boldsymbol{z} + \boldsymbol{\varepsilon}$，$\boldsymbol{i}_n$は全要素に1を持つ$n \times 1$ベクトル，に対して，空間重み行列$\boldsymbol{W}$（2.3節）を導入した空間ラグや空間誤差，もしくはその両方を導入したモデルを推定するものとする．また，変数$\boldsymbol{y}$，$\boldsymbol{x}$，$\boldsymbol{z}$は，`filename`というファイルに格納されているものとする．もしデータがコンソール上に読み込まれている場合には，先の記述は省いてもかまわない．ある 1 つのモデル（オブジェクト：model）を推定したとき，推定結果の要約は次のようにして得ることができる．

```
summary(model)
```

まず，純粋な空間自己回帰モデルの ML 推定は，次のコマンドで実行できる．

```
model0 <- spautolm(x~1, data=filename, listw=W)
```

空間誤差モデルの **ML** 推定（3.4.2 項）は，次のコマンドで実行できる．

```
model1 <- errorsarlm(formula=y~x+z, data=filename, listw=W)
```

一方，ML 法の代わりに，空間誤差モデルを **FGLS** 法で推定するには，次のコマンドを用いる．

```
model2 <- GMerrorsar(formula=y~x+z, data=filename, listw=W)
```

空間ラグモデルの **ML** 推定（3.5.2 項）を行うには，次のコマンドを用いる．

```
model3 <- lagsarlm(formula=y~x+z, data=filename, listw=W)
```

このコマンドに以下のオプションを追記すると，全説明変数の空間ラグ変数を加えた空間ラグモデルを推定することができる．

```
model3 <- lagsarlm(formula=y~x+z, data=filename, listw=W,
type="mixed")
```

一方，空間ラグモデルの **2SLS** 推定（3.5.3 項）を行うには，次のコマンドを用いる．

```
model4 <- stsls(formula=y~x+z, data=filename, listw=W)
```

最後に，**SARAR** モデルの **ML** 推定（3.6.2 項）を行うには，次のコマンドを用いる．

```
model5 <- sacsarlm(formula=y~ x+z, data=filename, listw=W)
```

また，SARARモデルの一般化空間二段階最小二乗推定（3.6.3項）を行うには，次のコマンドを用いる．

```
model6 <- gstsls(formula=y~x+z, listw=W)
```

*LM*検定統計量（3.7節におけるLM_{SEM}とLM_{SLM}），ロバスト*LM*検定統計量（RLM_{SEM}とRLM_{SLM}），修正Moran's *I*検定統計量（I_n）といった，空間ラグや空間誤差の存在を仮定した明示的な対立仮説に基づく，回帰残差の空間自己相関検定を行うには，次のコマンドを用いる．

```
lm.LMtests(model1, listw=W, test="all")
```

空間ラグモデルの残差における空間的自己相関検定の結果は，デフォルトでオブジェクト`lagsarlm`に含まれている．

最後に，パッケージ{spdep}には，空間ラグモデルについて3.8節で説明したインパクト指標を計算する関数が含まれている．このインパクト指標は，空間ラグモデル（オブジェクト：`model3`）を推定し，推定に用いた空間重み行列を再度用いて，次のコマンドにより計算することができる．

```
impact <- impacts(model3, listw=W)
```

キーワード

- 空間的自己相関（Spatial autocorrelation）
- 純粋な空間的自己回帰（Pure spatial autoregression）
- 空間誤差モデル（Spatial Error model）
- 空間ラグモデル（Spatial Lag model）
- SARARモデル（Spatial AutoRegressive with AutoRegressive error model: SARAR）
- ラグ付説明変数モデル（Lagged independent variables model）
- ML法による空間誤差モデルの推定（Maximum Likelihood solution for Spatial Error model estimation）
- Ordの近似（Ord's decomposition）

- FGLS 法による空間誤差モデルの推定（Feasible Generalized Least Squares solution for Spatial Error model estimation）
- 一般化モーメント推定（Generalized Method of Moments estimation）
- ML 法による空間ラグモデルの推定（Maximum Likelihood solution for Spatial Lag model estimation）
- 二段階最小二乗法による空間ラグモデルの推定（Two-Stage Least Squares solution for Spatial Lag model estimation）
- ML 法による SARAR モデルの推定（Maximum Likelihood solution for SARAR model estimation）
- 一般化空間二段階最小二乗法による SARAR モデルの推定（Generalized Spatial Two-Stage Least Squares solution for SARAR model estimation）
- Lee の操作変数法（Lee Instrumental Variable estimators）
- Cochrane-Orcutt 変換（Cochrane-Orcutt transformation）
- 最良実行可能一般化空間二段階最小二乗推定量（Best Feasible Generalized Spatial Two-Stage Least Squares estimators）
- 空間ラグ付変数を用いた回帰残差についての Rao のスコア検定（ラグランジュ乗数検定）（Rao's score test (Lagrange Multiplier) for regression residuals with spatially lagged variables）
- ロバストラグランジュ乗数検定（Robust Lagrange Multiplier test）
- 修正 Moran's I 検定（Modified Moran I test）
- インパクト指標（Impact measures）

クイズ

1. 回帰残差間の空間的自己相関がないという仮説の検定を行う上で Moran's I 統計量を用いることの主な欠点は何か述べよ．また，そういった欠点に対してどのように対処するのか述べよ．そして，どのような代替的検定法を用いることが可能か述べよ．
2. SARAR モデルの推定を行う際に ML 法を用いることの利点・欠点は何か述べよ．また，一般化最小二乗法を用いることの利点・欠点は何か述べよ．

3. 3.4.3 項で説明した手続きは，如何なる意味で「実行可能」なのか述べよ．
4. FGLS 法を用いる際に，モーメント法の手続きを考慮することがなぜ必要なのか述べよ．
5. いかにして Cochrane-Orcutt 変換を空間において定義することができるのか述べよ．また，この変換はモデル推定の過程でどのような役割を担うのか述べよ．
6. Ord の近似を行う目的は何か述べよ．
7. 空間的依存性についてのラグランジュ乗数検定の代わりに Moran's I 検定を用いた際にも推論上同じ結論を得ることができるのはなぜか述べよ．
8. 空間的依存性についてのロバスト LM 検定を行う必要があるのはなぜか述べよ．

章末問題

3.1 下の地図は，2012 年 7 月時点で欧州連合の加盟国だった 27 か国の国境を示したものである．

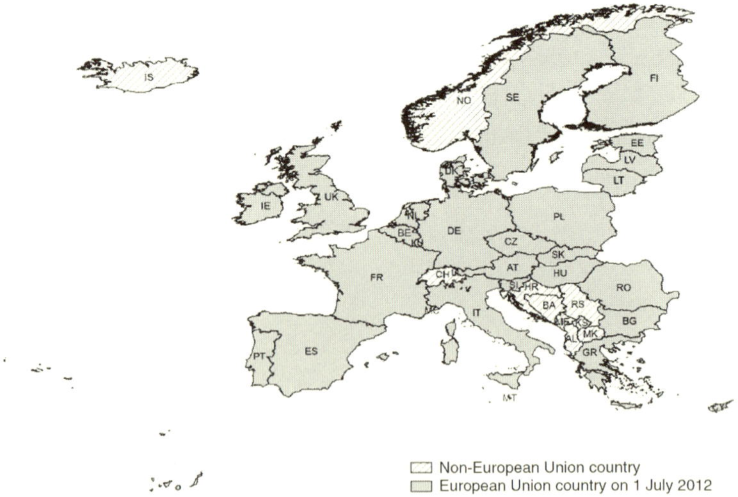

2012 年 7 月時点の EU 27 か国の地図（Carrie Dolan 提供）

COUNTRY CODE	COUNTRY	% Education Expenses 2009	Growth 2010–2011	COUNTRY CODE	COUNTRY	% Education Expenses 2009	Growth 2010–2011
BE	Belgium	42.0	1.046931408	AT	Austria	23.5	1.057823
BG	Bulgaria	27.9	1.058252427	PL	Poland	32.8	0.992958
CZ	Czech Republic	17.5	1.041237113	PT	Portugal	21.1	1.037234
DK	Denmark	40.7	1.072413793	RO	Romania	16.8	1.054054
DE	Germany	29.4	1.074074074	SI	Slovenia	31.6	1.118227
EE	Estonia	35.9	1.170068027	SK	Slovakia	17.6	1.05848
IE	Ireland	48.9	1.09	FI	Finland	45.9	1.107807
ES	Spain	39.4	1.070247934	SE	Sweden	43.9	1.099291
FR	France	43.2	1.04296875	UK	United Kingdom	41.5	1.084615
IT	Italy	19.0	1.069672131	EL	Greece	26.5	1.045249
CY	Cyprus	44.7	1.059574468	LU	Luxembourg	46.6	1.098333
LT	Lithuania	40.6	1.191176471	LV	Latvia	30.1	1.149606
HU	Hungary	23.9	1.045751634	MT	Malta	21.0	1.020202
NL	Netherlands	40.5	1.083870968				

2.3.2項で示した手続きを用いてGALファイルを準備し，隣接基準による行基準化された $\boldsymbol{W}$ を作成せよ．ただし，アイルランドと英国，英国とフランス，マルタとイタリア，キプロスとギリシャといったふうに，島国についても隣接関係を定義すること．また，フィンランドとエストニア，デンマークとスウェーデンについても隣接関係を定義すること．また，前ページの表に示したのは，2010–2011年における1人当たりGDP成長率と，2009年における，GDPに占める教育費のパーセンテージである．

教育がGDP成長を促進するという仮説を検定せよ．教育への支出は空間的なパターンを持つと推測されることから，原則的に教育に関する変数のラグ付き変数を説明変数に含むことも可能である．最初にSARARモデルを推定し，そこで得られた結果をもとに，空間ラグ，空間誤差，SARARの3つのモデルから，最良のモデルはどれかを吟味せよ．

3.2 空間誤差モデル

$$y_i = \boldsymbol{x}_i\boldsymbol{\beta} + u_i,\ u_i = \rho\frac{\sum_{j=1}^{n} w_{ij}u_j}{\sum_{j=1}^{n} w_{ij}} + \varepsilon_i,\ |\rho| < 1,\ \varepsilon_i \sim \text{i.i.d.}\ \mathcal{N}(0, \sigma_\varepsilon^2)$$

は，空間ラグ付き説明変数を含んだ空間ラグモデルであることを示せ．また，誤差項 $\boldsymbol{\varepsilon}$ の挙動に問題がない場合であっても，OLS推定を行った際に得られた未知パラメータの推定量が，信頼性に欠くものとなってしまうのはなぜか，説明せよ．

3.3 空間誤差モデルにおいて，空間相関パラメータ ρ と誤差分散 σ_ε^2 の両方が既知である場合は，$\boldsymbol{\beta}$ のML推定量とGLS推定量は一致することを示せ．GLS推定量の具体形と誤差分散を導出せよ．

3.4 空間ラグモデル

$$y_i = \lambda\frac{\sum_{j=1}^{n} w_{ij}y_j}{\sum_{j=1}^{n} w_{ij}} + \boldsymbol{x}_i\boldsymbol{\beta} + u_i,\ |\lambda| < 1,\ u_i|\boldsymbol{X} \sim \text{i.i.d.}\ \mathcal{N}(0, \sigma_{\boldsymbol{u}}^2\boldsymbol{I})$$

が，非確率的な説明変数を含み，かつ，平均が非ゼロとなるような誤差項を持つ，説明変数 $\boldsymbol{y}$ についての純粋な空間的自己回帰として表現されることを示せ．

3.5 SARAR モデル

$$y_i = \lambda \frac{\sum_{j=1}^{n} w_{ij} y_j}{\sum_{j=1}^{n} w_{ij}} + \beta X_i + u_i, |\lambda| < 1$$

$$u_i = \rho \frac{\sum_{j=1}^{n} w_{ij} uj}{\sum_{j=1}^{n} w_{ij}} + \varepsilon_i, \qquad |\rho| < 1,\ u_i|\boldsymbol{X} \sim \text{i.i.d.}\ \mathcal{N}(0, \sigma_{\boldsymbol{u}}^2 \boldsymbol{I})$$

において，$\lambda = -\rho$ となる場合を考える．この際，モデルが空間ラグモデルの特殊ケースへと縮約されることを示し，かつ，パラメータ空間についての議論を行い，$\boldsymbol{W}$ 行列の形態について解釈せよ．そのうえで，$\boldsymbol{y}$ の分散共分散行列と尤度関数を導出せよ．

3.6 例題 3.3，3.4 で議論した，ボストンにある 506 の国勢調査区で観測された住宅価格の中央値の決定要因についてのデータセットについて，もう一度検討を行え．パッケージ {spdep} を読み込んで入れば，次のコマンドでこのデータをダウンロードすることが可能である．

```
data(boston)
```

例題 3.3，3.4 において用いられたモデルを推定せよ．ただし，空間誤差モデルによる定式化を行うこと．その際，ML 法と FGLS 法の両方の手続きを用いよ．また，その結果を例題 3.3，3.4 の結果と比較せよ．

参考文献

Anselin, L. (1988) *Spatial Econometric: Methods and Models*, Dordrecht: Kluwer Academic Publishers.

Anselin, L., Bera, A., Florax, R. and Yoon, M. (1996) Simple Diagnostic Tests for Spatial Dependence, *Regional Science and Urban Economics*, 26, 77–104.

Arbia, G. (2006) *Spatial Econometrics: Statistical Foundations and Applications to Regional Economic Growth*, Heidelberg: Springer-Verlag.

Burridge, P. (1980) On the Cliff–Ord Test for Spatial Autocorrelation, *Journal of the Royal Statistical Society B*, 42, 107–108.

Cliff, A. D. and Ord, J. K. (1972) *Spatial Autocorrelation*, London: Pion.

Gerschgorin, S. (1931) Uber die Abgrenzung der Eigenwerte einer Matrixi, *Izv. Akad. Nauk. USSR Otd. Fiz.-Mat.*, 7, 749–754.

Gilley, O.W. and Pace, R. K. (1996) On the Harrison and Rubinfeld Data, *Journal of Environmental Economics and Management*, 31, 403–405.

Harrison, D. and Rubinfeld, D. L. (1978) Hedonic Housing Prices and the Demand for Clean Air, *Journal of Environmental Economics and Management*, 5, 81–102.

Kelejian, H. H. and Prucha, I. (1997) Estimation of the Spatial Autoregressive Parameter by Two Stage Least Squares Procedure: A Serious Problem, *International Regional Science Review*, 20, 103–111.

Kelejian, H. H. and Prucha, I. (1998) A Generalized Spatial Two-Stage Least Squares Procedure for Estimating a Spatial Autoregressive Model with Autoregressive Disturbances, *Journal of Real Estate Finance and Economics*, 17, 99–121.

Kelejian, H. H. and Prucha, I. (2001) On the Asymptotic Distribution of the Moran I Test Statistics with Applications, *Journal of Econometrics*, 104, 219–257.

Kelejian, H. H., Prucha, I. and Yuzefovich, E. (2004) Instrumental Variable Estimation of a Spatial Autoregressive Model with Autoregressive Disturbance: Large and Small Sample Results, in J. LeSage and K. Pace (eds.), *Advances in Econometrics: Spatial and Spatiotemporal Econometrics*, New York: Elsevier, pp. 163–198.

Kelejian, H. H., Tavlas, G. S. and Hondronyiannis, G. (2006) A Spatial Modeling Approach to Contagion Among Emerging Economies, *Open Economies Review*, 17, 4–5, 423–442.

Lee, L. F. (2003) Best Spatial Two-Stage Least Squares Estimators for a Spatial Autoregressive Model with Autoregressive Disturbances, *Econometric Reviews*, 22, 307–335.

Lee, L. F. (2004) Asymptotic Distribution of Maximum Likelihood Estimators for Spatial Autoregressive Models, *Econometrica*, 72, 1899–1925.

LeSage, J. and Pace, R. K. (2009) *Introduction to Spatial Econometrics*, Boca Raton, FL: Chapman & Hall/CRC Press.

Moran, P. A. P. (1950) Notes on Continuous Stochastic Phenomena, *Biometrika*, 37, 1, 17–23.

Ord, J. K. (1975) Estimation Methods for Models of Spatial Interaction, *Journal of the American Statistical Association*, 70, 120–126.

Whittle, P. (1954) On Stationary Processes in the Plane, *Biometrika*, 41, 434–449.

第 4 章　空間計量経済学における最近の話題

本章では，空間計量経済学における最近の研究成果をいくつか取り上げる．本章の主な目的は，第 3 章を発展させた内容と，空間計量経済学で今現在進められている研究の本質的部分への理解を深めることである．ここで取り上げる内容は，多くの分野の実証研究や問題解決に役立ち，影響を与える可能性を秘めている．具体的には，4.1 節では誤差項の不均一分散を考慮する方法について，4.2 節では被説明変数が離散変数（特に二項変数）のモデルについて，4.3 節ではパネルデータを扱った空間モデルについて，4.4 節ではパラメータに空間的な非定常性を仮定したモデルについて紹介する．なお本章は多くの分析手法を扱っているため，他の章と比べると詳細な記述を欠いている．本章の内容に関心を持った読者は，参考文献に当たられたい．

4.1　誤差項の不均一分散

4.1.1　概　　説

第 3 章までに扱ったモデルでは，誤差項に均一分散 $\boldsymbol{\varepsilon}|\boldsymbol{X} \sim$ i.i.d. $N(\boldsymbol{0}, \sigma_\varepsilon^2 \boldsymbol{I})$ を仮定していた．しかし，1.2 節で述べたように，空間データを扱うモデルでは一般にこの仮定は満たされない．この大きな理由として，時系列データと異なり，空間データは集計単位の大きさや形が不揃いな場合が多いことが挙げられる．irregular lattice 型と呼ばれるデータ[1]では，面積の大きい標本の分散が大きくなることがある．また，たとえば群単位（county level）のデータで誤

1)　訳注：たとえば市町村単位のデータ．

差項の均一分散が仮定できたとしたとき，このデータを州単位（state level）に集計[2)]すると，一般に誤差項は不均一分散となることが知られている（Arbia 1989）.

近年，誤差項の不均一分散を考慮したSARAR型のモデル[3)]の研究が一部で行われている（Kelejian and Prucha 2007, 2010）．本節では，このモデルの主な推定法として，2つの手法を取り上げる．1つ目の手法は，不均一分散を持つ分散共分散行列をパラメトリックに推定するアプローチである（4.1.2項）．2つ目の手法は，観測データからノンパラメトリックに推定するため，誤差の発生過程と誤差項の分散共分散行列の特定化の誤りに対して頑健なアプローチである（4.1.3項）.

4.1.2　誤差項が不均一分散なSARARモデル

再度，SARAR (1, 1) モデル（3.6節）を考える．改めてこのモデルを以下のように表す.

$$\boldsymbol{y} = \boldsymbol{Z\beta} + \lambda \boldsymbol{Wy} + \boldsymbol{u}, \ |\lambda| < 1 \tag{4.1}$$

$$\boldsymbol{u} = \rho \boldsymbol{Wu} + \boldsymbol{\varepsilon}, \qquad |\rho| < 1 \tag{4.2}$$

ここでは，誤差項に均一分散（$\boldsymbol{\varepsilon}|\boldsymbol{X} \sim \text{i.i.d. } \mathcal{N}(\boldsymbol{0}, \sigma_\varepsilon^2 \boldsymbol{I})$）を仮定するのではなく，不均一分散（$\mathrm{E}[\varepsilon_i^2] = \sigma_i^2$）を仮定する．不均一分散に加えて，このモデルでは，空間ラグ項$\boldsymbol{Wy}$と誤差項$\boldsymbol{u}$が相関する内生性にも対応する必要がある．この2つの問題に対応するため，推定法には，操作変数を用いた二段階推定法と加重行列を用いた推定法を組み合わせたアプローチが考えられよう.

ここではKelejian and Prucha（2010）が提案した，SARAR (1, 1) モデルの修正型GS2SLS法（以下，GS2SLS法）を説明する．誤差項の分散が不均一となるため，通常のS2SLS法（3.6節）とは推定のアプローチにいくつか重要な違いがあることに注意されたい．修正型GS2SLS法の手順を述べる前に，数学

---

2)　訳注：アップ・スケーリング（upscaling）ともいう．その反対はダウン・スケーリング（down-scaling），空間詳細化などという.

3)　訳者補記：一般化空間（SAC: general spatial autoregressive model with a correlated error term）モデルとも呼ばれる（参照：瀬谷創・堤盛人（2014）『空間統計学—自然科学から人文・社会科学まで』朝倉書店）.

的な詳細を省いた上で，この推定法の戦略を整理しておく．戦略は大きく分けて2つある．1つ目の戦略は，パラメータ ρ を推定することをまず考えることである．実行可能なGLS法（3.4.3項，手順3）において，3つのモーメント条件を仮定することでGMM推定量が得られることはすでに述べたとおりである．分散に関する条件は $\sum_{i=1}^{n}\left(\hat{u}_i - \rho\hat{\bar{u}}_i\right)/n = \sigma_\varepsilon^2$（式(3.35)）であった．しかし，不均一分散のもとでは，分散が単一（σ_ε^2）とならないため，この条件を修正する必要がある．具体的には，パラメータベクトル $\boldsymbol{\phi}' = [\rho^2, \rho, \sigma_\varepsilon^2]$（式(3.41)）の代わりに，局外パラメータとして分散が各標本で異なる（σ_i^2）場合を考える必要がある．そこで，σ_ε^2 を除いたパラメータベクトル $\boldsymbol{\phi}' = [\rho^2, \rho]$ を推定することを考える．つまり，ρ のみをまず推定する．2つ目の戦略は，ρ のGMM推定量は均一分散の仮定（1.2節）が満たされない場合でも，一致性を持つ（有効性は持たない）性質を利用することである．GLS法（1.2節）のように加重行列を用いることで，有効性を持つGMM推定量を得ることを考える．

修正型GS2SLS法は複雑であるが，次の8つの手順に分けることができる．

手順1：S2SLS法により，パラメータ $\boldsymbol{\beta}, \lambda$ の一致推定値 $\tilde{\boldsymbol{\beta}}, \tilde{\lambda}$ を得る．

手順2：$\tilde{\boldsymbol{\beta}}, \tilde{\lambda}$ を用いて，式(4.1)の（初期）残差 $\tilde{\boldsymbol{u}}$ を得る．

手順3：$\tilde{\boldsymbol{u}}$ を用いて，通常のGMM[4)]により，誤差項における空間ラグパラメータ ρ の（初期）推定値 $\tilde{\rho}$ を得る．なお，$\tilde{\rho}$ は一致性を持つが，有効性を持たない．

手順4：GMMにより，有効性を持つ ρ の推定値 $\hat{\rho}$ を得る．

手順5：$\hat{\rho}$ を，次のように変形した式(4.1)に代入する．

$$(\boldsymbol{I} - \hat{\rho}\boldsymbol{W})\boldsymbol{y} = (\boldsymbol{I} - \hat{\rho}\boldsymbol{W})\boldsymbol{Z}\boldsymbol{\beta} + \boldsymbol{\varepsilon}$$

手順6：$\boldsymbol{Z}^* = (\boldsymbol{I} - \hat{\rho}\boldsymbol{W})\boldsymbol{Z}$，$\boldsymbol{W}\boldsymbol{Z}^* = \boldsymbol{W}(\boldsymbol{I} - \hat{\rho}\boldsymbol{W})\boldsymbol{Z}$，$\boldsymbol{W}^2\boldsymbol{Z}^* = \boldsymbol{W}^2(\boldsymbol{I} - \hat{\rho}\boldsymbol{W})\boldsymbol{Z}$ を操作変数としたS2SLS法により，式(4.1)のパラメータの推定値 $\hat{\boldsymbol{\beta}}, \hat{\lambda}$ を得る．なお，この推定法を実行可能なGS2SLS法と呼ぶ．

手順7：$\hat{\boldsymbol{\beta}}, \hat{\lambda}$ を用いて，残差 $\hat{\boldsymbol{u}}$ を計算する．

---

4) 訳注：ここで，通常のGMMとは，加重行列に単位行列を用いたGMMのことを表している．

手順8：$\hat{\boldsymbol{u}}$ を用いて，手順6で説明した実行可能なGS2SLS法により ρ のGMM推定値を得る．

以下，各手順を解説しよう．

手順1では，式(4.1)のパラメータ $\boldsymbol{\beta}$，λ を推定する．内生性に対処するため，$\boldsymbol{Z}$, $\boldsymbol{WZ}$ を操作変数としたS2SLS法により推定を行う．ここで得られるパラメータを $\tilde{\boldsymbol{\beta}}$, $\tilde{\lambda}$ とする．

手順2では，次式より残差 $\tilde{\boldsymbol{u}}$ を得る．

$$\tilde{\boldsymbol{u}} = \boldsymbol{y} - \boldsymbol{Z}\tilde{\boldsymbol{\beta}} - \tilde{\lambda}\boldsymbol{W}\boldsymbol{y}$$

手順3では，式(4.2)に対し通常のGMMを用いてパラメータ ρ の初期推定値 $\tilde{\rho}$ を得る（3.6.3項）．ただし，不均一分散のもとでは分散パラメータが単一（σ^2）でないため，2つのモーメント条件からパラメータ推定を行う．つまり，不均一分散をモーメント条件に表すことができないため，ρ のみについてGMM推定を行う．Kelejian and Prucha（2010）は，この（初期）推定量を非加重非線形最小二乗推定量（unweighted nonlinear least squares estimator）（Greene 2011）と解釈できると述べている．不均一分散のもとで，この推定量は一致性を持つが有効性を持たない．

手順4では，有効性を持つ ρ のGMM推定値を得る．この推定量は重みを付けした非線形最小二乗推定量より得ることができる．そこで，加重行列 $\boldsymbol{\Psi}(2 \times 2)$ の要素 ψ_{rs}（$r, s = 1, 2$）を推定する方法を考える．$\boldsymbol{\Psi}$ は標本モーメント分散共分散行列の一致推定量であり，次式で表され，

$$\boldsymbol{\Psi} = \frac{1}{n}\boldsymbol{H}'\boldsymbol{\Sigma}\boldsymbol{H} \tag{4.3}$$

ここで，n はサンプルサイズ，$\boldsymbol{H} = [z, \boldsymbol{W}z]$ は $n \times 2$ の操作変数行列，$\boldsymbol{\Sigma} = \mathrm{E}[\boldsymbol{\varepsilon}'\boldsymbol{\varepsilon}]$ は σ_{ij} を要素とする $n \times n$ の分散共分散行列である．なお，2つのモーメント条件を考えているため，操作変数行列 $\boldsymbol{H}$ は $n \times 2$ としている．

Kelejian and Prucha（2010）は次式(4.4)に表す，ψ_{rs} の要素のパラメトリックな推定量を提案している．

$$\tilde{\psi}_{rs} = (2n)^{-1}\,\mathrm{tr}\left[(\boldsymbol{A}_r + \boldsymbol{A}'_r)\tilde{\boldsymbol{\Sigma}}(\boldsymbol{A}_s + \boldsymbol{A}'_s)\tilde{\boldsymbol{\Sigma}}\right] + n^{-1}\tilde{\boldsymbol{a}}_r\tilde{\boldsymbol{\Sigma}}\tilde{\boldsymbol{a}}_s \qquad (r,\ s = 1, 2) \tag{4.4}$$

ここで，

$$\boldsymbol{A}_1 = \boldsymbol{W}'\boldsymbol{W} - \sum_{j=1}^{n} \boldsymbol{i}_{\circ j}\boldsymbol{w}'_{\circ j}\boldsymbol{w}_{\circ j}\boldsymbol{i}'_{\circ j}$$

$$\boldsymbol{A}_2 = \boldsymbol{W}$$

$$\tilde{\boldsymbol{a}}_r = (\boldsymbol{I} - \tilde{\rho}\boldsymbol{W})^{-1}\boldsymbol{H}\tilde{\boldsymbol{P}}\tilde{\alpha}_r\ (r = 1,\ 2)$$

であり，$\tilde{\alpha}_r = -n^{-1}\{\boldsymbol{Q}'(\boldsymbol{I} - \tilde{\rho}\boldsymbol{W})(\boldsymbol{A}_r + \boldsymbol{A}'_r)\tilde{\boldsymbol{\Sigma}}(\boldsymbol{I} - \tilde{\rho}\boldsymbol{W})\tilde{\boldsymbol{u}}\}$，$\boldsymbol{Q} = [\boldsymbol{z}, \boldsymbol{W}\boldsymbol{y}]$，$\tilde{\boldsymbol{P}} = (n^{-1}\boldsymbol{H}'\boldsymbol{H})^{-1}(n^{-1}\boldsymbol{H}'\boldsymbol{Q})\{(n^{-1}\boldsymbol{Q}'\boldsymbol{H})(n^{-1}\boldsymbol{H}'\boldsymbol{H})^{-1}(n^{-1}\boldsymbol{H}'\boldsymbol{Q})\}$，$i_{\circ j}$，$w_{\circ j}$ はそれぞれ単位行列と空間重み行列の j 列目を抜き出したベクトル，$\tilde{\boldsymbol{\Sigma}}$ は $\tilde{\boldsymbol{\varepsilon}} = (\boldsymbol{I} - \tilde{\rho}\boldsymbol{W})\tilde{\boldsymbol{u}}$ と変換した誤差項を要素に持つ対角行列 $\tilde{\boldsymbol{\Sigma}} = \mathrm{diag}_{i=1}^{n}(\tilde{\varepsilon}_i^2)$ である．

上述した GMM により，パラメータ ρ の一致性と有効性を持つ推定量 $\hat{\rho}$ が得られる（Kelejian and Prucha 2010）．

手順 5 では，まず**手順 4** で得た $\hat{\rho}$ を式 (4.2) に代入する．そして $\boldsymbol{u}$ についての誘導形を式 (4.1) に代入した後，両辺に左から $(\boldsymbol{I} - \hat{\rho}\boldsymbol{W})$ を掛けると，次式を得る．

$$(\boldsymbol{I} - \hat{\rho}\boldsymbol{W})\boldsymbol{y} = (\boldsymbol{I} - \hat{\rho}\boldsymbol{W})(\boldsymbol{Z}\boldsymbol{\beta} + \lambda\boldsymbol{W}\boldsymbol{y}) + \boldsymbol{\varepsilon} \tag{4.5}$$

手順 6 では，$\boldsymbol{H}$ を操作変数とした GS2SLS 法により，式 (4.1) のパラメータ $\boldsymbol{\delta} = [\boldsymbol{\beta}, \lambda]'$ を推定する．

$$\hat{\boldsymbol{\delta}}_{\mathrm{GS2SLS}} = \left(\hat{\boldsymbol{Q}}^{*\prime}\boldsymbol{Q}\right)\hat{\boldsymbol{Q}}^{*\prime}\boldsymbol{y}^{*} \tag{4.6}$$

ここで，前述と同様に，$\boldsymbol{Q} = [\boldsymbol{z}, \boldsymbol{W}\boldsymbol{y}]$，$\boldsymbol{Q}^{*} = (\boldsymbol{I} - \hat{\rho}\boldsymbol{W})\boldsymbol{Q}$，$\hat{\boldsymbol{Q}}^{*} = \boldsymbol{H}(\boldsymbol{H}'\boldsymbol{H})^{-1}\boldsymbol{H}'\boldsymbol{Q}^{*}$，$\boldsymbol{y}^{*} = (\boldsymbol{I} - \hat{\rho}\boldsymbol{W})\boldsymbol{y}$ である．

手順 7 では，$\hat{\boldsymbol{\delta}}_{\mathrm{GS2SLS}}$ を用いて，残差 $\hat{\boldsymbol{u}}$ を得る．

$$\hat{\boldsymbol{u}} = \boldsymbol{y} - \boldsymbol{Q}\hat{\boldsymbol{\delta}}_{\mathrm{GS2SLS}}$$

手順 8 では，手順 7 で得られた $\hat{\boldsymbol{u}}$ を用いて，GMM により式 (4.2) のパラメ

ータ ρ を得る．加重行列 $\boldsymbol{\Psi}$ の要素を用いた加重 GMM により，有効性を持つ推定量を得ることができる．

4.1.3 空間 HAC 推定量

前項で説明したように，Kelejian and Prucha（2010）は，誤差項の分散共分散行列のパラメトリックな推定法を提案した．この論文の著者らは別の論文 Kelejian and Prucha（2007）で，不均一分散と自己相関を考慮した分散共分散行列の一致推定量（HAC 推定量: heteroscadasticity and autocorrelation consistent estimator）を用いた，$\boldsymbol{\Psi}$ のノンパラメトリックな推定法も提案している．HAC 推定量の最初の研究は，Grenander and Rosenblatt（1957）と Newey and West（1987）であり，時系列分析でよく研究され，計量経済学の実証分析ではよく用いられている．空間的自己相関を考慮した研究で，ノンパラメトリックな手法を用いて分散共分散行列を推定した初期の例には，連続空間を対象にした Conley（1999），離散空間を対象にした Driscoll and Kraay（1998）と Pinkse et al.（2002）がある．以下では，4.1.2 項の手順4，8で用いる，加重行列 $\boldsymbol{\Psi}$ のノンパラメトリックな推定手法を簡単に説明する．

加重行列 $\boldsymbol{\Psi}$ の要素をパラメトリックな手法で推定する方法（4.1.2 項；Kelejian and Prucha 2007）以外に，一定の条件のもとでは，一致性と有効性を持つ $\boldsymbol{\Psi}$ の推定量をノンパラメトリックな手法で得ることができる．ここで，$\boldsymbol{\Psi} = n^{-1}\boldsymbol{H}'\boldsymbol{\Sigma}\boldsymbol{H}$（式 (4.3)）で定義される真の分散共分散行列を考えよう．この要素は次式 (4.7) のように書き下すことができる．

$$\psi_{rs} = \frac{1}{n}\sum_{i=1}^{n}\sum_{j=1}^{n} h_{ir}h_{is}\sigma_{ij} \tag{4.7}$$

h_{ir}, h_{is} は，それぞれ操作変数ベクトル $\boldsymbol{h}_r, \boldsymbol{h}_s$ の i 番目の要素である．

加重行列 $\boldsymbol{\Psi}$ の要素の空間 HAC 推定量は次式 (4.8) で表すことができる．

$$\hat{\psi}_{rs} = \frac{1}{n}\sum_{i=1}^{n}\sum_{j=1}^{n} h_{ir}h_{is}\hat{\boldsymbol{u}}_i\hat{\boldsymbol{u}}_j K(d_{ij}^*/d) \tag{4.8}$$

ここで，$\hat{\boldsymbol{u}}$ は誤差項 $\boldsymbol{u}$ の推定量，$K(\boldsymbol{\cdot})$ はカーネル関数（kernel function），d_{ij} は

標本 i, j 間の距離，$d^*_{ij} = d_{ij} + \nu_{ij}$ は観測誤差 ν_{ij}（誤差項 $\boldsymbol{\varepsilon}$ と独立で，$0 < |\nu_{ij}| < \infty$）を含む距離，d は $n \to \infty$ のとき $d \to \infty$ となるように選択する基準化距離である．

平滑化手法に用いられるカーネル関数 K はさまざまな型が提案されている．よく用いられるカーネル関数は次に示すとおりである．

1. uniform 型

$$K(\nu) = \begin{cases} 0.5 & \text{for } |\nu| \leq 1 \\ 0 & \text{otherwise} \end{cases}$$

2. Bartlett（triangular）型

$$K(\nu) = \begin{cases} 1 - |\nu| & \text{for } |\nu| \leq 1 \\ 0 & \text{otherwise} \end{cases}$$

3. Epanechnikov（quadratic）型

$$K(\nu) = \begin{cases} \dfrac{3}{4}(1 - \nu^2) & \text{for } |\nu| \leq 1 \\ 0 & \text{otherwise} \end{cases}$$

4. quadratic（bi-weight）型

$$K(\nu) = \begin{cases} \dfrac{15}{16}(1 - \nu^2)^2 & \text{for } |\nu| \leq 1 \\ 0 & \text{otherwise} \end{cases}$$

5. quadratic（tri-weight）型

$$K(\nu) = \begin{cases} \dfrac{35}{32}(1 - \nu^2)^3 & \text{for } |\nu| \leq 1 \\ 0 & \text{otherwise} \end{cases}$$

6. Gaussian 型

$$K(\nu) = \frac{1}{\sqrt{2\pi}} \exp\left(\frac{1}{2}\nu^2\right)$$

7. Turkey-Hanning 型

$$K(\nu) = \begin{cases} \frac{1}{2}\{1 + \cos(\pi\nu)\} & \text{for } |\nu| \leq 1 \\ 0 & \text{otherwise} \end{cases}$$

8. Cosine 型

$$K(\nu) = \begin{cases} \frac{\pi}{4}\left\{\cos\left(\frac{\pi\nu}{2}\right)\right\} & \text{for } |\nu| \leq 1 \\ 0 & \text{otherwise} \end{cases}$$

9. Partzen 型

$$K(\nu) = \begin{cases} 1 - 6\nu^2 + 6|\nu|^3 & \text{for } |\nu| \leq \frac{q}{2} \\ 2(1 - |\nu|)^3 & \text{for } \frac{q}{2}|\nu| \leq q \end{cases}$$

10. Quadratic spectral 型

$$K(\nu) = \frac{25}{12\pi^2\nu^2}\left\{\frac{\sin(6\pi\nu)}{6\pi\nu} - \frac{\cos(6\pi\nu)}{5}\right\}$$

なお，Kelejian and Prucha（2007）は，式 (4.8) が分散共分散行列の一致推定量を与えることを証明し，その漸近分布を導出している．

例題 4.1 オハイオ州コロンバスにおける犯罪要因

ここで用いるオハイオ州コロンバスにおける犯罪要因のデータは，Anselin（1988）で紹介されて以降，新たな手法の検証用データとして空間計量経済学分野で広く用いられている．R のパッケージ {spdep} にはこのデータが格納されており，`data(columbus)`，あるいは `data(coldis)` と入力することで呼び出すことができる．

116 ページの図（a），（b）は，コロンバスの米国調査標準地区（census track）に対応した 49 地区の面データ，重心点データをそれぞれ表している．

次ページの表に各地区の属性データを示す．CRIME（被説明変数 y_i）は，千世帯当たりの住居侵入と車両盗難の合計件数である．INCOME（説明変数 x_i）は収入（千ドル単位），HOUSE VALUE（説明変数 z_i）は住宅の価値（千ドル単位）である．

NEIGHBORHOOD	CRIME	HOUSE VALUE	INCOME
1	15.726	80.467	19.531
2	18.802	44.567	21.232
3	30.626	26.350	15.956
4	32.387	33.200	4.477
5	50.731	23.225	11.252
6	26.066	28.750	16.029
7	0.178	75.000	8.438
8	38.425	37.125	11.337
9	30.515	52.600	17.586
10	34.000	96.400	13.598
11	62.275	19.700	7.467
12	56.705	19.900	10.048
13	46.716	41.700	9.549
14	57.066	42.900	9.963
15	48.585	18.000	9.873
16	54.838	18.800	7.625
17	36.868	41.750	9.798
18	43.962	60.000	13.185
19	54.521	30.600	11.618
20	0.224	81.267	31.070
21	40.074	19.975	10.655
22	33.705	30.450	11.709
23	20.048	47.733	21.155
24	38.297	53.200	14.236
25	61.299	17.900	8.461
26	40.969	20.300	8.085
27	52.794	34.100	10.822
28	56.919	22.850	7.856
29	60.750	32.500	8.681
30	68.892	22.500	13.906
31	17.677	31.800	16.940
32	19.145	40.300	18.942
33	41.968	23.600	9.918
34	23.974	28.450	14.948
35	39.175	27.000	12.814
36	14.305	36.300	18.739
37	42.445	43.300	17.017
38	53.710	22.700	11.107
39	19.100	39.600	18.477
40	16.241	61.950	29.833
41	18.905	42.100	22.207
42	16.491	44.333	25.873
43	36.663	25.700	13.380
44	25.962	33.500	16.961
45	29.028	27.733	14.135
46	16.530	76.100	18.324
47	27.822	42.500	18.950
48	26.645	26.800	11.813
49	22.541	35.800	18.796

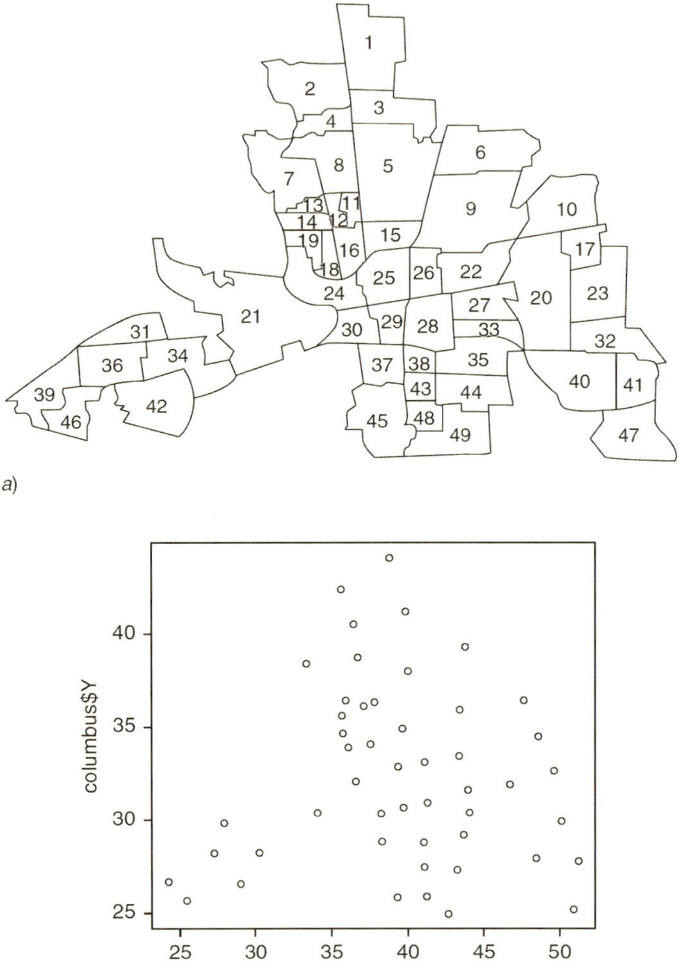

(a)

(b)

比較のために，誤差項の分散が均一である SARAR モデル $\boldsymbol{y} = \beta_0 \boldsymbol{i}_n + \beta_1 \boldsymbol{x} + \beta_2 \boldsymbol{z} + \lambda \boldsymbol{W} \boldsymbol{y} + \boldsymbol{u}$；$\boldsymbol{u} = \rho \boldsymbol{W} \boldsymbol{u} + \boldsymbol{\varepsilon}$；$\mathrm{E}[\varepsilon_i] = \sigma_\varepsilon^2\ (\forall i)$ を考える．ただし，$\boldsymbol{i}_n$ は全要素を 1 とする $n \times 1$ ベクトルである．ここで，$\boldsymbol{W}$ は 3.5 でカットオフした距離を要素に持つ，行基準化した空間重み行列である．3.6.3 項で説明した一般化空間二段階最小二乗（GS2SLS）法でこのモデルを推定した結果を表に示す．

	Estimate	Standard Error	t-value	p-value
β_0	40.2857	8.9125	4.52	0.00^{***}
β_1	−0.8608	0.3242	−2.66	0.007^{**}
β_2	−0.2862	0.0853	−3.36	0.00^{***}
λ	0.4921	0.1675	2.94	0.003^{**}

Signif. codes: ***: $p < 0.001$; **: $p < 0.01$; *: $p < 0.05$; .: $p < 0.1$.
$\rho = 0.2705, \sigma^2 = 85.65$

定数項を含む3つの説明変数のパラメータと空間ラグパラメータλは有意に0でなく，地区の犯罪数が近隣地区の犯罪件数と関連があることを示唆している．

ここで，図から明らかなように，均一分散を仮定することは無理があるようにも思える．範囲の大きい地区ほど大きな分散を持つことは想像に難くないためである．これを検証するため，誤差項の分散が不均一であるSARARモデル$\boldsymbol{y} = \beta_0\boldsymbol{i}_n + \beta_1\boldsymbol{x} + \beta_2\boldsymbol{z} + \lambda\boldsymbol{W}\boldsymbol{y} + \boldsymbol{u}$；$\boldsymbol{u} = \rho\boldsymbol{W}\boldsymbol{u} + \boldsymbol{\varepsilon}$；$\mathrm{E}[\varepsilon_i] = \sigma^2_{\varepsilon,i}$を考えよう．推定法は4.1.3項で説明した修正型GS2SLS法を用いる．推定結果は表のとおりである．

	Estimate	Standard Error	t-value	p-value
β_0	40.2213	6.4192	6.27	0.00^{***}
β_1	−0.8573	0.4320	−1.98	0.047^{*}
β_2	−0.2866	0.1432	−2.00	0.045^{*}
λ	0.4926	0.1158	4.25	0.00^{***}
ρ	0.2788	0.2075	1.34	0.18

Signif. codes: ***: $p < 0.001$; **: $p < 0.01$; *: $p < 0.05$; .: $p < 0.1$.

Wald 検定：$\rho = \lambda = 0$

	Observed Value	p-value
Wald-test	15.697	0.00

推定結果より，不均一分散を考慮したモデルでも犯罪と収入の関係（β_1）は有意であるが，一方で，犯罪と住宅の価値の関係（β_2）は有意でなくなることがわかる．また，犯罪の近隣効果（λ）は有意であるが，誤差項の近隣効

果（ρ）は有意とならないことも確認できる．Wald 検定の結果は，λ, ρ の両パラメータがゼロであることを棄却している．なお，不均一分散のもとでの SARAR モデルにおいて，分散パラメータ σ^2 は推定されないことに注意されたい（参照：4.1.2 項）．

最後に，ノンパラメトリックな手法で誤差項の分散共分散行列を推定する空間 HAC 推定を実行してみる（参照：4.1.3 項）．ここでは，カーネル関数に triangular 型を用いる（式 (4.8)）．

	Estimate	Standard Error	t-value	p-value
β_0	41.7991	7.14254	5.85	0.00***
β_1	−0.94449	0.46596	−2.03	0.04*
β_2	−0.27756	0.15375	−1.81	0.07 .
λ	0.47802	0.12523	3.82	0.00***

Signif. codes: ***: $p < 0.001$; **: $p < 0.01$; *: $p < 0.05$; .: $p < 0.1$.

推定結果は，均一分散を仮定した SARAR モデルの結果と類似していることがわかる．なお，空間パラメータ ρ はノンパラメトリックに推定しているため，表には示していない．

4.2　空間二項選択モデル

4.2.1　概　　説

第 3 章と 4.1 節では，被説明変数が連続変数の場合の空間回帰モデルを扱った．本節では，被説明変数が離散変数の場合を考える．たとえば，ある地域が特定の科学技術を有しているかどうかを，いくつかの説明変数を用いてモデル化することに関心のある場合が挙げられる．ほかにも，消費者がどのショッピングセンターで買い物するかを分析したい場合，計数データ（count data）のモデル化を行いたい場合，空間的相互作用（spatial interaction）に関心がある場合，投票行動や犯罪行動をモデル化したい場合，そして医療経済学における患者選択問題を解く場合など，多くの例を挙げることができる．計量経済学の分野では，これらの分析を離散選択（discrete choice）モデルと総称している（参照：Greene 2011）．被説明変数が連続変数ではなく離散変数の場合，これまでに述べてきたモデルを適用することはできず[5]，離散変数の特性に沿うようにモデルを調整する必要がある．本書は入門書であるため，離散選択モデルのうち二項選択モデルに絞って解説を行う．実証的観点からみれば，空間効果を考慮した離散選択モデルは興味深いモデルであるにもかかわらず，第 3 章や 4.1 節で述べた連続変数のモデルと比較して，適用は進んでいないのが現状である．この理由として，空間離散選択モデルが複雑な計算や高度な推定法が必要であったり，サンプルサイズの増加に応じて過度な計算負荷を要したりと，分析の際に障害をともなうことが考えられる．このモデルの詳細に関心がある読者は，ベイズ主義者の観点から説明を行っている LeSage and Pace（2009）や，Beron and Vijverberg（2004），Fleming（2004），Smirnov（2010）といった空間離散選択モデルに関するレビュー論文を参照されたい．空間離散選択モデルは，通常の離散選択モデルに，空間ラグや空間誤差（第 3 章）を組み込んだモデルと解釈される．以下，4.2.2 項において通常の離散選択モデルを説明したあと，4.2.3 項で空間モデルへの拡張について説明する．

4.2.2　通常のロジットモデルとプロビットモデル

次の線形回帰モデルを考える．

$$\boldsymbol{y}^{\bullet} = \boldsymbol{X\beta} + \boldsymbol{\varepsilon} \tag{4.9}$$

ここで，$\boldsymbol{y}^{\bullet}$ は二項変数と関連付けられた連続変数である．関連付けは，次の指示関数（indicator function）$I(\bullet)$ により行う．

$$I(y_i > 0) = \begin{cases} 1 & \text{if } y_i^{\bullet} > 0 \\ 0 & \text{otherwise} \end{cases}$$

式 (4.9) は通常の線形回帰モデル（第 1.2 節）と形式が同一であるが，ここでは被説明変数を観測されない潜在変数（latent variable）としている．指示関数 $I(\bullet)$ に示したように，観測できる二項変数 $\boldsymbol{y}$ が潜在変数 $\boldsymbol{y}^{\bullet}$ によって決められ

5）　訳注：被説明変数が二項変数の線形回帰モデルである線形確率モデル（linear probability model）への OLS 推定の適用はいくつか問題をともなうが，一定の解釈は可能である．

ると考える．ここで，潜在変数は効用（utility）ととらえることができ，効用が正であれば，何らかの経済活動が生じる（たとえば，消費者が何か商品を購入する）とみなせるとする．式 (4.9) は潜在変数モデルともよばれ，$\boldsymbol{x}_i\boldsymbol{\beta}$ は定義関数（index function）とよばれる（Greene, 2011）．式 (4.9) と指示関数より，

$$\begin{aligned}
\Pr(y_i = 1|\boldsymbol{X}) &= \Pr(y_i^* > 0|\boldsymbol{X}) \\
&= \Pr(\varepsilon_i > -\boldsymbol{x}_i\boldsymbol{\beta}|\boldsymbol{X}) \\
&= 1 - \Pr(\varepsilon_i \leq -\boldsymbol{x}_i\boldsymbol{\beta}|\boldsymbol{X}) \\
&= F(\boldsymbol{x}_i\boldsymbol{\beta}) \\
&= \int_{-\infty}^{\mu_i} f(\mu)d\mu
\end{aligned} \tag{4.10}$$

であり，同様に，

$$\begin{aligned}
\Pr(y_i = 0|\boldsymbol{X}) &= \Pr(y_i^* \leq 0|\boldsymbol{X}) \\
&= \Pr(\varepsilon_i \leq -\boldsymbol{x}_i\boldsymbol{\beta}|\boldsymbol{X}) \\
&= 1 - F(\boldsymbol{x}_i\boldsymbol{\beta}) \\
&= 1 - \int_{-\infty}^{\mu_i} f(\mu)d\mu
\end{aligned} \tag{4.11}$$

と表すことができる．ただし，F は誤差項の累積分布関数（cumulative probability distribution function），f は誤差項の確率密度関数（probability density function），μ_i（$= \boldsymbol{x}_i\boldsymbol{\beta}$）は確定項である．$F$ にどのような分布を仮定するかで，様々なモデルが定義できる．計量経済学でよく用いられる分布は，(i) 期待値 0，分散 $\pi^2/3$ である標準ロジスティック分布（standardized logistic distribution）と (ii) 期待値 0，分散 1 である標準正規分布（standardized normal distribution）である．二項変数の値は，潜在変数の値の大きさではなく，符号に依存するため，誤差分散の値の影響を受けない．したがって，誤差分散を 1 に基準化することは問題とならない[6]．F に標準ロジスティック分布を仮定したとき，式 (4.10),

6)　訳注：誤差項の分散を，プロビットモデルでは 1，ロジットモデルでは $\pi^2/3$（つまり，ロジスティック分布における尺度（scale）パラメータを 1）とすることで，回帰係数 $\boldsymbol{\beta}$ のみを推定する．この詳細について，和書では次の書籍の第 6 章などが参考になる．北村隆一・森川高行・佐々木

(4.11) をロジットモデル（logit model）と呼ぶ（このとき，F を Λ で表す）．また，F に標準正規分布を仮定したとき，式 (4.10)，(4.11) をプロビットモデル（probit model）と呼ぶ（このとき，F を Φ で表す）．その他の F の仮定とモデルも提案されているが，計量経済学においてはロジットモデルとプロビットモデルがよく用いられている（Greene, 2011）．

式 (4.10)，(4.11) のモデルは，一般に ML 法で推定する．以下，その概要を示す．$\boldsymbol{y}$ は二項変数であるため，ベルヌーイ分布（Bernoulli distribution）に従う n 回の試行を思い出すと，尤度関数を次式 (4.12) のように表せる．

$$L(\boldsymbol{\beta}) = \Pr(Y_1 = y_1, \ldots, Y_n = y_n|\boldsymbol{X}) = \Pr(Y_1 = y_1|\boldsymbol{X}) \cdots \Pr(Y_n = y_n|\boldsymbol{X}) \tag{4.12}$$

式 (4.10) と式 (4.11) を分けて考えると，次式 (4.13) のようにも表せる．

$$L(\boldsymbol{\beta}) = \prod_{y_i=1} F(\boldsymbol{x}_i\boldsymbol{\beta}) \prod_{y_i=0} \{1 - F(\boldsymbol{x}_i\boldsymbol{\beta})\} \tag{4.13}$$

ただし，$\prod_{y_i=1}$ は $y_i = 1$ となる全ての場合の積であり，$\prod_{y_i=0}$ についても同様である．式 (4.13) を書き換えると

$$L(\boldsymbol{\beta}) = \prod_{i=1}^{n} F(\boldsymbol{x}_i\boldsymbol{\beta})^{y_i} \prod_{i=1}^{n} \{1 - F(\boldsymbol{x}_i\boldsymbol{\beta})\}^{1-y_i} \tag{4.14}$$

と表せる．式 (4.14) の両辺に対数をとると，対数尤度関数を

$$\ell(\boldsymbol{\beta}) = \ln\{L(\boldsymbol{\beta})\} = \sum_{i=1}^{n} \Big\{y_i \ln(F(\boldsymbol{x}_i\boldsymbol{\beta})) + (1 - y_i) \ln\big(1 - F(\boldsymbol{x}_i\boldsymbol{\beta})\big)\Big\} \tag{4.15}$$

と表すことができる．通常，式 (4.15) は非線形であり，解析的に最大化することができないため，数値計算による最大化を行う必要がある[7]．ML 推定値を求めるため，次式 (4.16) のスコア関数を考える．

邦明・藤井聡・山本俊行（2002）『交通行動の分析とモデリング—理論/モデル/調査/応用—』技法堂出版.

7) 訳注：標準ロジスティック分布の F（$= \Lambda$）は解析的に与えられているため，この限りではない．

$$\frac{\partial}{\partial \boldsymbol{\beta}}\ell(\boldsymbol{\beta}) = \sum_{i=1}^{n}\left\{y_i\frac{f_i}{F_i} + (1-y_i)\frac{-f_i}{1-F_i}\right\}\boldsymbol{x}_i \tag{4.16}$$

いま，誤差項の分布が標準ロジスティック分布であるとき，式 (4.16) は次のように表すことができる．

$$\frac{\partial}{\partial \boldsymbol{\beta}}\ell(\boldsymbol{\beta}) = \sum_{i=1}^{n}(y_i - \Lambda_i)\boldsymbol{x}_i \tag{4.17}$$

ただし，$\Lambda_i = \Lambda(\boldsymbol{x}_i\boldsymbol{\beta})$ である．また，このとき，対数尤度関数の第 2 次導関数は，

$$\frac{\partial^2}{\partial \boldsymbol{\beta}\partial \boldsymbol{\beta}'}\ell(\boldsymbol{\beta}) = \sum_{i=1}^{n}\Lambda_i(1-\Lambda_i)\boldsymbol{x}_i\boldsymbol{x}_i' \tag{4.18}$$

と表すことができ，式 (4.18) を用いて信頼区間の推定や仮説検定を行うことができる．

一方，誤差項の分布が標準正規分布であるとき，対数尤度関数は

$$\frac{\partial}{\partial \boldsymbol{\beta}}\ell(\boldsymbol{\beta}) = \sum_{i=0}^{n}\left\{y_i\frac{\phi_i}{\Phi_i} + (1-y_i)\frac{-\phi_i}{1-\Phi_i}\right\}\boldsymbol{x}_i \tag{4.19}$$

となる．ただし，$\phi_i = \phi(\boldsymbol{x}_i\boldsymbol{\beta})$，$\Phi_i = \Phi(\boldsymbol{x}_i\boldsymbol{\beta})$ である．この第 2 次導関数は

$$\frac{\partial^2}{\partial \boldsymbol{\beta}\partial \boldsymbol{\beta}'}\ell(\boldsymbol{\beta}) = \sum_{i=1}^{n}-\kappa_i(\kappa_i + \boldsymbol{x}_i\boldsymbol{\beta})\boldsymbol{x}_i\boldsymbol{x}_i' \tag{4.20}$$

となる．ただし，$\kappa_i = (2y_i - 1)\phi\{(2y_i-1)\boldsymbol{x}_i\boldsymbol{\beta}\}/\Phi\{(2y_i-1)\boldsymbol{x}_i\boldsymbol{\beta}\}$ である．留意すべき点として，ロジットモデルとプロビットモデルにおいては，推定したパラメータを線形回帰モデルと同じように解釈することができないことが挙げられる．二項変数に対する説明変数の限界効果はパラメータ $\boldsymbol{\beta}$ とはならない．一般に，二項選択モデルの限界効果は

$$\frac{\partial \,\mathrm{E}[y_i|\boldsymbol{x}_i]}{\partial x_{ij}} = \frac{\partial \Pr(y_i = 1|\boldsymbol{x}_i)}{\partial x_{ij}} = f(\boldsymbol{x}_i\boldsymbol{\beta})\beta_j \tag{4.21}$$

で与えられる．ロジットモデルの限界効果は，

$$\frac{\partial \mathrm{E}[y_i|\boldsymbol{x}_i]}{\partial x_{ij}} = \frac{\partial \Pr(y_i = 1|\boldsymbol{x}_i)}{\partial x_{ij}} = \Lambda(\boldsymbol{x}_i\boldsymbol{\beta})\{1 - \Lambda(\boldsymbol{x}_i\boldsymbol{\beta})\}\beta_j \tag{4.22}$$

であり，プロビットモデルの限界効果は

$$\frac{\partial \mathrm{E}[y_i|\boldsymbol{x}_i]}{\partial x_{ij}} = \frac{\partial \Pr(y_i = 1|\boldsymbol{x}_i)}{\partial x_{ij}} = \phi(\boldsymbol{x}_i\boldsymbol{\beta})\beta_j \tag{4.23}$$

である．パラメータの仮説検定は，線形回帰モデルと同様の枠組みで行うことができ，t 検定を行うことができる．パラメータの標準誤差は式 (4.18)，(4.20) をもとにした情報行列を用いる．また，ML 推定量の漸近正規性を利用すれば z 検定を行うこともでき，尤度比を用いる各種検定（尤度比検定，Wald 検定，LM 検定など．参照：1.1 節）も行うことができる．モデルの当てはまりを図る指標には，AIC（式 (1.27)）や BIC（式 (1.28)）が用いられる．しかし，被説明変数が二項変数のため，被説明変数の分散を含む R^2 を用いることはできない．

例題 **4.2**　ボルチモア市における高級住宅の価格形成要因

本節で説明した二項選択モデルの例として，米国ボルチモア市における 211 地点で収集された住宅価格に関するデータを用いた分析を示す．このデータは，L. Anselin が整備し，Durbin（1992）によって作成されたデータであり，R 上では，`data(baltimore)` と入力すると読み込むことができる（参照：2.3.5 項）．また，このデータは，住宅の緯度・経度の情報が格納されている空間データであり，空間分布は次ページの図に示すとおりである．

データは緯度経度のほか，次に挙げる属性を含んでいる：住宅価格（`PRICE`），部屋数（`NROOM`），浴室数（`NBATH`），築年数（`AGE`），建築面積（`SQFT`），暖炉，中庭，空調機器，車庫の有無などの質的変数．分析にあたり，住宅価格が $40,000 以上の物件を高級住宅とする二項変数を作成しておく．分析の目的は，`NROOM`，`NBATH`，`AGE`，`SQFT` が高級住宅の価格と有意な関係があるかどうかを調べることである．高級住宅を購入するときの効用を前述の属性で説明することができるかを調べることと言い換えることもできる．モデルにはロジットモデルとプロビットモデルを用いる．パラメータを ML 推定した結果を，

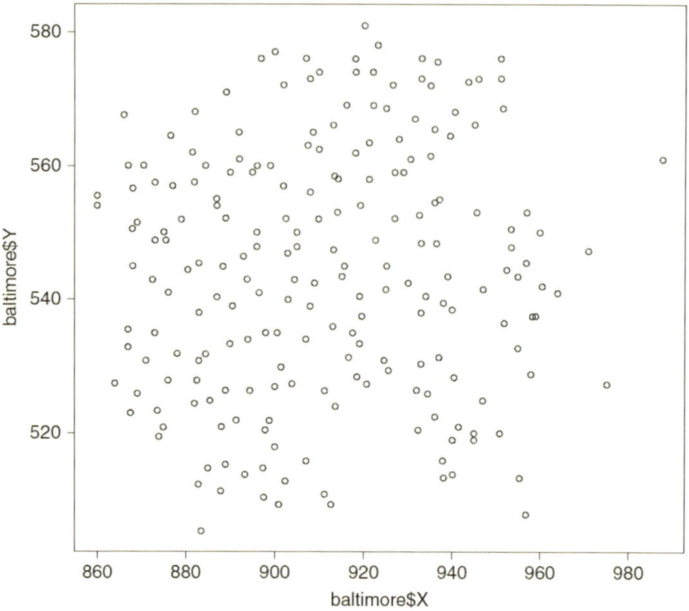

表に示す．

	Logit	Probit
Intercept	−3.7878 (0.00***)	−2.162195 (0.00***)
NROOM	0.52624 (0.02*)	0.252867 (0.048*)
NBATH	0.56735 (0.11)	0.365626 (0.07)
AGE	−0.05183 (0.00***)	−0.021129 (0.00***)
SQFT	0.10725 (0.002**)	0.057961 (0.003**)
AIC	226.63	232.45

Signif. codes: ***: $p < 0.001$; **: $p < 0.01$; *: $p < 0.05$; .: $p < 0.1$.

2つのモデルは明らかに異なる推定値を示しているが，傾向はよく似ていた結果となっている．AGE と SQFT は，高級住宅か否かを区別する上で有意な変数であることが示唆されている．NROOM も次いで有意な変数であることが示唆されているが，NBATH は有意な変数という結果にはならなかった．2つのモデルは，推定値の大きさは異なるが，各パラメータが有意かどうかの検定結果と符号条件は一致している．AIC で両モデルを比較すると，ロジットモデルの方がわずかに小さな値を示す結果となっている．

4.2.3　空間プロビットモデル

4.2.3.1　概　　論

位置情報を持つ二項変数を分析する際は，空間的自己相関を考慮できるように，通常の二項選択モデル（4.2.2 項）を調整することが考えられる．Anselin（2002）は空間ロジットモデルの誤差項は解析的に導出することができず同モデルの推定に困難をともなうと指摘しており，このため，空間計量経済学ではプロビットモデルを用いるのが一般的となっている．一方で，Smirnov（2010）は，空間プロビットモデルは多項選択モデルや多変量モデルへと拡張することが困難であると指摘している．本項では，比較的よく用いられる空間ラグプロビットモデル（次式 (4.24)）を説明する．

$$\boldsymbol{y}^{\bullet} = \lambda \boldsymbol{W}\boldsymbol{y}^{\bullet} + \boldsymbol{Z}\boldsymbol{\beta} + \boldsymbol{u}. \tag{4.24}$$

ここで，$\boldsymbol{y}_i = I(\boldsymbol{y}_i^{\bullet} > 0)$，$\boldsymbol{u}|\boldsymbol{X} \sim \text{i.i.d. } \mathcal{N}(\boldsymbol{0}, \boldsymbol{I})$，$\boldsymbol{W}$ は空間重み行列，$\boldsymbol{y}^{\bullet}$ は $n \times 1$ の連続潜在変数ベクトル，λ は空間ラグパラメータ，$\boldsymbol{y}$ は観測された二項変数ベクトル，$\boldsymbol{Z} = [\boldsymbol{X}, \boldsymbol{W}\boldsymbol{X}]$ は空間ラグ変数を含む説明変数行列である．誤差項の分散は 1 に基準化している．空間ラグモデル（3.5 節）と同様，空間ラグ項 $\boldsymbol{W}\boldsymbol{y}^{\bullet}$ と誤差項 $\boldsymbol{u}$ は相関しているため，式 (4.24) は内生性の問題が生じている．しかし，推定上の問題は内生性だけではない．空間データを用いた分析では，空間効果により不均一分散が生じるため，通常の ML 推定量は一致性も持たなくなる（Case 1995, Pinkse and Slade 1998）．さらに，球面性の仮定を満たさない誤差項の分散共分散行列の非対角項を考慮しない場合，有効性も持たなくなる（Fleming 2004）．式 (4.24) で表したモデルは構造形（structural form）と呼ばれる（Fleming 2004）．$\boldsymbol{W}$ の対角要素がゼロで，$\lambda < 1$ のとき，モデルの誘導形は次のように表せる．

$$\begin{aligned}
\boldsymbol{y}^{\bullet} &= (\boldsymbol{I} - \lambda \boldsymbol{W})^{-1}(\boldsymbol{Z}\boldsymbol{\beta} + \boldsymbol{u}) \\
&= (\boldsymbol{I} - \lambda \boldsymbol{W})^{-1}\boldsymbol{Z}\boldsymbol{\beta} + (\boldsymbol{I} - \lambda \boldsymbol{W})^{-1}\boldsymbol{u} \\
&= \boldsymbol{Z}^{*}\boldsymbol{\beta} + \boldsymbol{\varepsilon}
\end{aligned} \tag{4.25}$$

ここで，$\boldsymbol{\varepsilon} = (\boldsymbol{I} - \lambda\boldsymbol{W})^{-1}\boldsymbol{u}$，$\boldsymbol{\varepsilon} \sim \mathcal{N}(\boldsymbol{0}, \boldsymbol{\Omega})$，$\boldsymbol{Z}^* = (\boldsymbol{I} - \lambda\boldsymbol{W})^{-1}\boldsymbol{Z}$ である．$\boldsymbol{\varepsilon}$ は空間自己回帰過程で表すことができるため，3.5.2 項の結果より，式 (4.25) の誤差項の分散共分散行列は次式のように表すことができる．

$$\mathrm{E}[\boldsymbol{\varepsilon}'\boldsymbol{\varepsilon}] = \boldsymbol{\Omega} = \{(\boldsymbol{I} - \lambda\boldsymbol{W})'(\boldsymbol{I} - \lambda\boldsymbol{W})\}^{-1} \tag{4.26}$$

通常のプロビットモデルにおいて，確率 $\Pr(y_i = 1)$ は積分記号を用いて $\Pr(y_i = 1) = F(z_i\boldsymbol{\beta}) = \int_{-\infty}^{\mu_i} f(\mu)d\mu$，$\mu_i$ は $\boldsymbol{\mu} = (\boldsymbol{I} - \lambda\boldsymbol{W})\boldsymbol{y}^{\bullet} - \boldsymbol{Z\beta}$ の i 番目の要素と表した（式 (4.10)）．確率 $\Pr(y_i = 0)$ も同様である（式 (4.11)）．これらは，各標本における尤度と定義できる．以上と同様にして，空間プロビットモデルにおいても，各標本の尤度を次のように定義する．

$$\begin{aligned}\Pr(y_i = 1|z_i^*, w_{ij}y_i^{\bullet}) &= \Pr(y_i^{\bullet} > 0|z_i^*, w_{ij}y_i^{\bullet}) \\ &= \Pr(z_i^*\boldsymbol{\beta} + \varepsilon_i > 0|z_i^*, w_{ij}y_i^{\bullet}) \\ &= \Pr(-\varepsilon_i \leq z^*\boldsymbol{\beta}|z_i^*, w_{ij}y_i^{\bullet}) \\ &\cong \Phi(z_i^*\boldsymbol{\beta})\end{aligned} \tag{4.27}$$

$\Pr(y_i = 0)$ についても，同様に記述できる．上式 (4.27) における近似は，十分に考慮する必要のある不均一分散を無視した場合である．通常のプロビットモデル（式 (4.10)）から得られる結果を一般化すると，空間プロビットモデルの場合，尤度は次式のように表すことができる．

$$\Pr(y_i = 1|z_i^*, w_{ij}y_i^{\bullet}) = \Phi\left(\frac{z_i^*\boldsymbol{\beta}}{\Omega_{ii}}\right) \tag{4.28}$$

ここで，Ω_{ii} は式 (4.26) に示した分散共分散行列の i 番目の対角要素である．誤差項 $\boldsymbol{u}$ が均一分散でも，$\boldsymbol{u}$ を変換した $\boldsymbol{\varepsilon}$ は不均一分散となる．

通常のプロビットモデルにおいて，標本間の独立を仮定することで周辺確率（marginal probabilities）の積を式 (4.13) の尤度関数のように表すことができる．しかし，空間プロビットモデルにおいては，同じように表すことはできない．このため，尤度を表すためには，各標本における同時確率を評価する必要がある．

$$\Pr(y_1 = 1,\ y_2 = 1,\ \ldots,\ y_n = 1);\ y_i = \{0;\ 1\} \tag{4.29}$$

この確率は，n 重積分を用いて，次式 (4.30) のように表される．

$$\Pr(y_1 = 1,\ y_2 = 1,\ \ldots,\ y_n = 1) = \int_{-\infty}^{\mu_1}\int_{-\infty}^{\mu_2}\cdots\int_{-\infty}^{\mu_n}\phi(\boldsymbol{\mu})d\boldsymbol{\mu} \tag{4.30}$$

ただし，$\phi(\boldsymbol{\mu})$ は次式 (4.31) に示す n 次元正規分布の確率密度関数である．

$$\phi(\boldsymbol{\mu}) = (2\pi)^{-n/2}|\boldsymbol{\Omega}|^{-1/2}\exp\left\{-\frac{1}{2}(\boldsymbol{\mu}'\boldsymbol{\Omega}^{-1}\boldsymbol{\mu})\right\} \tag{4.31}$$

しかし，1 次元正規分布の解析的な解もないため，多次元正規分布の場合はより問題は深刻なものとなる．式 (4.30) に含まれる多重積分は解析的に解くことができないため，数値的に近似した解を求めるほかない．

さらなる問題として，空間的相関の存在は，次式 (4.32) に示す各標本の限界効果の解釈にも影響を及ぼす．

$$\frac{\partial\,\mathrm{E}[\boldsymbol{y}_i|\boldsymbol{z}_i^*, w_{ij}y_j]}{\partial z_{ir}^*} = \phi\left(\frac{\boldsymbol{z}_i^*\boldsymbol{\beta}}{\Omega_{ii}}\right)\frac{\beta_r^*}{\Omega_{ii}} \tag{4.32}$$

ただし，$\beta_r^* = \{(\boldsymbol{I} - \rho\boldsymbol{W})^{-1}\}_{ii}\beta_r$ である．

上述したように，望ましい推定量を得るためには大きな問題が 2 つある．内生性と，誤差項の非球面性（不均一分散と自己相関）である．空間計量経済学において，このモデルの推定法は，尤度に基づく手法とモーメント条件に基づく手法が提案されており，McMillen（1992），Pinkse and Slade（1998），Klier and McMillen（2008）で取り組まれている（Fleming 2004）．ここでは，次の 3 つの推定法を説明する．

(i)　最尤法（ML）
(ii)　一般化モーメント法（GMM）
(iii)　線形化一般化モーメント法（LGMM: Linearized GMM）

ML 推定量は解析的に導出できず，また，数値計算も過大な計算負荷を要する．GMM は，ML 法と比較して計算負荷は小さいが，サンプルサイズの大きいデータを扱う際は同様に計算負荷の問題が生じる．LGMM は，計算負荷と推定精度のトレードオフの問題をともなう．

4.2.3.2　最尤法

通常のプロビットモデルにおいて，ML 推定量は式 (4.15) を最大化することで得られる．ただし，パラメータに対して非線形であるため，数値計算が必要である．空間データを扱う場合，誤差項間が独立であるという仮定は誤りとなるが，この誤った仮定のもとでも，一致性を持つ推定量を尤度関数の最大化より得ることができる．ただし，誤差項の分散共分散行列の非対角項を無視することになるため，この推定量は有効性を持たない．式 (4.15) より，誤差項が正規分布に従うことと，式 (4.24) で表される空間ラグプロビットモデルを考える．空間ラグプロビットモデルの対数尤度関数は次のように表すことができる．

$$\begin{aligned}\ell(\boldsymbol{\beta}, \lambda | \mathbf{Z}, \boldsymbol{W}\boldsymbol{y}^{\bullet}) = &\sum_{i=1}^{n} y_i \ln \Phi\left(\frac{\lambda \sum_{i=1}^{n} w_{ij} y_j^{\bullet} + z_i \boldsymbol{\beta}}{\Omega_{ii}}\right) \\ &+ \sum_{i=1}^{n} (1 - y_i) \ln \Phi\left(1 - \frac{\lambda \sum_{i=1}^{n} w_{ij} y_j^{\bullet} + z_i \boldsymbol{\beta}}{\Omega_{ii}}\right)\end{aligned} \tag{4.33}$$

ここで，$\boldsymbol{y}^{\bullet}$ は観測することができないため，計算可能な尤度関数を空間ラグプロビットモデルの誘導形から導出しておく．式 (4.25) を用いれば，対数尤度関数は次のように書き直すことができる．

$$\ell(\boldsymbol{\beta}, \lambda | \mathbf{Z}, \boldsymbol{W}\boldsymbol{y}^{\bullet}) = \sum_{i=1}^{n} y_i \ln \Phi\left(\frac{\boldsymbol{z}_i^{*} \boldsymbol{\beta}}{\Omega_{ii}}\right) + \sum_{i=1}^{n} (1 - y_i) \ln \Phi\left(1 - \frac{\boldsymbol{z}_i^{*} \boldsymbol{\beta}}{\Omega_{ii}}\right) \tag{4.34}$$

式 (4.34) を数値的に最大化するには大量の計算が必要となる．この式を最大化するために，McMillen（1992）は，EM アルゴリズム（expectation maximization algorithm）を利用する手法を提案している．Dempster et al.（1977）によって初めて導入されたEM アルゴリズムは，E ステップ（expectation step）と M ステップ（maximization step）という 2 つの手順を繰り返す手法である．E ステップでは，設定した初期パラメータのもとで，対数尤度関数の期待値を求める．M ステップでは，E ステップで求めた対数尤度関数を最大化するパラメータを求める．2 つのステップをパラメータが収束するまで繰り返す．EM アルゴリズムで求めたパラメータは，もとの対数尤度関数の ML 推定量と一致することが証明されている．McMillen（1992）は，二項変数を潜在変数の期待値に置き換えることと，潜在変数の期待値を実際の潜在変数であるかのように扱った対数尤度関数を最大化することによって，空間データに適用できるようにEMアルゴリズムを拡張した．式 (4.25) で表した空間ラグプロビットモデルの場合，潜在変数の期待値は次式のように表すことができる．

$$\mathrm{E}[y_i^{\bullet}|y_i = 1] = z_i^*\boldsymbol{\beta} + \mathrm{E}(\varepsilon_i|\varepsilon_i > -z_i^*\boldsymbol{\beta}) = z_i^*\boldsymbol{\beta} + \Omega_{ij}\frac{\phi(z_i^*\boldsymbol{\beta}/\Omega_{ii})}{\Phi(z_i^*\boldsymbol{\beta}/\Omega_{ii})} \tag{4.35}$$

得られた $y_i^{\bullet}$ の期待値は，次式に表す対数尤度関数を最大化するMステップにおいて用いられる．

$$\ell = \mathrm{const.} - \frac{1}{2}\ln|\boldsymbol{\Omega}| - \frac{1}{2}(\boldsymbol{\mu}'\boldsymbol{\mu}) \tag{4.36}$$

ここで，$\boldsymbol{\Omega} = \{(\boldsymbol{I} - \lambda\boldsymbol{W})'(\boldsymbol{I} - \lambda\boldsymbol{W})\}^{-1}$，$\boldsymbol{\mu} = (\boldsymbol{I} - \lambda\boldsymbol{W})\hat{\boldsymbol{y}}^{\bullet} - z_i\boldsymbol{\beta}$，$\hat{\boldsymbol{y}}^{\bullet}$ はEステップで得られた潜在変数の予測値である．

EMアルゴリズムは，2つの大きな問題を抱えている．まず，式 (4.35) で表した分散共分散行列 $\boldsymbol{\Omega}$ が未知であり，推定の必要があることである．McMillen (1992) はこの問題について，プロビットモデルを空間パラメータで条件付けした非線形加重最小二乗法（Amemiya 1985）で推定することを提案している．しかし，この解釈はパラメータにバイアスを生じさせることをのちにFleming (2004) が指摘している．2つ目の問題は，$\boldsymbol{\Omega}$ の行列式を毎回のMステップで求める必要があるため，推定に非常に時間がかかることである．この手法の問題は，計算負荷だけでなく，この行列式の計算は近似式を用いるため，特に n が大きく $\boldsymbol{W}$ が密なとき，計算精度が悪くなることも指摘されている．

4.2.3.3　一般化モーメント法

空間二項選択モデルのML法以外の推定法に，Pinkse and Slade（1998）が提案した不均一分散を持つ空間誤差プロビットモデルのGMMがある．

次の潜在変数モデルを考える．

$$\boldsymbol{y}^{\bullet} = \boldsymbol{Z\beta} + \boldsymbol{u} \tag{4.37}$$

$$\boldsymbol{u} = \rho\boldsymbol{Wu} + \boldsymbol{\varepsilon} \tag{4.38}$$

ここで，$\boldsymbol{\varepsilon}|\boldsymbol{Z} \sim \text{i.i.d.}\ \mathcal{N}(\boldsymbol{0}, \sigma_{\varepsilon}^2\boldsymbol{I})$ である．式 (4.24) と同様に，式 (4.37)，(4.38) の

誘導形は次式のように表せる．

$$\boldsymbol{y}^{\bullet} = \boldsymbol{Z}\boldsymbol{\beta} + (\boldsymbol{I} - \rho\boldsymbol{W}\boldsymbol{y})^{-1}\boldsymbol{\varepsilon} \tag{4.39}$$

ただし，$\boldsymbol{u} \sim \mathcal{N}(\boldsymbol{0}, \boldsymbol{\Omega})$（3.4節），$\boldsymbol{\Omega} = \{(\boldsymbol{I}-\rho\boldsymbol{W})'(\boldsymbol{I}-\rho\boldsymbol{W})\}^{-1}$（式(3.15)）である．式(4.15)を用いると，空間誤差プロビットモデルの対数尤度関数は次式のように表せる．

$$\ell(\boldsymbol{\beta}, \rho) = \ln\{L(\boldsymbol{\beta}, \rho)\} = \sum_{i=1}^{n} \{y_i \ln F(z_i\boldsymbol{\beta}) + (1 - y_i)\ln(1 - F(z_i\boldsymbol{\beta}))\} \tag{4.40}$$

ここで，Fが正規分布の場合，式(4.28)を用いて対数尤度関数を次式のように書き直すことができる．

$$\ell(\boldsymbol{\beta}, \rho|\mathbf{Z}, \boldsymbol{W}\boldsymbol{y}^{\bullet}) = \sum_{i=1}^{n} y_i \ln\Phi\left(\frac{z_i\boldsymbol{\beta}}{\Omega_{ii}}\right) + \sum_{i=1}^{n} y_i(1 - y_i)\ln\Phi\left(1 - \frac{z_i\boldsymbol{\beta}}{\Omega_{ii}}\right) \tag{4.41}$$

ここでは伝統的な表記が意味を持たないため，プロビットモデルにおける一般化誤差（generalized error）を次のように定義する．

$$\tilde{u}_i(\boldsymbol{\theta}) = \left\{y_i - \Phi\left(\frac{z_i\boldsymbol{\beta}}{\Omega_{ii}}\right)\right\} \frac{\phi\left(\frac{z_i\boldsymbol{\beta}}{\Omega_{ii}}\right)}{\Phi\left(\frac{z_i\boldsymbol{\beta}}{\Omega_{ii}}\right)\left\{1 - \Phi\left(\frac{z_i\boldsymbol{\beta}}{\Omega_{ii}}\right)\right\}} \tag{4.42}$$

さらに，k本の操作変数$\boldsymbol{H}(n \times k)$を導入しておく．この操作変数は外生変数であり，次のモーメント条件を満たす．

$$\mathrm{E}[\boldsymbol{H}'\tilde{\boldsymbol{u}}] = \boldsymbol{0}, \tag{4.43}$$

上式を標本iについて書き改めると

$$\mathrm{E}\left[\boldsymbol{h}_i \frac{\left\{y_i - \Phi\left(\frac{z_i\boldsymbol{\beta}}{\Omega_{ii}}\right)\right\}\phi\left(\frac{z_i\boldsymbol{\beta}}{\Omega_{ii}}\right)}{\Phi\left(\frac{z_i\boldsymbol{\beta}}{\Omega_{ii}}\right)\left\{1 - \Phi\left(\frac{z_i\boldsymbol{\beta}}{\Omega_{ii}}\right)\right\}}\right] = \boldsymbol{0} \tag{4.44}$$

である．ただし，$\boldsymbol{h}_i$は$\boldsymbol{H}$のi行目のベクトルを表す．そして，式(4.44)を用いて，次式に表す条件を考える．

$$\boldsymbol{m}(\boldsymbol{\beta},\rho)=\frac{1}{n}\sum_{i=1}^{n}\boldsymbol{h}_i\frac{\left\{y_i-\Phi\left(\frac{z_i\boldsymbol{\beta}}{\Omega_{ii}}\right)\right\}\phi\left(\frac{z_i\boldsymbol{\beta}}{\Omega_{ii}}\right)}{\Phi\left(\frac{z_i\boldsymbol{\beta}}{\Omega_{ii}}\right)\left\{1-\Phi\left(\frac{z_i\boldsymbol{\beta}}{\Omega_{ii}}\right)\right\}} \tag{4.45}$$

GMM においては，モーメント条件の数は，推定されるパラメータの数より大きくなる．この結果，推定量は次式に表す最小化問題の解として与えられる．

$$\min \boldsymbol{m}'(\boldsymbol{\beta},\rho)\boldsymbol{M}\boldsymbol{m}(\boldsymbol{\beta},\rho) \tag{4.46}$$

ただし，$\boldsymbol{M}$ は各標本モーメント $\boldsymbol{m}(\boldsymbol{\beta},\rho)$ の重みを表す加重行列で，正定値行列である．Pinkse and Slade（1988）は，この GMM 推定量が一致性と漸近正規性を持つことの証明と，Newey and West（1987）の頑健な手法を援用した推定量の分散共分散行列の導出を行っている．

GMM 推定量は ML 法と比較して，2 つの大きな利点を有している．1 つ目は，誤差項に正規性を仮定する必要がないことである．2 つ目は，$n\times n$ の行列の行列式と逆行列を計算する必要がないことである．ただし，式 (4.46) は解析的に解くことができず，GMM 推定もまた最小化問題を数値的に解く必要がある．この手順では，分散共分散行列 $\boldsymbol{\Omega}$ を各 ρ に対して評価する必要があり，$\boldsymbol{\Omega}$ が複雑なため，計算負荷が高くなる．

4.2.3.4　線形化一般化モーメント法

ML 推定と GMM 推定は過大な計算負荷がかかるという問題を持つ．この対処として，近年，Klier and McMillen（2008）は，$n\times n$ 行列の逆行列計算を行わない，GMM 推定（Pinkse and Slade 1998）の線形化手法を提案した．Klier and McMillen（2008）は，Pinkse and Slade（1998）で議論されていたプロビットモデルではなく，ロジットモデルを対象としている．著者らは，誤差項の空間的な依存関係は一般に未知であるため，空間モデルは常に近似をともなっているという考えから方法論を構築した．彼らは，近似式を用いて非線形モデルを線形化することを提案している．以下では線形化 GMM 推定の手順を説明する．

次の空間ロジットモデルを考える．

$$\boldsymbol{y}^{\bullet} = \lambda \boldsymbol{W}\boldsymbol{y}^{\bullet} + \boldsymbol{Z}\boldsymbol{\beta} + \boldsymbol{u} \tag{4.47}$$

ここで，$\boldsymbol{u}|\boldsymbol{Z}$ は i.i.d. で，期待値 $\boldsymbol{0}$，分散 $\sigma_u^2\boldsymbol{I}$ のロジスティック分布に従う．また，誘導形は式 (4.25) のように，次式で表すことができる．

$$\boldsymbol{y}^{\bullet} = (\boldsymbol{I} - \lambda\boldsymbol{W})^{-1}(\boldsymbol{Z}\boldsymbol{\beta} + \boldsymbol{u}) = (\boldsymbol{I} - \lambda\boldsymbol{W})^{-1}\boldsymbol{Z}\boldsymbol{\beta} + (\boldsymbol{I} - \lambda\boldsymbol{W})^{-1}\boldsymbol{u} = \boldsymbol{Z}^{*}\boldsymbol{\beta} + \boldsymbol{\varepsilon} \tag{4.48}$$

式 (4.48) において，変換した誤差項は均一分散にならない．ここで，不均一分散を $\mathrm{Var}[\varepsilon_i] = \sigma_i^2$，分散共分散行列を $\mathrm{Var}[\boldsymbol{\varepsilon}] = \hat{\boldsymbol{\Sigma}}'\hat{\boldsymbol{\Sigma}}$ と表す．$\hat{\boldsymbol{\Sigma}}$ は対角行列で，次式で表すことができる．

$$\hat{\boldsymbol{\Sigma}} = \begin{bmatrix} \sigma_1 & 0 & \cdots & 0 \\ 0 & \sigma_2 & \cdots & \vdots \\ \vdots & \vdots & \ddots & \vdots \\ 0 & \cdots & \cdots & \sigma_n \end{bmatrix} \tag{4.49}$$

さて，$y_i = 1$ となる確率を次式で定義する．

$$P_i = \Pr(y_i = 1) = \frac{\exp(z_i^{**}\boldsymbol{\beta})}{1 + \exp(z_i^{**}\boldsymbol{\beta})} \tag{4.50}$$

ここで，誤差項はロジスティック分布に従うことを仮定している．$\boldsymbol{Z}^{**}$ は式 (4.25) における $\boldsymbol{Z}^{*}$（$= (\boldsymbol{I} - \lambda\boldsymbol{W})^{-1}\boldsymbol{Z}$）を不均一分散で基準化（$z_i^{**} = \boldsymbol{Z}_i/\hat{\boldsymbol{\Sigma}}_{ii}$）した変数である．

この設定のもとで，一般化ロジット残差（generalized logit residuals）を次式のように単純な形式で定義する．

$$\tilde{u}_i = y_i - P_i \tag{4.51}$$

Klier and McMillen（2008）の線形化 GMM 推定は，次の手順に分けられる．

手順 1：パラメータ $\boldsymbol{\delta} = [\boldsymbol{\beta}, \lambda]'$ の初期値 $\boldsymbol{\delta}_0 = [\boldsymbol{\beta}_0, \lambda_0]'$ を設定する[8]．

---

8) 訳注：初期値では $\lambda_0 = 0$ であり，$\boldsymbol{\beta}_0$ は通常のロジットモデルの推定値を用いる．

手順 2：初期値を式 (4.50) に代入し，式 (4.51) の一般化ロジット残差の初期値 $\tilde{u}_i^0 = y_i - P_{i0}$ を計算する．

手順 3：次式で定義する勾配ベクトルを計算する．

$$\boldsymbol{G}_0 = \frac{\partial \boldsymbol{P}_0}{\partial \boldsymbol{\delta}_0}$$

手順 4：手順 3 で計算した $\boldsymbol{G}_{\delta_0}$ を次式で定義する操作変数 $\boldsymbol{H}$ に回帰し，勾配ベクトルの予測値 $\hat{\boldsymbol{G}}_{\delta_0}$ を得る．

$$\boldsymbol{H} = (\boldsymbol{I} - \lambda \boldsymbol{W})^{-1} \boldsymbol{W} \boldsymbol{Z}^{**}$$

手順 5：次式を用いて，パラメータを更新する．

$$\boldsymbol{\delta}_1 = \boldsymbol{\delta}_0 + (\hat{\boldsymbol{G}}_0' \hat{\boldsymbol{G}}_0)^{-1} \hat{\boldsymbol{G}}_0' \tilde{\boldsymbol{u}}^0$$

Klier and McMillen（2008）は，$\boldsymbol{\beta}$ と λ の勾配ベクトルを次式のように明示している．

$$\boldsymbol{G}_{\beta_i} = P_i(1 - P_i) z_i^{**} \tag{4.52}$$

$$\boldsymbol{G}_{\lambda_i} = P_i(1 - P_i) \left(\boldsymbol{h}_i \boldsymbol{\beta} - \frac{z_i^{**} \boldsymbol{\beta}}{\sigma_i^2} \Xi_{ii} \right) \tag{4.53}$$

ただし，Ξ_{ii} は，$\boldsymbol{\Xi} = (\boldsymbol{I} - \lambda \boldsymbol{W})^{-1} \boldsymbol{W} (\boldsymbol{I} - \lambda \boldsymbol{W})^{-1} (\boldsymbol{I} - \lambda \boldsymbol{W})^{-1}$ の i 番目の対角要素である．

上述した GMM 推定は，各手順で逆行列 $(\boldsymbol{I} - \lambda \boldsymbol{W})^{-1}$ を繰り返し計算する必要があるため，計算負荷はいまだに大きいままである．この理由として，Klier and McMillen（2008）は，λ の初期値を $\lambda_0 = 0$ としてモデルを線形化する方法を提案した．このとき，$(\boldsymbol{I} - \lambda_0 \boldsymbol{W}) = \boldsymbol{I}$ となり，逆行列の計算が不要になる．さらに，勾配ベクトルもより単純な形で記述可能になる．パラメータの初期値 $\boldsymbol{\delta}_0 = [\boldsymbol{\beta}_0, \lambda_0]'$ のときの，一般化ロジット残差を展開すると，展開式の第 1 項までは次式のように表すことができる．

$$\tilde{\boldsymbol{u}}_i \cong \tilde{\boldsymbol{u}}_i^0 - \boldsymbol{G}(\boldsymbol{\delta} - \boldsymbol{\delta}_0) \tag{4.54}$$

ここで，右辺を次のように定義する．

$$\boldsymbol{v}_i = \tilde{\boldsymbol{u}}_i^0 + \boldsymbol{G}\boldsymbol{\delta}_0 - \boldsymbol{G}\boldsymbol{\delta} \tag{4.55}$$

$\boldsymbol{M} = (\boldsymbol{H}'\boldsymbol{H})^{-1}$ とおけば，最小化する目的関数は

$$\boldsymbol{v}'\boldsymbol{H}(\boldsymbol{H}'\boldsymbol{H})\boldsymbol{H}'\boldsymbol{v} \tag{4.56}$$

となる．このようにして，逆行列の計算を不要とし，通常のロジットモデルの二段階最小二乗推定に落とし込むことができる．

モデルの真の構造が式 (4.47)，(4.48) である場合，λ が小さい限りにおいて，Klier and McMillen（2008）の線形化 GMM 推定は精度の良い推定値を与える．$\lambda < 0.5$ であれば推定値はバイアスを持たないが，$\lambda > 0.5$ のとき上方バイアスを持つ．一般に，線形化したモデルは，計算負荷を低減する代償として有効性を持たなくなるが，この推定法はパラメータの良い近似値を与えることが知られている．

4.2.3.5　計算負荷

二項選択モデルにおいて，計算を効率的に行う必要性は，大規模計算が可能となった現段階（第5章）においても，いまだ重要であると認識されている．計算負荷を低減させるために，LeSage and Pace（2009）は，マルコフ連鎖モンテカルロ（MCMC: Markov chain Monte Carlo）法などのベイズ推定の利用を提案している．彼らは，説明変数を2つ持つ空間プロビットモデルにギブスサンプラーを利用した推定でさえ，相当な計算負荷がかかることを指摘している．LeSage and Pace（2009）はまた，サンプルサイズが400で，1,200回の計算を m 回繰り返すシミュレーション実験において，$m = 10$ では20分，$m = 2$ では5分の計算時間を要したと報告している．計算時間は，サンプルサイズに比例して増加する．たとえば，サンプルサイズが10,000であれば，計算時間は8時間49分まで膨れ上がる．計算時間は m に比例して小さくなるが，精度を犠牲にして，$m = 1$ としたときの計算時間でさえ，1時間21分を要する．$n \times n$ の空間重み行列の逆行列の問題は避けることができないため，この方法は，サンプルサイズが小さい場合に限って有効となる．Beron and Vijverberg（2004）

は n 重積分を評価するために GHK シミュレータと呼ばれる方法を利用することを提案している．しかし，計算負荷を劇的に解消するまでには至っていない．Wang et al.（2013）は部分二変量尤度（partial bivariate likelihood）の利用を提案している．この手法については，5.4 節で後述しよう．

4.2.3.6 空間離散選択モデル

計量経済学においては，本節でも紹介した単純な二項選択モデルのほかにも，二変量プロビット／ロジットモデル，多変量プロビット／ロジットモデル，順序プロビット／ロジットモデル，切断モデル，打ち切りモデル，サンプル・セレクションモデル，計数モデル，生存時間モデルなどさまざまな離散選択モデルが存在する（Greene 2011）．これらモデルのいくつかは，空間効果を考慮したモデルへと拡張が進められているが（たとえば，Wang and Kockelman 2009），いまだ未開拓領域が多く残されているのが現状である．

例題 4.3　ボルチモア市における高級住宅の価格形成要因（続）

ここでは，例題 4.2 と同じ設定で，高級住宅かどうかの区別を空間効果がどれほど説明しうるかを分析する．4.2.3 項で取り上げた ML 法，GMM，線形化 GMM により空間プロビットモデルを推定した結果を次ページの表に示す．なお，すべての推定法において，空間重み行列は，閾値（地点間距離が 22）以下の距離を要素とし，行基準化した行列とする．比較のために，例題 4.2 で推定した通常のプロビットモデルの ML 推定結果も合わせて示す．空間ラグパラメータ λ は潜在変数間における空間効果を示す．

推定法にかかわらず，λ は 1% 水準で有意となった．4 つのモデルを比較すると，共通して `AGE` は有意となっているが，`NROOM` や `SQFT` は，空間モデルでは有意とならない場合がある．これは，潜在変数間の空間効果によって変数の効果が説明されていると解釈できる．

	A-spatial Probit	Spatial Probit (ML)	Spatial Probit (GMM)	Spatial Probit (linearized GMM)
Intercept	−2.1622	−1.0262	−0.9976	−1.7309
	(0.00***)	(0.09 .)	(0.04*)	(0.002***)
NROOM	0.252867	0.2196	0.1826	0.2243
	(0.048*)	(0.22)	(0.17)	(0.049*)
NBATH	0.3656	−0.0695	0.0159	0.2170
	(0.07)	(0.78)	(0.94)	(0.28)
AGE	−0.0211	−0.0236	−0.0204	−0.0144
	(0.00***)	(0.00***)	(0.01*)	(0.03*)
SQFT	0.0580	0.0446	0.0404	0.0410
	(0.003**)	(0.08 .)	(0.03*)	(0.049*)
λ		0.8164	0.7840	1.0430
		(0.00***)	(0.00***)	(0.00***)

Signif. codes: ***: $p < 0.001$; **: $p < 0.01$; *: $p < 0.05$; .: $p < 0.1$.

4.3 空間パネルデータモデル

4.3.1 概　説

空間パネルデータ（spatial panels）は，空間と時間の情報を持つパネルデータのことである．パネルデータモデル（panel data models）は，個人に関するデータも含めさまざまなデータベースが利用可能になったことにともなって，幅広い分野で用いられるようになった．データベースの例として，たとえば，国や行政区域を空間単位として継続調査されている統計データ，定期的に行われる国勢調査，複数時点で繰り返し観測されたさまざまな現象，などである．ここでまず，次式で表される通常のパネルデータモデル（a-spatial panel data models）を考える．

$$y_{it} = \alpha + \boldsymbol{x}_{it}\boldsymbol{\beta} + \varepsilon_{it} \tag{4.57}$$

ここで，$i = 1, \ldots, n$ は個体[9]の数，$t = 1, \ldots, T$ は時点を表すインデックスである．また，$\boldsymbol{x}_{it}$ は個体 i，時点 t における非確率的な説明変数[10]，$\boldsymbol{\varepsilon}_{it}$ は $\boldsymbol{\varepsilon}|\boldsymbol{X} \sim$

9) 訳注：本書において，「個体」は群，国，地域などの地理空間的範囲を持つ個体を想定している．
10) 訳注：$\boldsymbol{x}_{it}$: 個体 i，時点 t における $1 \times k$ のベクトル，k: 定数項を含まない説明変数の数．

i.i.d. $\mathcal{N}(\mathbf{0}, \sigma_\varepsilon^2 \boldsymbol{I})$ な，個体 i，時点 t における誤差項，α と $\boldsymbol{\beta}$ は係数パラメータである．第 1 章で述べたクロスセクションデータのモデルと異なり，後述する理由により本節では定数項 α を説明変数と分けて表記する．パネルデータにはさまざまな種類がある．n が特に大きく T が小さい場合（たとえば，マイクロデータを用いる場合）はショートパネル（short panels），T が n と比較して大きい場合（たとえば，金融データやマクロ経済データを用いる場合）はロングパネル（long panels）やプールした時系列データ（pooled time series data），n と T のバランスがとれたパネル（balanced panels）などに区別される．典型的な空間パネルデータは，個体数が大きく時点数が小さいデータであり，たとえば，世界の国数や国の地域数を空間単位とするクロスセクションデータを繰り返し観測したデータである．2 次元情報を持つパネルデータのモデル化手法は，1 次元情報のクロスセクションデータや時系列データと比べて豊富に用意されている．特に，パネルデータモデルは，個体特有で時間不変の特性である観測できない異質性（unobserved heterogeneity）を考慮可能という利点を有している．観測できない異質性を無視した場合，パラメータの推定量は不偏性，有効性を持たなくなる可能性がある．このことについて，次項で説明する．

4.3.2 観測できない異質性と個体固有の誤差要素

各個体の観測できない異質性をモデル化するため，まず誤差項を 2 つの要素に分解する．このモデルは，unobserved effects モデルと呼ばれ，次式で表される．

$$y_{it} = \alpha + \boldsymbol{x}_{it}\boldsymbol{\beta} + u_{it} = \alpha + \boldsymbol{x}_{it}\boldsymbol{\beta} + (\mu_i + \varepsilon_{it}) \tag{4.58}$$

上式では，誤差項 u_{it} を 2 つの要素に分解している．1 つ目の要素 μ_i は，i における個体固有の誤差要素（individual error component）である．2 つ目の項 ε_{it} は，その他の誤差要素（idiosyncratic error component）であり，説明変数と個体固有の誤差要素とはいずれも無相関であることを仮定する[11]．モデル（式

[11] 訳注：時点固有の誤差要素を含めて，誤差項を 3 つの要素に分解することも考えられるが，本書では取り扱っていない．3 つの要素に分けた場合の詳細は，次の文献が参考になる．Elhorst, J. P. (2010) Spatial panel data models, In *Handbook of Applied Spatial Analysis* (Eds.: Fischer, M. M. and

(4.58)）の推定法の選択は，個体固有の誤差要素にどのような仮定をおくかに依存する．個体固有の誤差要素と説明変数が相関していると仮定する場合，無相関（独立）と仮定する場合の2つが考えられる．まず，個体固有の誤差要素と説明変数が相関していると仮定した場合，$\boldsymbol{\beta}$ の OLS 推定量は一致性を持たなくなり，μ_i は n 個の定数項となる．この場合のモデルは，固定効果（fixed effects）モデル，within モデル，LSDV（least squares dummy variable）モデルと呼ばれる．このモデルのパラメータは，$\boldsymbol{\beta}$ の一致推定量を得られるように被説明変数と説明変数を変換したうえで，OLS 法によって得られる（Baltagi 2008）．一方，個体固有の誤差要素が説明変数と無相関の場合，μ_i はランダム効果（random effects）と呼ばれる．この場合，2つの誤差要素に分解する前の誤差項 u_{it} も説明変数と無相関であるため，OLS 推定量は一致推定量となる．しかし，この誤差項間は相関するため，OLS 推定量は有効推定量とはならない．有効推定量を得るには，2つの誤差要素の分散をそれぞれ推定し，実行可能な GLS 推定を行う．個体固有の誤差要素が全個体で一定と仮定する場合，プールド OLS（pooled OLS）法と呼ばれる手法が $\boldsymbol{\beta}$ の有効推定量を与える．このときのモデルは，プーリング（pooling）モデルと呼ばれる．この用語は，モデルに関連したというよりは，誤差要素の特性と推定法に基づいた呼称である．パネルデータモデルにおいて，空間ラグ型や空間誤差型の固定効果モデルとランダム効果モデルが近年研究されている（Lee and Yu 2011）．次項では，この両モデルの推定法に関して説明する．

例題 4.4　公共資本の生産性に関する Munnell モデル

公共資本の生産性に関する Munnell（1990）のモデルは，アラスカ州，ハワイ州，ワシントン D.C. を除く米国 48 州（例題 3.2 における図を参照）における，1970 年から 1986 年までの国内総生産（GDP: gross domestic product）を説明するモデルである．生産関数に含んだ説明変数は，道路や水道などの公共資本（pcap: public capital），私的資本（pc: private capital），雇用（emp: employment）であり，非雇用率（unemp: unemployment rate）を就業サイクルの代理変数とし

Getis, A.), 377–407, Springer-Berlin; Heidelberg, Dordrecht, London, New York.

て追加した4つの変数である．モデルは次式で表すことができる．

$$\ln(\mathrm{GDP}_{it}) = \alpha + \beta_1 \ln(\mathrm{pcap}_{it}) + \beta_2 \ln(\mathrm{pc}_{it}) + \beta_3 \ln(\mathrm{emp}_{it}) + \beta_4(\mathrm{unemp}_{it}) + \varepsilon_{it}$$

この例では，全データのうち1970年から1974年までの一部のデータを用いて分析を行う．簡潔さを重視し，データセットを示すことは省略する．個体固有の誤差要素がないと仮定しデータをプールした上で，Munnell（1990）が提案したモデルのOLS推定を行う．推定の結果は下表のとおりである．

	Estimate	Standard Error	t-value	p-value
Intercept	1.2054	0.1151	10.47	0.00***
log(pcap)	0.2140	0.0355	6.03	0.00***
log(pc)	0.3421	0.0213	16.07	0.00***
log(emp)	0.5114	0.0262	19.55	0.00***
unemp	0.0119	0.0047	2.52	0.012*

Signif. codes: ***: $p < 0.001$; **: $p < 0.01$; *: $p < 0.05$; .: $p < 0.1$.

ここで，定数項と全説明変数は有意という結果が得られている．しかし，Baltagi and Pinnoi（1995）が述べたように，観測できない異質性がある場合，プールドOLS推定量は有効性を持たず，ランダム効果モデルがより良い推定量を与える可能性がある．ランダム効果モデルを推定した結果は下表のとおりである．

	Estimate	Standard Error	t-value	p-value
Intercept	1.6795	0.1961	8.56	0.00***
log(pcap)	0.0947	0.0526	1.80	0.07 .
log(pc)	0.3411	0.0424	8.04	0.00***
log(emp)	0.6272	0.0377	16.62	0.00***
unemp	−0.0100	0.0027	−3.74	0.00***
variance component	17.5966	4.2466	4.14	0.00***

Signif. codes: ***: $p < 0.001$; **: $p < 0.01$; *: $p < 0.05$; .: $p < 0.1$.

表より，pcapの有意性は疑いを持たれる結果となった．また，個体固有の誤差要素を考慮すると，pcapが有意でなくなることがわかる（Baltagi 2008, Example 3）．

4.3.3 空間を考慮したランダム効果モデル

ランダム効果モデルにおいて，観測できない個体固有の効果（individual effects）は説明変数と無相関であることが仮定される．この仮定により，個体固有の効果を誤差要素として安全に扱うことが可能となる（Wooldridge 2002）．ここでは，空間誤差型ランダム効果モデル（SEM-RE: spatial error model with random effects）と，KKPモデル（KKPは，このモデルを提案した論文Kapoor, Kelejian and Prucha（2007）の著者らの頭文字に由来している）を考える．以下では，2つのモデルについてそれぞれ説明する．

4.3.3.1 空間誤差型ランダム効果モデル

まず，個体固有の誤差要素 μ_i が $\mu_i \sim$ i.i.d. $\mathcal{N}(0, \sigma_\mu^2)$ であることと，その他の誤差要素 ε_{it} が各時点 $t = 1, \ldots, T$ において次式に示す空間誤差モデルに従うことを仮定する．

$$\boldsymbol{\varepsilon}_t = \rho \boldsymbol{W} \boldsymbol{\varepsilon}_t + \boldsymbol{\eta}_t \tag{4.59}$$

上式は，3.4節のように，$\boldsymbol{\varepsilon}_t = (\boldsymbol{I} - \rho \boldsymbol{W})^{-1} \boldsymbol{\eta}_t$ と表すこともできる[12)]．ここで，クロネッカー積（Kronecker product）「⊗」を導入しておく．クロネッカー積は，たとえば，

$$\boldsymbol{A} = \begin{bmatrix} a_{11} & a_{12} \\ a_{21} & a_{22} \end{bmatrix}, \ \boldsymbol{C} = \begin{bmatrix} c_{11} & c_{12} \\ c_{21} & c_{22} \end{bmatrix}$$

としたとき，

$$\boldsymbol{A} \otimes \boldsymbol{C} = \begin{bmatrix} a_{11}\boldsymbol{C} & a_{12}\boldsymbol{C} \\ a_{21}\boldsymbol{C} & a_{22}\boldsymbol{C} \end{bmatrix} = \begin{bmatrix} a_{11}c_{11} & a_{11}c_{12} & a_{12}c_{11} & a_{12}c_{12} \\ a_{11}c_{21} & a_{11}c_{22} & a_{12}c_{21} & a_{12}c_{22} \\ a_{21}c_{11} & a_{21}c_{12} & a_{22}c_{11} & a_{22}c_{12} \\ a_{21}c_{21} & a_{21}c_{22} & a_{22}c_{21} & a_{22}c_{22} \end{bmatrix}$$

とする演算子である．また，以降の表記を簡略化するために，$\boldsymbol{B} = (\boldsymbol{I}_n - \rho \boldsymbol{W})$

---

12) 訳注：$\boldsymbol{\varepsilon}_t = [\varepsilon_{1t}, \ldots, \varepsilon_{nt}]'$, $\boldsymbol{\eta}_t = [\eta_{1t}, \ldots, \eta_{nt}]'$, $t = 1, \ldots, T$ である．

としておく．ただし，$\boldsymbol{I}_n$ は $n \times n$ の単位行列，ρ は空間誤差パラメータ，$\boldsymbol{W}$ は $n \times n$ の空間重み行列である．これらを用いると，その他の誤差要素を次のように表すことができる．

$$\boldsymbol{\varepsilon} = \left(\boldsymbol{I}_T \otimes \boldsymbol{B}^{-1}\right)\boldsymbol{\eta} \tag{4.60}$$

ただし，$\boldsymbol{\eta}$ は $\eta_{it} \sim$ i.i.d. $\mathcal{N}(0, \sigma_{\eta}^2)$ で，$nT \times 1$ の誤差項ベクトルである．そして，分解前の誤差項 u_{it}（$= \mu_i + \varepsilon_{it}$）は次のように表すことができる．

$$\boldsymbol{u} = (\boldsymbol{i}_T \otimes \boldsymbol{I}_n)\,\boldsymbol{u} + \left(\boldsymbol{I}_T \otimes \boldsymbol{B}^{-1}\right)\boldsymbol{\eta} \tag{4.61}$$

ただし，$\boldsymbol{i}_T$ は全要素を 1 とする $T \times 1$ のベクトルである．$\boldsymbol{u}$ の分散共分散行列は，いくつかの簡単な代数により，次のように表すことができる．

$$\boldsymbol{\Omega}_{\boldsymbol{u},\mathrm{SEM-RE}} = \sigma_{\mu}^2\,(\boldsymbol{J}_T \otimes \boldsymbol{I}_n) + \sigma_{\eta}^2(\boldsymbol{I}_T \otimes (\boldsymbol{B}'\boldsymbol{B})^{-1}) \tag{4.62}$$

ただし，$\boldsymbol{J}_T = \boldsymbol{i}_T\boldsymbol{i}_T'$ である．上式を用いて，尤度関数を導出でき，推定や仮説検定を行うことができる．詳しくは 4.3.5.1 目を参照されたい．

4.3.3.2　KKP モデル

空間自己回帰過程の対象として，空間誤差型ランガム効果モデルはその他の誤差要素のみを考えるが，KKP モデルは分解前の誤差項，つまり個体固有の誤差要素とその他の誤差要素の両方を考える．2 つのデータ生成過程（data-generating processed）は類似しているが，分散共分散行列が異なるため，別の空間波及構造（spatial spillover mechanisms）を考えていることになる．この場合，分解前の誤差項 $\boldsymbol{u}$ は次のように表すことができる．

$$\boldsymbol{u} = \rho\,(\boldsymbol{I}_T \otimes \boldsymbol{W})\,\boldsymbol{u} + \boldsymbol{\eta} \tag{4.63}$$

分解前の誤差項 u_{it}（$= \mu_i + \varepsilon_{it}$）の分散共分散行列は次のように表すことができる．

$$\boldsymbol{\Omega}_{\boldsymbol{u},\mathrm{KKP}} = \left(\boldsymbol{I}_T \otimes \boldsymbol{B}^{-1}\right)\boldsymbol{\Omega}_{\eta}\left(\boldsymbol{I}_T \otimes \boldsymbol{B}^{-1}\right) \tag{4.64}$$

ただし，$\boldsymbol{\Omega}_{\eta} = \sigma_{\eta}^2\boldsymbol{J}_T + \sigma_{\eta}^2(\boldsymbol{I}_T \otimes \boldsymbol{I}_n)$ は誤差項の要素がその他の誤差要素のみ場

合の分散共分散行列である．Baltagi et al.（2013）が述べているように，空間誤差型ランダム効果モデルとKKPモデルの経済的意味合いは大きく異なる．SEM-REでは時間可変な誤差要素（その他の誤差要素）のみが空間的な影響を持つのに対して，KKPモデルでは全時点で一定的な個体固有の誤差要素も空間的な影響を持つ．

4.3.4　空間を考慮した固定効果モデル

4.3.2項で述べたように，個体固有の誤差要素が説明変数と無相関と仮定できる場合，モデルはGLS推定が有用となる．一方で，無相関を仮定できない場合，GLS推定量は一致性を持たないという問題が生じ，他の推定法を考える必要がある．固定効果モデルは，個体固有の誤差要素を推定する方法（within推定法）か，あるいは，時間平均調整（time-demeaning）（Wooldridge 2002）と呼ばれるデータの平均成分を除却する操作を経てパラメータを推定する方法（between推定法）の2つが挙げられる．統計的標本抽出の観点から見ると，ランダム効果法は無限母集団からの抽出と解釈されるため，国や地域など固定された個体を対象とする空間計量経済学的手法の必要性を失わせることになると，Elhorst（2009）は指摘している．この問題については，古くはMundlak（1978）にさかのぼり，Wooldridge（2002）などでも言及されている．このため，近年の空間計量経済学では，個体固有の誤差要素がランダム効果であるとした場合の統計的性質を探る研究が進められている．ところで，個体固有の誤差要素が説明変数と無相関であるかは分析方法に明確な違いを生むため，その区別は実証分析においては重要となる．Hausman検定（Hausman 1978）は個体固有の誤差要素と説明変数の無相関を検定する標準的な手法として知られている．検定の結果は，無相関であればランダム効果モデルを支持することになる．Lee and Yu（2012）はHausman検定の空間を考慮したパネルデータモデルへの拡張を試みている．

4.3.5　推定法

ランダム効果モデルか，固定効果モデルのどちらかで表される空間パネルデータモデルは，ML法かGMMによって推定することができる．一般に，

ML 法は分布に関する仮定が満足していれば，過大な繰り返し計算を要するものの，有効推定量を与える．一方，GMM は計算が容易という利点を有する．ML 推定量と比べると，GMM 推定量は正規性の仮定を緩和しているため，分布に頑健な推定量となる．4.3.3 項と 4.3.4 項で説明したすべてのモデルは，どちらの手法でも推定することができる．例外は，個体固有の誤差要素と独立している式 (4.61) のモデルである．GMM 推定はランダム効果モデルのみで利用可能である．以降，ML 法，GMM の順で説明する．

4.3.5.1　最尤法

空間ラグ型，空間誤差型ともに，空間パネルデータモデルの ML 推定法は Elhorst（2003）によって開発された．Elhorst（2003）は，通常のパネルデータモデル（Wooldridge 2002）で用いられる時間平均調整と，L. Anselin の最大尤度を組み合わせた推定法を提案している．データには，まず，個体固有の誤差要素を除去するために時間平均調整を行う．時間平均調整後のデータには，第 3 章で説明した空間ラグモデル，または空間誤差モデルの推定法を用いることができる．1 次の条件は OLS 推定の条件に単純化されるが，空間ラグモデルの場合は $\boldsymbol{y}$ に関して追加的なフィルター処理が必要である．以下，固定効果モデルとランダム効果モデルの場合に分けて説明する．

固定効果

計算負荷の観点から見ると，空間を考慮した固定効果モデルでは時間平均調整後のデータへのプールド OLS 推定が有用であると Elhorst（2003）は指摘している．ここで，3.5 節で説明した Elhorst（2003）を参考にして，空間ラグモデルの空間パネルデータへの適用を考えよう．まず，空間フィルター $\boldsymbol{I}_T \otimes \boldsymbol{A}$ によって $\boldsymbol{y}$ を変換し，プーリングモデルの尤度を導出する．ここで，$\boldsymbol{A} = (\boldsymbol{I}_n - \lambda \boldsymbol{W})$ であり，λ は空間ラグパラメータである．また，空間フィルター行列の行列式 $|\boldsymbol{I}_T \otimes \boldsymbol{A}|$ を考える必要があるが，ここでは $|\boldsymbol{A}|$ の T 乗に等しくなる．Elhorst（2003）が提案した方法は，分散共分散行列 $\boldsymbol{\Sigma}$ について，$\boldsymbol{\Sigma}(\boldsymbol{I}_n \otimes \boldsymbol{A})\boldsymbol{y} = (\boldsymbol{I}_n \otimes \boldsymbol{A})\boldsymbol{\Sigma}\boldsymbol{y}$ が成り立つ，つまり，この方法は，空間ラグ変数を時間平均化調整したデータと，調整後に空間ラグを取ったデータが等しいことを利用した手法

である（Mutl and Pfaffermayr 2011, Kapoor et al. 2007）.

二段階の反復計算は次にように表すことができる．まず，時間平均調整した $\boldsymbol{y}$ と $\boldsymbol{X}$ を用意する．$\boldsymbol{y}$ については，

$$\tilde{y}_{it} = y_{it} - \bar{y}_i \tag{4.65}$$

ここで，$\bar{y}_i = \sum_{t=1}^{T} y_{it}/T$ は個体 i における時間平均である．$\boldsymbol{X}$ についても同様である．この操作によって，モデルから個体固有の誤差要素（定数項）を取り除くことができる．次に，空間フィルターを通した $\boldsymbol{y}$ を時間平均調整したデータに回帰したモデルの残差を考える．

$$\tilde{\boldsymbol{\eta}} = (\boldsymbol{I}_T \otimes \boldsymbol{A})\tilde{\boldsymbol{y}} - \tilde{\boldsymbol{X}}\boldsymbol{\beta} \tag{4.66}$$

続いて，$\boldsymbol{\beta}$ と σ_η^2 に関して集中化した対数尤度を次式に示す.

$$\ell = \text{const.} - \frac{nT}{2}\ln(\sigma_e^2) + T\ln|\boldsymbol{A}| - \frac{nT}{2}\ln(\tilde{\boldsymbol{\eta}}'\tilde{\boldsymbol{\eta}}) \tag{4.67}$$

上式を λ に関して最大化する．そして得られた λ は，次式に示す1次の条件を含むGLS法で利用する．

$$\hat{\boldsymbol{\beta}} = (\tilde{\boldsymbol{X}}'\tilde{\boldsymbol{X}})^{-1}\tilde{\boldsymbol{X}}(\boldsymbol{I}_T \otimes \boldsymbol{A})\tilde{\boldsymbol{y}} \tag{4.68}$$

$$\sigma_\eta^2 = \frac{\tilde{\boldsymbol{\eta}}'\tilde{\boldsymbol{\eta}}}{nT} \tag{4.69}$$

この手順で，式(4.66)で用いた誤差項の推定値を得ることができる．各集中化の手順が収束するまで反復を行う．Elhorst（2003）の方法は，空間誤差モデルにも容易に適用することができる．再度，効率的な二段階推定は $\boldsymbol{\beta}$ と σ_η^2 に関して集中化した，次式に表す対数尤度関数に基づいている．

$$\ell = \text{const.} - \frac{nT}{2}\ln(\sigma_\eta^2) + T\ln|\boldsymbol{B}| - \frac{nT}{2}\ln(\tilde{\boldsymbol{\eta}}'\tilde{\boldsymbol{\eta}}) \tag{4.70}$$

ただし，時間平均調整したモデルから得られた残差は次のように定義する．

$$\tilde{\boldsymbol{\eta}} = (\boldsymbol{I}_T \otimes \boldsymbol{B})\tilde{\boldsymbol{y}} - \tilde{\boldsymbol{X}}\boldsymbol{\beta} \tag{4.71}$$

ここで，$\boldsymbol{B} = (\boldsymbol{I} - \rho\boldsymbol{W})$ である．式(4.70)を ρ に関して最大化する．前述のように，再度，式(4.70)を最大化する ρ は，次式に示す1次の条件を含むGLS法

で利用する.

$$\hat{\boldsymbol{\beta}} = (\tilde{\boldsymbol{X}}'\tilde{\boldsymbol{X}})^{-1}\tilde{\boldsymbol{X}}\tilde{\boldsymbol{y}} \tag{4.72}$$

$$\sigma_\eta^2 = \frac{\tilde{\boldsymbol{\eta}}'\tilde{\boldsymbol{\eta}}}{nT} \tag{4.73}$$

この手順で,式(4.71)で用いた残差を得ることができる.各手順はパラメータが収束するまで反復する.Elhorstは明示的に言及していないが,この方法はSARARモデルへ容易に拡張可能である(Millo and Pasini 2010).Elhorstの方法は実際に用いられており,また,ソフトウェアにも実装されているが,Anselinは,時間平均調整によって誤差項の同時確率分布が影響を受けるため,時系列相関が生じてしまうとして,この方法を批判している.この方法について,Lee and Yu(2010b)はレビューを行っており,Millo and Piras(2012)はモンテカルロ実験を通して実用的な有用性を調査している.この問題の解決策として,Lee and Yu(2010a)はデータを直交変換する方法を提案している.

ランダム効果

空間パネルデータモデルにおける,空間ラグ型と空間誤差型のランダム効果モデルの標準的な推定法はElhorst(2003)によって開発されたことはすでに述べた.Elhorstは,部分的時間平均調整法(partial time-demeaning technique)(Wooldridge 2002)にAnselinの最大尤度を組み合わせた推定法を提案している.この推定法は,個体固有の誤差要素を取り除くためにデータに部分的時間平均調整を施し,通常の空間ラグモデルと空間誤差モデルの推定法を行うことで,1次条件をOLS法と同様の形に単純化する手法である.ただし,空間ラグ型の場合,$\boldsymbol{y}$には空間フィルターを通しておく必要がある.空間ラグ型ランダム効果モデルの尤度関数は,次式で与えられる.

$$\begin{aligned}\ell =& \text{const.} - \frac{nT}{2}\ln(\sigma_\eta^2) + \frac{1}{2}\ln|\boldsymbol{\Sigma}| + T\ln|\boldsymbol{A}\\ &- \frac{1}{2\sigma_\eta^2}\frac{[(\boldsymbol{I}_T \otimes \boldsymbol{A})\boldsymbol{y} - \boldsymbol{X}\boldsymbol{\beta}]'\boldsymbol{\Sigma}^{-1}[(\boldsymbol{I}_T \otimes \boldsymbol{A})\boldsymbol{y} - \boldsymbol{X}\boldsymbol{\beta}]}{nT}\end{aligned} \tag{4.74}$$

ただし,$\boldsymbol{\Sigma}$は分解前の誤差項の分散共分散行列で,式(3.49)のパネルデータの場合である.反復計算(Oberhofer and Kmenta 1974)は未知パラメータのML推定値を用いて行う．空間ラグパラメータ λ と分散共分散行列の各パラメータの初期値を設定し，次式に示す 1 次の条件より $\boldsymbol{\beta}$ と σ_{η}^2 の推定値を得る．

$$\hat{\boldsymbol{\beta}} = (\boldsymbol{X}'\boldsymbol{\Sigma}^{-1}\boldsymbol{X})^{-1}\boldsymbol{X}'\boldsymbol{\Sigma}^{-1}(\boldsymbol{I}_T \otimes \boldsymbol{A})\boldsymbol{y} \tag{4.75}$$

$$\sigma_{\eta}^2 = \frac{[(\boldsymbol{I}_T \otimes \boldsymbol{A})\boldsymbol{y} - \boldsymbol{X\beta}]'\boldsymbol{\Sigma}^{-1}[(\boldsymbol{I}_T \otimes \boldsymbol{A})\boldsymbol{y} - \boldsymbol{X\beta}]}{nT} \tag{4.76}$$

式 (4.74) に示した対数尤度関数はパラメータを含む $\boldsymbol{A}$ と $\boldsymbol{\Sigma}$ に関して集中化させる．得られた推定値は $\boldsymbol{\Sigma}^{-1}$ を更新する際に用いられる．推定は，パラメータが収束するまで繰り返し行う．つまり，$\boldsymbol{\Sigma}$ を特定するために，GLS 法（$\boldsymbol{\beta}$ と σ_{η}^2）と集中化対数尤度（残りのパラメータ）という 2 つの手順を収束するまで反復する．この方法はランダム効果モデルに適用することができる．たとえば，空間ラグ型ランダム効果モデルは被説明変数 $\boldsymbol{y}$ に空間フィルターと誤差項におけるランダム効果の構造を組み合わせたモデルとして，次式のように表すことができる．

$$(\boldsymbol{I}_T \otimes \boldsymbol{A})\boldsymbol{y} = \boldsymbol{X\beta} + \boldsymbol{u} \tag{4.77}$$

$$\boldsymbol{u} = (\boldsymbol{i}_T \otimes \boldsymbol{\mu}) + \boldsymbol{\eta} \tag{4.78}$$

ただし，$\boldsymbol{\Sigma}_{\mathrm{SLM-RE}}$ は $\boldsymbol{\Sigma}_{\mathrm{SLM-RE}} = \varphi(\boldsymbol{J}_T \otimes \boldsymbol{I}_n) + \boldsymbol{I}_{nT}$ で定義される分散共分散行列であり，φ は次式で定義する追加パラメータである．

$$\varphi = \frac{\sigma_{\mu}^2}{\sigma_{\eta}^2} \tag{4.79}$$

上式は個体固有の誤差要素の分散とその他の誤差要素の分散の比を表している．

4.3.3 項で上述したように，空間を考慮したランダム効果モデルは，空間自己回帰過程の対象の違いにより，2 つのモデル化が提案されている．

まず，空間ラグ型ランダム効果モデルを考える．その他の誤差要素のみが空間自己回帰過程であり，モデルは次式のように表すことができる．

$$y = X\beta + u \tag{4.80}$$

$$u = (i_T \otimes \mu) + \varepsilon \tag{4.81}$$

$$\varepsilon = \rho(i_T \otimes \mu)\varepsilon + \eta \tag{4.82}$$

ただし，基準化した誤差項の分散共分散行列は次式で表される．

$$\Sigma_{\text{SEM-RE}} = J_T \otimes (T\varphi I_n + (B'B)^{-1}) + E_T \otimes (B'B)^{-1} \tag{4.83}$$

ここで，$\bar{J}_T = J_T$，$E_T = I_T - J_T$ である．

次に，KKP モデルを考える．空間自己回帰課程を個体固有の誤差要素とその他の誤差要素の両方に仮定する．このモデルは次式で表すことができる．

$$y = X\beta + u \tag{4.84}$$

$$u = (i_T \otimes \mu) + \varepsilon \tag{4.85}$$

ただし，対数尤度関数に代入する基準化した分散共分散行列は

$$u = \rho(I_T \otimes W)u + \varepsilon \tag{4.86}$$

$$\Sigma_{\text{KKP}} = (\varphi J_T + I_T) \otimes (B'B)^{-1} \tag{4.87}$$

で表す．

4.3.5.2　一般化モーメント法

空間パネルデータモデルの GMM 推定量は，空間 Cochrane-Orcutt 変換と GLS 推定を用いた空間相関成分の除去（ランダム効果モデル），あるいは時点平均調整を相互に繰り返すことで得られる．空間 Cochrane-Orcutt 変換は，空間パラメータの一致推定量に基づいた手法である．Kapoor et al.（2007）と Millo and Piras（2012）を参考にして，ここでは，空間誤差型のモデルのみを説明する．この推定法の詳細や今後の展開に関心のある読者は，SARAR モデルへの拡張が述べられている Mutl and Pfaffermayr（2011）と Piras（2011）を参照されたい．

ランダム効果

Kapoor et al.（2007）は，Kelejian and Prucha（1999）が提案したクロスセクションデータのモデルにおける GMM 推定量（3.4.3 項）の，パネルモデルデータモデルへの拡張を行った．Kapoor et al.（2007）は，空間誤差パラメータ（ρ）と 2 つの誤差要素の分散（$\sigma_1^2 = \sigma_\mu^2 + \sigma_\eta^2;\ \sigma_\eta^2$）を推定する方法を提案している．3 つの GMM 推定量は次式に表す標本モーメント条件に基づいて推定される．

$$
\mathrm{E}\begin{bmatrix} \dfrac{1}{n(T-1)}\boldsymbol{\varepsilon}'\boldsymbol{Q}_0\boldsymbol{\varepsilon} \\ \dfrac{1}{n(T-1)}\bar{\boldsymbol{\varepsilon}}'\boldsymbol{Q}_0\bar{\boldsymbol{\varepsilon}} \\ \dfrac{1}{n(T-1)}\bar{\boldsymbol{\varepsilon}}'\boldsymbol{Q}_0\boldsymbol{\varepsilon} \\ \dfrac{1}{n}\boldsymbol{\varepsilon}'\boldsymbol{Q}_1\boldsymbol{\varepsilon} \\ \dfrac{1}{n}\bar{\boldsymbol{\varepsilon}}'\boldsymbol{Q}_1\bar{\boldsymbol{\varepsilon}} \\ \dfrac{1}{n}\bar{\boldsymbol{\varepsilon}}'\boldsymbol{Q}_1\boldsymbol{\varepsilon} \end{bmatrix} = \begin{bmatrix} \sigma_\eta^2 \\ \sigma_\eta^2\dfrac{1}{n}\,\mathrm{tr}[\boldsymbol{W}'\boldsymbol{W}] \\ 0 \\ \sigma_1^2 \\ \sigma_1^2\dfrac{1}{n}\,\mathrm{tr}[\boldsymbol{W}'\boldsymbol{W}] \\ 0 \end{bmatrix} \tag{4.88}
$$

ただし，$\boldsymbol{Q}_0 = \{\boldsymbol{I}_T - (\boldsymbol{J}_T/T)\}\otimes\boldsymbol{I}_n$ と $\boldsymbol{Q}_1 = (\boldsymbol{J}_T/T)\otimes\boldsymbol{I}_n$ は時間平均調整行列，$\boldsymbol{Q}_0\boldsymbol{y} = \tilde{\boldsymbol{y}}$ である．また，3.4.3 項と同様に，$\boldsymbol{\varepsilon} = \boldsymbol{u} - \rho\bar{\boldsymbol{u}}$，$\bar{\boldsymbol{\varepsilon}} = \bar{\boldsymbol{u}} - \rho\bar{\bar{\boldsymbol{u}}}$，$\bar{\boldsymbol{u}} = (\boldsymbol{I}_T\otimes\boldsymbol{W}_n)\boldsymbol{u}$，$\bar{\bar{\boldsymbol{u}}} = (\boldsymbol{I}_T\otimes\boldsymbol{W}_n)\bar{\boldsymbol{u}}$ である．

被説明変数の空間自己回帰過程を仮定したランダム効果モデルであるため，式 (4.89) における $\boldsymbol{\beta}$ の OLS 推定量は一致性を持つ．このため，OLS 推定による残差が GMM における推定手順にも用いられる．

GMM 推定の 1 手順目は，上記モーメント条件の 1 から 3 行目までを対象とする．加重行列を単位行列として，分散共分散行列の一致推定量を得る．2 手順目は，すべてのモーメント条件を対象として，分散共分散行列の一致推定量の逆行列を得る．3 手順目は，2 手順目で得た加重行列を用いて，モーメント条件を最小化するパラメータを得る．この手順により，空間ラグパラメータと誤差要素の分散の推定値を得ることができる．1 手順目の推定量は，個体固有の誤差要素を取り除くために行い，空間 Cochrane-Orcutt 変換の際に用いられる．データは通常のパネルデータ分析と同様に，$\boldsymbol{I}_{nT} - \left(\dfrac{1-\sigma_u}{\sigma_1}\right)\boldsymbol{Q}_0$ によって変換される．実行可能な GLS 推定は，二重変換を行うことで OLS 推定まで単純化可能である．最後に，小標本特性は次式に表す分散共分散行列に基づいて導出される．

$$\boldsymbol{\Gamma} = (\boldsymbol{X}^{*\prime}\boldsymbol{\Omega}_{\varepsilon}^{-1}\boldsymbol{X}^{*})^{-1} \tag{4.89}$$

ここで，$\boldsymbol{X}^{*}$ は第 3 章で紹介したモデルの空間 Cochrane-Orcutt 変換を行った変数であり，$\boldsymbol{X}^{*}$ と $\boldsymbol{\Omega}_{\varepsilon}^{-1}$ は，推定するパラメータ ρ, σ_{μ}^{2}, σ_{1}^{2} に依存している．

固定効果

上述した推定手順は，ランダム効果モデルに関する近年提案された推定法である．Mutl and Pfaffermay（2011）は空間ラグ型固定効果モデルの OLS 推定量は一致性を持たないことを指摘し，この問題の対応として，OLS 残差の代わり，空間二段階 within 推定を行った際の残差（spatial two-stage least squares within residuals）を利用した推定法を提案している．また，空間誤差型の場合，単純な within 推定量は一致性を持つと指摘している．Mutl and Pfaffermayr（2011）は within 推定の残差と空間ラグパラメータ λ の推定値を用いて，Kapoor et al.（2007）の上から 3 行目までのモーメント条件の改良を提案している．この推定法のパラメータは，within 変換と空間 Cochrane-Orcutt 変換を施した後に，OLS 推定を行うことで得ることができる．

4.3.6　空間パネルデータモデルの今後の展開

空間パネルデータモデルの研究は，急速な発展を続けている．2007 年から 2011 年までの空間計量経済学に関するレビュー論文（Arbia 2012）によれば，空間パネルデータモデルは，この 5 年間に理論研究と実証研究の両面から最も多くの論文が刊行されたホットトピックである．本節で取り上げた基本的な内容は，大きな広がりがあり，改良も進んでいる．この分野についての重要な論文は，*Journal of Applied Econometrics* 誌における空間パネルに関する特集号（Baltagi and Pesaran 2007），Lee and Yu（2010b），Lee and Yu（2011）によるレビュー論文で紹介されている．読者は，これらの論文を参照することで，空間パネルデータモデルに関する幅広いトピックについて理解を深めることができるだろう．このトピックの今後の展開をまとめておく．現段階で提案されているモデルは，静的（static）であり，動的（dynamic）効果を十分に考慮できていない．こうした現状から，空間単位根（spatial unit roots），空間共和分（spatial cointegration），explosive roots といったトピックを含む，安定した（stable）／不安定な（unstable）動的パネルデータモデルに関する研究が近年取り組まれている（Lee and Yu 2011）．

例題 4.5 公共資本の生産性に関する Munnell モデル（続）

Munnell（1990）は社会的生産において公共資本の有意性に着目していたが，彼は誤差項の空間的な特性が空間誤差型ランダム効果モデル（SEM-RE）か KKP モデルのどちらで説明されるかを調べることに関心があるかもしれない．ここでは，空間誤差型ランダム効果モデルに着目し，行基準化した空間重み行列を用いて，例題 4.4 と同じデータを対象に ML 推定を行う．推定結果は以下に示すとおりである．

SLM-RE

	Estimate	Standard Error	t-value	p-value
Intercept	1.6221	0.2127	7.62	0.00***
log(pcap)	0.0382	0.0513	0.75	0.46
log(pc)	0.3971	0.0433	9.16	0.00***
log(emp)	0.6272	0.0395	15.88	0.00***
unemp	−0.0067	0.0027	−2.52	0.012*
ϕ variance component	25.9469	6.4709	4.01	0.00***
ρ	0.5955	0.0652	9.14	0.00***

Signif. codes: ***: $p < 0.001$; **: $p < 0.01$; *: $p < 0.05$; .: $p < 0.1$.

個体固有の誤差要素の分散は，その他の誤差要素の分散より大きい．誤差項における空間効果による影響は強く，分析結果はその存在を示唆している．パラメータ $\boldsymbol{\beta}$ の推定値は，空間を考慮しないランダム効果モデル（例題 4.4）で得られた値と大きく異なっているが，上述した理由により，空間を考慮したことで本題の結果の方が信頼をおけるだろう．

近隣の州による社会総生産の影響に関心があるなら，空間ラグ型ランダム効果モデル（SLM-RE）を用いることが適切と考えられる．推定結果を下表に示す．

SLM-RE

	Estimate	Standard Error	t-value	p-value
Intercept	1.3672	0.1970	6.94	0.00***
log(pcap)	0.1094	0.0526	2.08	0.04*
log(pc)	0.6066	0.0377	16.09	0.00***
log(emp)	−0.0098	0.0027	−3.68	0.00***
unemp	−0.0098	0.0027	−3.68	0.00***
ϕ variance component	18.7043	4.6822	3.99	0.00***
λ	0.0388	0.0218	1.78	0.08

Signif. codes: ***: $p < 0.001$; **: $p < 0.01$; *: $p < 0.05$; .: $p < 0.1$.

表より，空間ラグパラメータの推定値は小さく，また5% 水準で有意ではない．つまり，空間ラグ型ランダム効果モデルを用いる根拠は弱いといえる．

例題 4.6　地域所得収束仮説の空間を考慮した固体効果モデル

ここでは，例題 1.1 で用いた Barro and Sala-i-Martin（1992）のデータをイタリア 20 州（図 2.3 を参照）のパネルデータとして扱い，再度，地域所得収束仮説を考える．成長に関する方程式をパネルデータモデルに書き直すと，次式のように表すことができる．

$$\ln(y_{i,t+k}) - \ln(y_{it}) = \alpha_i + \beta \ln(y_{it}) + \varepsilon_{it}$$

ここで，例題 1.1 で述べたように，y_{it} は州 i，時点 t における 1 人当たり GDP を表す．時点 k までの州 i の成長率を，初期時点の所得と個体固有の誤差要素（定数項）の関数としてモデル化している．パネルデータのモデルは，時間固有と個体固有の異質性を考慮できるため，クロスセクションデータのモデルと比べてより豊富な解釈が可能である．各州の 1 人当たり GDP は 1960 年から 1965 年までの 5 年間で計算されており（詳細は省略），実際の GDP の対数値（GDPV）と 5 年のラグをともなった GDP の対数値（l15GDPV）の差を l15GDPV に回帰する．まず，空間を考慮しない固定効果モデルの推定結果を次表に示す．

	Estimate	Standard Error	t-value	p-value
log(l5GDPV)	−0.1993	0.0144	−13.80	0.00***

Signif. codes: ***: $p < 0.001$; **: $p < 0.01$; *: $p < 0.05$; .: $p < 0.1$.

パラメータ β は有意であるが，符号はマイナスであり，収束を示唆している．

空間を考慮したモデルを推定するため，ここでは空間重み行列を，2.3.2 項で示した隣接の有無による方法で定義しておく．まず，空間ラグ型固定効果モデル（SLM-FE）を ML 推定した結果を次表に示す．

SLM-FE

	Estimate	Standard Error	t-value	p-value
log(l5GDPV)	−0.0688	0.0143	−4.82	0.00***
λ	0.6809	0.0534	12.75	0.00***

Signif. codes: ***: $p < 0.001$; **: $p < 0.01$; *: $p < 0.05$; .: $p < 0.1$.

空間ラグパラメータ λ の値は大きく，有意である．これは，近隣州の成長は自地域の成長に強い正の効果があることを示唆している．パラメータ β は，いまだ符号はマイナスで有意という結果となった．しかし，推定値の絶対値はとても小さくなっている．ただし，空間ラグを考慮していないモデルとのパラメータの直接的な比較はできないことには注意されたい．この結果は，空間を考慮したことによって，収束の速度が遅くなったことを示唆している．

次に，周辺地域の成長が自地域に影響を及ぼし，所得も影響を受けると仮定した空間誤差型固定効果モデル（SEM-FE）を考える．推定結果は次のとおりである．

SEM-FE

	Estimate	Standard Error	t-value	p-value
log(l5GDPV)	−0.2711	0.0310	−8.74	0.00***
ρ	0.7806	0.0411	19.01	0.00***

Signif. codes: ***: $p < 0.001$; **: $p < 0.01$; *: $p < 0.05$; .: $p < 0.1$.

空間誤差パラメータの推定値は大きく，また，有意である．空間を考慮しないモデルと比べて，収束の速度を表す推定値は大きく，統計的に有意な結果となった．

4.4　空間非定常モデル

4.4.1　概　　説

ここまでに取り上げたすべてのモデルは，被説明変数 $\boldsymbol{y}$ と説明変数 $\boldsymbol{x}$ の関係が地理空間上で定常である（stationary）という構造を仮定したものであった．この仮定のもとでは，変数間の複雑な関係を 1 つのパラメータで要約可能という利点がある．しかし，実際には多くの場合で，空間定常性の仮定が強すぎる条件となりうる．たとえば，変数間の関係がいくつかの系統的な空間パターンを持つ場合が例として挙げられる．この例では，変数間の関係は空間上で可変，つまり空間非定常（spatially non-stationary）とした方がより直観に沿う可能性がある．より具体的な例を考えてみよう．大陸や面積の大きい国など地理的に広範囲なデータを用いた分析で，集計単位を地域レベルとした場合，サンプルサイズの大きいデータを扱うことになる．このとき，変数間の関係を全地域で一定（定常）としたモデルではなく，地域ごとに可変（非定常）とした柔軟なモデルを構築した方が，より適切なアプローチと考えられる．米国 48 州における中古車価格と税の関係について分析した，例題 3.2 を思い返してみよう．常識に照らし合わせれば，各州ごとに中古車価格と税の関係が異なること，つまり空間非定常であることは直感に反しない．この例から，変数間の空間的な関係が非定常であることが，稀なことではなく自然なことであることを理解できよう．空間非定常が生じる理由として，人々の行動や嗜好が地理的に異なっていることが挙げられる．空間的な値の変動を説明しうるデータは相対的に数が少ないため，空間定常性を仮定したこれまでのモデルが空間非定常性を十分にとらえることは難しく，定式化の誤りも起こしやすい．空間的に値が異なる多くのデータは計測が難しいため，説明変数から除外されたりすることさえある．

そこで，本章では空間非定常モデルを扱う．特に，地理的加重回帰（GWR: geographically weighted regression）モデルと呼ばれる手法に焦点を当てて説明を行う．GWR モデルの説明は次項で詳述するので，本項では，GWR モデルと関連する重要な2つのアプローチを紹介しておこう．一方はスキャン統計（scan statistics）であり，他方は局所加重回帰（LWR: locally weighted regression）モデルである．スキャン統計は，統計学分野における伝統的な手法の1つであり，公衆衛生学（public health），分子生物学（molecular biology），遠距離通信（telecommunications），品質管理（quality control）といった多くの分野で適用例が蓄積されている（詳しくはレビュー論文 Glaz et al. 2001 を参照）．空間計量経済学は，2次元スキャン統計（two-dimensional scan statistics）と関連がある．2次元スキャン統計は，すべてのサンプルを考慮するのではなく，関心のあるサンプルに近接した位置にある複数のサンプル（サブサンプルと呼ぶ）を用いて統計的推論を行う．2次元スキャン統計の先駆的な研究は，Sir の称号を持つ Ronald Fisher が著書 Fisher（1959, Ch. 3）で天文学に応用した例が挙げられる．Arbia（1990）は，確率場（random fields）における1次と2次モーメントの空間非定常性を研究するために，スキャン統計を移動窓（moving windows）と読み替えて応用した方法を提案している．興味深い例として，Hoh and Ott（2012）が遺伝子探索（genome screening）にスキャン統計を応用した研究が挙げられる．また，Paez et al.（2008）はヘドニック価格関数の推計にスキャン統計を用いている．つづいて，LWR モデルについて述べよう．LWR モデルはノンパラメトリックなモデル化手法であり，Cleveland and Devlin（1988）によって導入されたモデルである．ある地点に対して，その周囲にある複数の地点のみを訓練データとして利用するモデル化手法と捉えれば，LWR モデルはスキャン統計の1手法とみなすことができる．このモデルでは，関心のある地点の周囲にある複数地点の重み付けをカーネル関数（4.1.3 項）を用いて行い，回帰モデルを構築する（McMillen 1996）．地点ごとに異なる回帰モデルが構築されるが，カーネル関数を組み込むため，回帰係数は平滑化されたものとなる．GWR モデル（Brundson et al 1996, Fortheringham et al. 1998, 2002, 2007, McMillen and McDonald 1997, 2004）は LWR モデルのローカルの判定基準に地理的な近さ（距離）を利用した場合として理解できる．GWR モデルの出力は地点ごとの回帰係数であるため，地図上で表現可能である．この図から，空間的異質性等の空間パターンを把握しやすいため，有用な手法と考えられている．

4.4.2 地理的加重回帰モデル

Wheeler and Paez（2010）を参考に，各地域 i（$i = 1, \ldots, n$）について，次の回帰モデルを考える．

$$y_i = \boldsymbol{x}_i \boldsymbol{\beta}_i + \varepsilon_i \tag{4.90}$$

ここで，y_i, $\boldsymbol{x}_i$, ε_i は，それぞれ地域 i における被説明変数 $\boldsymbol{y}$ の要素，説明変数 $\boldsymbol{X}$ の i 行目の要素，$\varepsilon_i | \boldsymbol{X} \sim \text{i.i.d.} \mathcal{N}(0, \sigma_\varepsilon^2)$ な誤差項である．$\boldsymbol{\beta}_i$ は地域 i における空間可変なパラメータを表す．パラメータ推定法は，GLS 推定法に類似した形式で次のように表される．

$$\hat{\boldsymbol{\beta}}_i = (\boldsymbol{X}' \boldsymbol{G}_i \boldsymbol{X})^{-1} \boldsymbol{X}' \boldsymbol{G}_i \boldsymbol{y} \tag{4.91}$$

ここで，$\boldsymbol{G}_i$ は

$$\boldsymbol{G}_i = \begin{bmatrix} g_{i1} & 0 & \cdots & 0 \\ 0 & g_{i2} & \cdots & 0 \\ \vdots & \vdots & \ddots & \vdots \\ 0 & 0 & \cdots & g_{in} \end{bmatrix}$$

であり，地域 i から見た他地域に対する重みを表す $n \times n$ の対角行列である．$\boldsymbol{G}_i$ は，第 3 章で説明した空間重み行列 $\boldsymbol{W}$ と似た役割を担っている．実際，同様に距離の逆数で重み付けを行う例は多い．しかし，$\boldsymbol{W}$ と $\boldsymbol{G}_i$ には大きな違いがある．回帰モデルの自由度を大きく保ち，信頼できるパラメータ推定を行うために，「局所」に含まれるサンプルサイズ（つまり，行列 $\boldsymbol{G}_i$ の非ゼロ要素の数）は十分に大きい必要がある．式 (4.91) のパラメータは，通常，地域 i ごとの局所的な限界効果として解釈される．GWR モデルに限らず，空間計量経済モデルの基本的な考え方として，近隣の観測データを追加的に利用して，より精度のよい予測値を得ようとすることがある．加えて，空間的相関を近隣に限定すれば，負の空間的自己相関や不均一分散による影響を減じることができると考えられる（つまり，異質性を考慮したモデルといえる）．

式 (4.91) の推定量は，いくつかの条件のもとで，加重疑似尤度を最大化する推定量（McMillen and McDonald 2004）と一致する．$\boldsymbol{G}_i$ の決定は GWR モデル

の根幹であり，$\boldsymbol{G}_i$ は2つの選択によって決定される．1つはカーネル関数の選択であり，もう1つは地域 i に影響を及ぼす範囲の選択である．後者はカーネル関数のパラメータの1つであり，バンド幅（bandwidth）と呼ばれる．最適なバンド幅の決定がこの手法の重要な要素となっている．バンド幅が小さいことは，影響範囲が小さく，より局所的な変動を考慮可能にするが，サンプルサイズが小さくなるため，パラメータの信頼性は低下する．一方，バンド幅を大きくすると，パラメータの信頼性は高まるが，局所的な異質性の考慮を難しくする．極端な例として，他のすべてのサンプルを含むようにバンド幅を設定すると，GWR モデルの回帰係数は OLS 推定量と一致することになる．最もシンプルな重みの選び方は，行基準化しない空間重み行列と同様に，ある閾値以下の距離内の地域と関連があるとする，2.1 節で説明した，次のような設定である．

$$g_{ij} = \begin{cases} 1 & \text{if } d_{ij} < d^* \\ 0 & \text{otherwise} \end{cases} \tag{4.92}$$

ここで，d_{ij} は地域 i，j 間の距離，d^* は閾値距離である．

GWR モデルを用いた実証分析では，次に挙げるカーネル関数（4.1.3 項）を用いた例が多い．

1. Gaussian 型：4.1.3 項で説明した関数と同様であるが，ここでは次のように表す．

$$g_{ij} = \exp\left\{-\frac{1}{2}\left(\frac{d_{ij}}{\sigma}\right)^2\right\} \tag{4.93}$$

ここで σ はバンド幅であり，影響を受けるサブサンプルを決定するパラメータである．

2. bi-square 型：4.1.3 項で説明した bi-weight 型を一般化した関数である．

$$g_{ij} = \left(1 - \frac{d_{ij}^2}{\sigma^2}\right)^2 \tag{4.94}$$

3. tri-cube 型

$$g_{ij} = \left(1 - \frac{d_{ij}^3}{\sigma^3}\right)^3 \tag{4.95}$$

バンド幅 σ は，アプリオリに与えるか，較正／バリデーション（validation）を通してデータから推定する．この過程はしばしばカリブレーション（calibration）と呼ばれる．よく用いられる検証法は，平均二乗誤差の平方根（RMSE: Root Mean Square Error）を最小とするように反復試行を行いバンド幅を決める，交差検証（CV: Cross-Validation）法である．その他の検証法として，たとえば Paez et al.（2002）の方法がある．Wheeler and Paez（2010）は検証法のレビューを行っている．カーネル関数を選択し，バンド幅が決まれば，式 (4.91) の回帰モデルを推定することが可能となる．パラメータの仮説検定は，通常の回帰モデルの場合（式 (1.21)）と同様に，次式 (4.96) の検定統計量を用いて行う．

$$\text{test} = \frac{\hat{\beta}_i}{\sqrt{\text{Var}[\hat{\beta}_i]}} \tag{4.96}$$

ここで，分母は式 (1.48) と同様，GLS 推定量の分散を用いる．GWR モデルにおいては次式 (4.97) を用いる：

$$\text{Var}[\hat{\boldsymbol{\beta}}_i] = \sigma_\varepsilon^2 \boldsymbol{A}_i \boldsymbol{A}_i' \tag{4.97}$$

ここで，$\boldsymbol{A}_i = (\boldsymbol{X}'\boldsymbol{G}_i\boldsymbol{X})^{-1}\boldsymbol{X}'\boldsymbol{G}_i$ である．式 (4.96) の検定統計量は，各地点について計算することができる．したがって，各地点ごと，つまり y_i と $\boldsymbol{x}_i$ の関係を検定することができ，その地理的分布を見ることで，興味深い示唆を得ることができる．

モデルのパラメータを推定し，各説明変数の統計的有意性を検定したあとは，通常，モデルにおける仮定の検証作業を行う．特に，地理的加重回帰モデルでは十分にとらえることのできない，残差の空間的自己相関などの地理的な規則性の検証に，本書の読者は興味を持たれることだろう．GWR モデルの残差の空間的自己相関の検定手法は，Leung et al.（2000）で提案されている．この手法は，まず，通常の回帰モデル（global model）の疑似残差（pseudoresidual）を，$y_i - \boldsymbol{x}_i\hat{\boldsymbol{\beta}}_i$ と定義する．疑似残差は，回帰モデルが地域ごとに異なるため，通常の回帰モデルの残差とは性質が異なる．修正した Moran's I 統計量を用いることで，残差の空間的自己相関を検定する．Leung et al.（2000）とは違う方法は，Paez et al.（2002）などによって提案されている．

4.4.3　さらなる発展に向けて

本節で紹介した GWR モデルの方法論は，より高度で複雑なモデル構築の第一歩にすぎない．この分野の研究は広く，急速な発展段階にあり，いまだ多くの観点から研究余地を残している（Fortheringham et al. 2002, McMillen and McDonald 2004, Pace and LeSage 2004, Wheeler and Paez 2010）．4.2.2 項で紹介した GWR モデルの基本モデルの自然な拡張モデルとして，局所 OLS 推定をしているモデルを SARAR モデルのような空間計量経済モデルに置き換える試みがある（Brunsdon et al. 1998, Paez et al. 2002, Pace and LeSage 2004, Mur et al. 2008）．しかしながら，この拡張は，サンプルサイズが大きい場合に過大な計算負荷を要するという問題がある．実際，サンプルサイズと同じ数のモデルを推定するための計算量だけでなく（この計算負荷については第3章で述べたとおりである），交差検証を通してバンド幅を求める際にも $(n-1)\times(n-1)$ の繰り返し計算が必要となる．もう1つ，GWR モデルの興味深い拡張として，外れ値（outliers）と不均一分散の対処が難しいという問題をベイズ的な手法を用いて，その解決を試みる手法である（LeSage 2004）．このアプローチは，回帰係数にアプリオリな事前分布を設定し，推定を行う手法である．そして，GWR モデルのさらなる拡張として，被説明変数が離散変数なモデル（4.2 節）に GWR を導入することが挙げられる．McMillen and McDonald（2004）は，空間離散選択モデル（4.2.3 項）で問題となる不均一分散と自己相関の対処として，地理的加重プロビットモデル（geographically weighted probit models）の ML 推定を提案している．この手法は，不均一分散と自己相関を考慮でき，推定量の一致性と有効性への負の影響を減らすことができる．

例題 4.7　米国ジョージア州における学力の決定要因

GWR モデルの例として，Fotheringham et al.（2002）で取り上げられている米国ジョージア州内159郡のデータを用いる．このデータは，パッケージ{spgwr}を読み込み，`data(Georgia)`（参照：4.5.4項）と入力することで利用可能となる．このデータに格納されている変数は，学士以上の学歴を持つ住人の割合（Bach），郊外部で生活する住人の割合（Rural），高齢者の割合（Eld），国外で生まれた住人の割合（FB），貧困層に分類される住人の割合（Pov），黒人の割合（Black）の6つである．この他に，各郡の総人口，重心点座標（緯度，経度）に関する情報も格納されている．ここで，学士以上の学歴を持つ住人の割合（Bach）を説明するモデルを考える．説明変数には，Rural，Eld，FB，Pov，Blackを用いる．まず，モデルをOLS推定した結果を表に示す．

	Estimate	Standard Error	t-value	p-value
Intercept	17.2437	1.7533	9.84	0.00***
Rural	−0.0703	0.0136	−5.18	0.00***
Eld	0.0115	0.1295	0.09	0.93
FB	1.8525	0.3068	6.04	0.00***
Pov	0.2552	0.0725	−3.52	0.00***
Black	0.0491	0.0265	1.85	0.07

Signif. codes: ***: $p < 0.001$; **: $p < 0.01$; *: $p < 0.05$; .: $p < 0.1$.
$R^2 = 0.588$　Adj. $R^2 = 0.575$
F-statistics = 43.75 (p-value = 0.00)

続いて，GWRモデルで推定したパラメータの要約統計量を下表に示す．なお，カーネル関数はGaussian型を用いており，バンド幅はCVスコアを最小化するように決定している．

Parameter	Minimum	First Quantile	Median	Third Quantile	Maximum	Range	Global (OLS)
Intercept	14.1700	15.3500	17.0500	18.2000	18.8600	4.6900	17.2437
Rural	−0.0814	−0.0735	−0.0649	−0.0551	−0.0511	0.0303	−0.0703
Eld	−0.1912	−0.0946	−0.0653	−0.0324	0.0125	0.2037	0.0114
FB	0.8543	1.2820	2.0310	2.7960	3.1380	2.2837	1.8525
Pov	−0.3048	−0.2581	−0.1961	−0.1151	−0.0342	0.2706	−0.2552
Black	−0.0169	0.0063	0.0316	0.0606	0.0872	0.0703	0.0491

表の最右列（Global（OLS））には，比較のためにOLS推定した推定値を合わせて示している．GWRモデルの分析結果は，回帰係数が郡ごとに大きく異なることを示唆している．EldとBlackでは，郡によって回帰係数の符号さえ

異なる結果となっている．この結果は，つまり，Bach と Black に正の相関関係がある郡もいくつか存在することを表している．図（a）に，変数 Black の回帰係数の空間分布を示す（黒く塗られた郡は正に大きく，白く塗られた郡は負に大きい値を表す）．回帰係数に均一性がないことは明らかであり，南西から北東にかけて回帰係数の値が小さくなっていくことが読み取れる．Black は Bach に対して，南西の郡においては正の回帰係数となり，対称的に北東の郡においては負の回帰係数となっている．ここで，回帰係数の空間分布における値の平滑さの程度は，選択したカーネル関数（距離の逆数を引数にとる関数）に依存することに注意が必要である．図（b）は，Black の回帰係数の頻度分布を表しており，ここでも正と負の値をとっていることが確認できる．

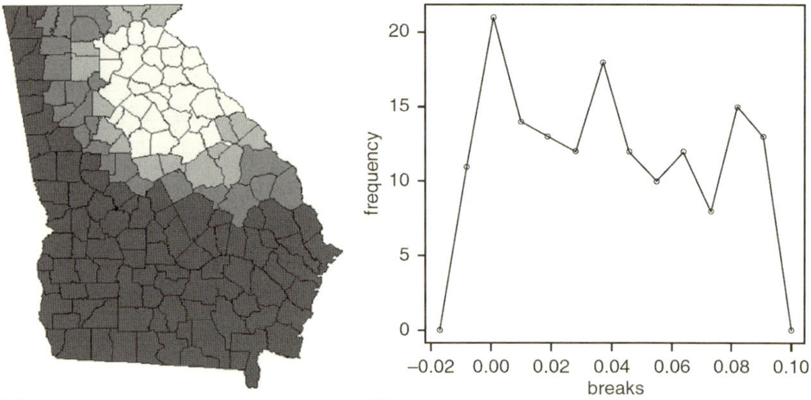

(*a*)　　(*b*)

4.5　R コード

4.5.1　空間不均一分散モデルの推定

パッケージ {sphet} には，不均一分散を考慮した空間モデルの推定や検定が実装されており，パッケージ {spdep} を補完するように，あるいは，部分的に重複した関数を含んで構成されている．これまでの R に関する節で説明したように，初めてパッケージを使う際は `install.packages("sphet")` でまずパッケージをインストールする必要がある．次回以降は，`library(sphet)` で読み込みを行えば，パッケージに実装された関数が使用可能となる．

ここでは，不均一分散を考慮した **SARAR** モデル $\boldsymbol{y} = \beta_0 \boldsymbol{i}_n + \beta_1 \boldsymbol{x} + \beta_2 \boldsymbol{z} + \lambda \boldsymbol{W} \boldsymbol{y} + \boldsymbol{u}$，$\boldsymbol{u} = \rho \boldsymbol{W} \boldsymbol{u} + \boldsymbol{\varepsilon}$，$\mathrm{E}[\varepsilon_i] = \sigma_i^2$（$\boldsymbol{i}_n$ は全要素を 1 とする $n \times 1$ のベクトル）を，4.1.2 項で説明した修正型一般空間二段階最小二乗法で推定することを考える．ここで，変数 $\boldsymbol{y}$，$\boldsymbol{x}$，$\boldsymbol{z}$ はコンソール上に既に読み込まれ，空間重み行列 $\boldsymbol{W}$ は作成済みとする．このモデルは次のコマンドで推定することができる．

```
model1
<- gstslshet(formula=y~x+z, data=filename, listw=W)
```

オブジェクト `model1` は，デフォルトで $\lambda = 0$，$\rho = 0$ に関する Wald 検定結果が含まれる．

4.1.3 項で説明した空間 **HAC** モデルを推定する際は，式 (4.8) に含まれる分散共分散行列を評価するために，(i) 全データ間の距離行列 $\boldsymbol{D}$（要素を d_{ij} とする）のオブジェクトを事前に作成しておき，そして (ii) カーネル関数を選択しておく必要がある．たとえば，カーネル関数に Epanechnikov 型を選択したときを考える[13]．このときの空間 HAC モデルは以下のコマンドで推定することができる．

```
model2
<- stslshac(formula=y~x+z, data=filename, listw=W,
distance=D, type="Epanechnikov")
```

なお，このコマンドではカーネル・バンド幅は可変である．先験的にカーネル・バンド幅（たとえば，B という値）を与えたい場合は，オプションとして `band-width="B"` を追記すればよい．また，デフォルトにおいて，操作変数は $\boldsymbol{WX}$，$\boldsymbol{WX}^2$ となっているため，$\boldsymbol{WX}^2$ が不要の場合は，同様に `W2X=FALSE` を追記すればよい．

---

13) 訳注：パッケージ {sphet} には，Triangular（Bartlett）型，Bisquare 型，Quadratic 型，Bi-weight 型，Parzen 型，Tukey-Hanning（TH）型，Quadratic Spectral 型が実装されている．

4.5.2　空間プロビット／ロジットモデルの推定

通常のプロビットモデル（潜在変数モデル：$\boldsymbol{y}^{\bullet} = \beta_0 \boldsymbol{i}_n + \beta_1 \boldsymbol{x} + \beta_2 \boldsymbol{z} + \boldsymbol{\varepsilon}$）の推定は，パッケージのインストールが不要であり，次のコマンドで実行できる．

```
model10 <- glm(y~x+z, family=binomial(link="probit"))
```

ロジットモデルは link="logit" とすればよい．

空間プロビット・ロジットモデルを推定するには，パッケージ {McSpatial} を次のようにインストール，読み込む必要がある．

```
install.packages("McSpatial")
library(McSpatial)
```

ここでは，空間プロビット・ロジットモデルの潜在変数モデルとして，次式を仮定する：$\boldsymbol{y}^{\bullet} = \beta_0 \boldsymbol{i}_n + \beta_1 \boldsymbol{x} + \beta_2 \boldsymbol{z} + \lambda \boldsymbol{W} \boldsymbol{y}^{\bullet} + \boldsymbol{\varepsilon}$．また，変数 $\boldsymbol{y}$, $\boldsymbol{x}$, $\boldsymbol{z}$ は前項と同様にすでに読み込まれているものとする．空間重み行列 $\boldsymbol{W}$ は，まず，poly2nb，または dnearneigh を用いて隣接関係を定義したリスト（contnb）を作成したうえで，次のコマンドで作成することができる（2.3.3 項）．

```
W <- nb2mat(contnb)
```

nb2mat は，隣接関係を定義したリストから空間重み行列を作成するコマンドである．以下では，空間プロビットモデルの推定法を説明する．まず，**ML** 推定は次のコマンドで実行できる．

```
model1 <- spprobitml(y~x+z, wmat=W, stdprobit=FALSE)
```

次に，**GMM** 推定は，ρ の初期値（$|\rho_0| < 1$）を与えてから，次のコマンドで実行できる．

```
rho <- rho0
model2 <- gmmprobit(y~x+z, wmat=W, startrho=rho)
```

なお，初期値の設定に対する頑健性は，特に実証分析ではよく確認しておく必要がある．そして，**LGMM** 推定は，次のコマンドで実行できる．

```
model3 <- spprobit(y~x+z, wmat=W)
```

4.5.3 空間を考慮したパネルデータモデルの推定

空間パネルモデルの推定は，パッケージ{splm}（Millo and Piras 2012）に実装されている．パッケージを利用するには，これまでと同様に次のコマンドでインストール，読み込みを行う．

```
install.packages("splm")
library(splm)
```

パッケージ{splm}を読み込むと，通常のパネルモデルの推定が実装されているパッケージ{plm}（Croissant and Millo 2008）も自動で読み込まれる．

パッケージ{plm}，{splm}に含まれるパネルデータを利用するにはいくつか要件がある．パネルデータは，識別のため個体（indivisual）と時点（time）が紐づいている必要があるが，順番については特に気にする必要はない．R では，第 1 列目を個体，第 2 列目を時点の識別子（インデックス）とすることがデフォルトの設定である．この設定でデータを読み込まない場合は，オプション `index` を用いて，個体と時点の列を指定しておく．

パッケージ{splm}における主要な関数は，`spml()` 関数（空間パネルデータモデルを ML 法で推定する関数）と `spgm()` 関数（空間パネルデータモデルを GMM で推定する関数）である．例題 4.4 と例題 4.6 で用いた Munnell のデータや例題 3.2 で用いた米国 48 州の空間重み行列は，すでにこのパッケージに実装されている．データは，次のコードを入力することで読み込むことができる．

```
data(Produc)
```

ここでは，まず，個体と時点をプールし，**OLS** 推定を行う．この推定は，`plm()` 関数にオプション `model="pooling"`を指定すれば，次のように実行できる．

```
model0 <- plm(y~x+z, model="pooling" )
```

次に，ランダム効果モデルの推定手順を説明する．はじめに，空間を考慮しないランダム効果モデルを ML 法で推定する．この推定は，spml() 関数を用いて次のコマンドで実行できる．

```
model1 <- spml(y~y+z, listw=W, model="random",
spatial.error="n", lag=FALSE)
```

ここで，***W*** は空間重み行列である．空間ラグ型ランダム効果モデルは次のようにオプションを追記する．

```
model2 <- spml(y~y+z, listw=W, model="random",
spatial.error="n", lag=TRUE)
```

式 (4.80)，(4.81) で説明した空間誤差ランダム効果モデルは空間ラグを FALSE，空間誤差を"b"と指定すればよい．

```
model3 <- spml(y~y+z, listw=W, model="random",
spatial.error="b", lag=FALSE)
```

式 (4.84)，(4.85) で説明した **KKP** モデルの ML 推定は，空間誤差に"kkp"と指定すればよい．

```
model4 <- spml(y~y+z, listw=W, model="random",
spatial.error="kkp", lag=FALSE)
```

GMM 推定を実行したいときは，spml() 関数から spgm() 関数に変更すればよい．

```
model5 <- spgm(y~y+z, listw=W, model="random",
spatial.error="kkp", lag=FALSE)
```

続いて，固定効果モデルの推定手順を説明する．

はじめに，空間を考慮しない固定効果モデルは，次のようにして実行できる．

```
model6 <- plm(y~y+z)
```

空間ラグ型固定効果モデル，空間誤差型固定効果モデルは，それぞれ次のようにして実行できる．

```
model7 <- spml(y~y+z, listw=W, spatial.error="none",
lag=TRUE)
model8 <- spml(y~y+z, listw=W, spatial.error="b", lag=FALSE)
```

4.5.4 地理的加重回帰モデルの推定

GWR モデルの推定には，パッケージ {spgwr} をインストール，呼び出しておく必要がある．

```
install.packages("spgwr")
library(spgwr)
```

面データに対して GWR をモデルを用いる場合は，事前になんらかの代表点（たとえば，重心点）の座標を計算しておく必要がある（2.3.3 項）．ここでは，次の GWR モデルを考える：$y_i = \beta_{0i} + x_i\beta_{1i} + z_i\beta_{2i} + \varepsilon_i, i = 1, \ldots, n$．交差検証法によってカーネル・バンド幅を決める場合は，次のコマンドを入力する．

```
bw <- gwr.sel(y~x+z, coords, gweight=gwr.Gauss, adapt=TRUE)
```

カーネル関数のデフォルトは Gaussian 型に設定されているため，この型を用いる場合は，`gweight=gwr.Gauss` は省略可能である．その他のカーネル関数を用いる場合は，たとえば，`gweight=gwr.bisquare` や `gweight=gwr.tricube` とすればよい．カーネル・バンド幅を決めた後は，GWR モデルを次のコマンドで実行できる．

```
modelgwr <- gwr(y~x+z, coords, adapt=bw, hatmatrix=TRUE)
```

推定結果は，次のコマンドで確認できる．

```
modelgwr
```

オブジェクト modelgwr は Spatial Data Frame（SDF）という形式で保存されており，各パラメータは空間データとして扱うことができる．説明変数 x の地点ごとの推定値は，modelgwrSDFx で確認できる．推定値を図化したい場合は，次のコマンドで実行できる．

```
plot(modelgwr$SDF, col=cols
=[findInterval(gwrmodel$SDF$x, brksm all.inside=TRUE)])
```

最後に，Leung et al.（2006）の方法による，残差の Moran's I 統計量を計算するには，次のコマンドを入力する．

```
gwr.morantest(modelgwr, W)
```

キーワード

- 実行可能な一般化空間二段階最小二乗法（feasible generalized spatial two stages least square method）
- 行列の推定（matrix estimation）
- HAC 推定量（heteroscadasticity auto-correlation consistent estimator）
- 空間 HAC 推定（spatial heteroscadasticity auto-correlation consistent procedures）
- 局外パラメータ（nuisance parameter）
- カーネル推定法（kernel estimation）
- カーネル関数（kernel function）
- 二項変数（dichotomous variable）
- 離散選択モデル（discrete choice model）
- 二項選択モデル（binary model）
- 潜在変数（latent variable）
- 潜在回帰（latent regression）
- 指示関数（index function）

- 標準ロジスティック分布（standard logistic distribution）
- 非空間プロビット・ロジットモデル（a-spatial probit and logit model）
- プロビットモデルとロジットモデルにおける限界効果（marginal effects in a logit and a probit model）
- モデルの誘導形（reduced form of a model）
- モデルの構造形（structural form of a model）
- 空間ラグプロビットモデル（spatial lag probit model）
- EM アルゴリズム（expectation-maximization algorithm）
- 空間ラグプロビットモデルの最尤推定量（maximum likelihood estimator of spatial lag probit model）
- 空間誤差プロビットモデルの GMM 推定量（generalized method of moment estimator of spatial error probit model）
- 一般化プロビット・ロジット誤差（generalized probit and logit disturbances）
- 線形化 GMM 推定量（linearized generalized method of moment estimator）
- 勾配項（gradient term）
- 個体ごとに並べ替えたロング形式のパネルデータ（sort and long panels）
- 時系列方向に接続したデータ（pooled time-series）
- 個体固有の誤差（individual and idiosyncratic error term）
- 観測されない異質性（unobserved heterogeneity）
- クロネッカー積（Kronecker product）
- 固定効果（fixed effects）
- ランダム効果（random effects）
- 空間誤差型のランダム効果モデル（spatial error model with random effects）
- KKP モデル（Kapoor, Kelejian, and Prucha model）
- 空間ラグ型のランダム効果モデル（spatial lag model with random effects）
- 空間誤差型の固定効果モデル（spatial error model with fixed effects）
- 空間ラグ型の固定効果モデル（spatial lag model with fixed effects）
- 時間平均調整（time-demeaning）
- 級内残差（within residuals）
- 安定した動学空間パネル（stable dynamics spatial panels）

- 不安定な動学空間パネル（unstable dynamics spatial panels）
- 空間非定常な関係（non-stationary spatial relationship）
- スキャン統計（scan statistics）
- 移動窓法（moving window）
- 局所加重回帰（locally weighted regression）
- カーネル関数（kernel function）
- バンド幅（bandwidth）
- Gaussian 型カーネル（Gaussian kernel），bi-squares 型カーネル（bi-square kernel），tri-cube 型カーネル（tri-cube kernel）
- 較正（calibration）
- 交差検証（cross-validation）
- ベイジアン地理的加重回帰（Bayesian geographically weighted regression）
- 離散選択地理的加重回帰（discrete choice geographically weighted regression）

クイズ

1. 空間データを用いた回帰モデルにおいて，誤差分散の均一性が満たされない場合が生じやすいのはなぜか．
2. 空間 HAC 推定量において，カーネル関数を用いる必要があるのはなぜか．
3. 誤差分散が不均一な SARAR モデルにおいて，局外パラメータの分散を考慮する必要があるのはなぜか．
4. 空間プロビットモデルの推定に通常の最尤法を用いるべきでない理由はなぜか．
5. 空間プロビット／ロジットモデルの推定に，線形化 GMM 推定が用いられる理由はなぜか．
6. パネルデータモデルにおいて，固定効果モデルとランダム効果モデルの違いは何か．また，2 つのモデルをどのように選択すべきか．
7. パネルデータモデルにおける 2 つの誤差要素の特定手法を述べよ．また，どのように個体固有の誤差要素を解釈できるか述べよ．
8. 時間平均調整の手順を述べよ．空間パネルデータモデルにおいて，時間平均調整を行う影響はどこに現れるか述べよ.
9. 空間誤差型ランダム効果モデルと KKP モデルの違いを述べよ.
10. GWR モデルを用いる利点を，通常の回帰モデルと比較して述べよ．また，どのような場合，GWR モデルがより適切なモデル化となりうるか述べよ．そして，どのような観点からみると，GWR モデルを空間計量経済モデルとみなすことができるか述べよ.

章末問題

4.1 ある空間単位（たとえば地域レベル）で集計された次の回帰モデルを考える：$\boldsymbol{y} = \beta_0 \boldsymbol{i}_n + \beta_1 \boldsymbol{x} + \boldsymbol{\varepsilon}$，$\boldsymbol{\varepsilon}|\boldsymbol{x} \sim$ i.i.d. $\mathcal{N}(\boldsymbol{0}, \sigma_\varepsilon^2 \boldsymbol{I})$．ここで，さらに上位階層の空間単位（たとえば国）でデータを集計することを考えよう．集計後の変数や誤差項を $\bar{\boldsymbol{y}}$，$\bar{\boldsymbol{x}}$，$\bar{\boldsymbol{\varepsilon}}$ とする．また，国数を m とし，各国の地域数を $n_1, \ldots, n_m$ とする．このとき，国レベルに集計したモデルは次のように表すことができる：$\bar{\boldsymbol{y}} = \beta_0 \boldsymbol{i}_n + \beta_1 \bar{\boldsymbol{x}} + \bar{\boldsymbol{\varepsilon}}$．地域レベルの回帰モデルの誤差項が均一分散であるとき，国レベルの回帰モデルでは通常不均一分散が生じることを示せ．なお，$m \times n$ の集計行列 $\boldsymbol{G}$ を用いれば，$\bar{\boldsymbol{y}} = \boldsymbol{G}\boldsymbol{y}$ などと表すことができることを利用せよ.

4.2 カーネル関数は i に関して和をとると，総和が 1 になるという性質がある．Uniform 型，Epanechnikov 型，Quadratic（bi-weight）型のカーネル関数について，この性質を確認せよ.

4.3 章末問題 3.1 で用いたデータを利用し，不均一分散を持つ SARAR モデルを推定せよ．被説明変数は `growth`，説明変数は `education expenses` とする．なお，推定法は 4.1.2 項で説明したパラメトリックな手法を用いよ.

4.4 次の空間誤差プロビットモデルを考える：$\boldsymbol{y}^\bullet = \boldsymbol{X}\boldsymbol{\beta} + \boldsymbol{u}$，$\boldsymbol{y} = I(\boldsymbol{y}^\bullet > 0)$，$\boldsymbol{u} = \rho \boldsymbol{W}\boldsymbol{u} + \boldsymbol{\varepsilon}$，$\boldsymbol{\varepsilon}|\boldsymbol{X} \sim$ i.i.d. $\mathcal{N}(\boldsymbol{0}, \boldsymbol{I})$．サンプルサイズを n として，このデルの対数尤度関数を導出せよ.

4.5 章末問題 3.1 と章末問題 4.3 で用いた EU 27 か国のデータに，`http://epp.eurostat.ec.europa.eu/portal/page/portal/region_cities/regional_statistics/data/main_tables` からダウンロード可能な Hitech intensity に関するデータ（下表）を合わせたデータを用いた分析を行う．`Hitech export` の比率 18% を基準として，各国を 2 つのグループに分け，区別したデータを `Hi-tec intensity` と呼ぶことにする．

章末問題 3.1 の結果とこれらの新しいデータを基礎に被説明変数を `Hi-tec intensity`，説明変数を `Education` として，非空間・空間プロビットモデルの ML 推定，GMM 推定，LGMM 推定を行え．

COUNTRY CODE	COUNTRY	% of Hi-tec Exports	Hi-tec Intensity	COUNTRY CODE	COUNTRY	% of Hi-tec Exports	Hi-tec Intensity
BE	Belgium	8.8	0	AT	Austria	11.7	0
BG	Bulgaria	4.6	0	PL	Poland	5.7	0
CZ	Czech Republic	15.2	0	PT	Portugal	3.7	0
DK	Denmark	12.3	0	RO	Romania	8.2	0
DE	Germany	14.0	0	SI	Slovenia	5.5	0
EE	Estonia	6.9	0	SK	Slovakia	5.9	0
IE	Ireland	22.1	1	FI	Finland	13.9	0
ES	Spain	4.8	0	SE	Sweden	14.6	0
FR	France	19.7	1	UK	United Kingdom	19.0	1
IT	Italy	6.8	0	EL	Greece	6.6	0
CY	Cyprus	20.1	1	LU	Luxembourg	41.9	1
LT	Lithuania	5.8	0	LV	Latvia	5.3	0
HU	Hungary	22.2	1	MT	Malta	35.2	1
NL	Netherlands	18.4	1				

4.6 個体数 3，時点数 2 のパネルデータがある．空間重み行列が

$$\boldsymbol{W} = \begin{bmatrix} 0 & 1 & 1 \\ 1 & 0 & 0 \\ 1 & 0 & 0 \end{bmatrix}$$

で与えられ，$\sigma_\mu^2 = 1$，$\lambda = 0.3$ であるとき，$\boldsymbol{I}_T \otimes \boldsymbol{A}$ と $\sigma_\mu^2(\boldsymbol{J}_T \otimes \boldsymbol{I})$ の全要素を示せ．

4.7 Millo（2014）を参考にして，パッケージ {splm} をインストールし，データ `Insurance` とイタリアの州レベルの隣接型空間重み行列（`itaww`）を読み込め．2.3.2 項で説明したように，隣接行列をオブジェクト `listw` に変換せよ．そして，被説明変数を `ppcd`，説明変数を `rgdp` とし，空間誤差型ランダ

ム効果モデルと KKP モデルの ML 推定を行え．特に空間誤差パラメータに着目して，分析結果を比較せよ．

4.8 例題 3.3，章末問題 3.6 で用いた `data(boston)` を読み込み，住宅価格の中央値（`MEDV`）と部屋数（`RM`）の関係を考える．このデータを対象に，非空間線形回帰モデルの OLS 推定，空間ラグモデルの ML 推定，そして Gaussian 型のカーネル関数と交差検証法によってバンド幅を決める GWR モデルの推定を行い，分析結果を比較せよ．特に，OLS 推定値と ML 推定，GWR モデルの推定値の中央値を比較せよ．合わせて，GWR モデルの回帰残差の Moran's I 統計量を計算せよ．

参考文献

Amemiya, T. (1985) *Advanced Econometrics*, Oxford: Basil Blackwell.

Anselin, L. (1988) *Spatial Econometrics: Methods and Models*, Kluwer Academic Publishers, Dordrecht.

Anselin, L. (1990) Some Robust Approaches to Testing and Estimation in Spatial Econometrics, *Regional Science and Urban Economics*, 20, 141–163.

Anselin, L. (2002) Under the Hood: Issues in the Specification and Interpretation of Spatial Regression Models, *Agricultural Economics*, 27, 3, 247–267.

Anselin, L., Le Gallo, J. and Jayet, H. (2008) Spatial Panel Econometrics, in L. Matyas, P. Silvestre (eds.), *The Econometrics of Panel Data, Fundamentals and Recent Developments in Theory and Practice*, 3rd edition, Heidelberg: Springer-Verlag, 625–660.

Arbia, G. (1989) *Spatial Data Configuration in the Statistical Analysis of Regional Economic Data and Related Problems*, Dordrecht: Kluwer Academic Press.

Arbia, G. (1990) On Second Order Non-Stationarity in Two-Dimensional Lattice Processes, *Computational Statistics and Data Analysis*, 9, 147–160.

Arbia, G. (2012) A Lustrum of SEA: Recent Research Trends Following the Creation of the Spatial Econometrics Association (2007–2011), *Spatial Economic Analysis*, 6, 4, 377–396.

Baltagi, B. (2008) *Econometric Analysis of Panel Data*, 4th edition, New York: Wiley.

Baltagi, B. and Pesaran, H. (2007) Heterogeneity and Cross-Section Dependence in Spatial Panel Data Models: Theory and Applications Introduction, *Journal of Applied Econometrics*, 22, 2, 229–232.

Baltagi, B. H. and Pinnoi, N. (1995) Public Capital Stock and State Productivity Growth:

Further Evidence from an Error Components Model, *Empirical Economics*, 20, 2, 351–359.

Baltagi, B., Egger, P. and Pfaffermayr, M. (2013) A Generalized Spatial Panel Data Model with Random Effects, *Econometric Reviews*, 32, 5, 650–685.

Barro, R. J. and Sala-i-Martin, X. (1992) Convergence, *Journal of Political Economy*, 100, 2, 223–251.

Beron, K. J. and Vijverberg, W. P. (2004) Probit in a Spatial Context: A Monte Carlo Approach, in L. Anselin, R. Florax and S. Rey (eds.) *Advances in Spatial Econometrics*, Heidelberg: Springer-Verlag, 169–195.

Brundson, C., Fotheringham, A. S. and Charlton, M. (1996) Geographically Weighted Regression: A Method for Exploring Spatial Non-Stationarity, *Geographical Analysis*, 28, 4, 281–298.

Brundson, C., Fotheringham, A. S. and Charlton, M. (1998) Spatial Non- Stationarity and Autoregressive Models, *Environment and Planning A*, 30, 6, 957–973.

Case, A. (1992) Spatial pattern in household demand, *Econometrica*, 59, 4, 953–965.

Cleveland, W. and Devlin, S. (1988) Locally Weighted Regression: An Approach to Regression Analysis by Local Fitting, *Journal of the American Statistical Association*, 82, 596–610.

Conley, T. (1999) GMM Estimation with Cross-Sectional Dependence, *Journal of Econometrics*, 92, 1–45.

Croissant, Y. and Millo, G. (2008) Panel Data Econometrics in R: The plm Package, *Journal of Statistical Software*, 27, 2, 1–43.

Dempster, A. P., Laird, N. M. and Rubin, D. B. (1977) Maximum Likelihood from Incomplete Data via the EM Algorithm, *Journal of the Royal Statistical Society B*, 39, 1, 1–38.

Driscoll, J. C. and Kraay, A. C. (1998) Consistent Covariance Matrix Estimation with Spatially Dependent Panel Data, *The Review of Economics and Statistics*, 80, 549–560.

Dubin, R. A. (1992) Spatial Autocorrelation and Neighborhood Quality, *Regional Science and Urban Economics*, 22, 3, 433–452.

Elhorst, J. P. (2003) Specification and Estimation of Spatial Panel Data Models, *International Regional Sciences Review*, 26, 3, 244–268.

Elhorst, J. P. (2009) Spatial Panel Data Models, in M. M. Fischer and A. Getis (eds.) *Handbook of Applied Spatial Analysis*, Heidelberg: Springer-Verlag.

Elhorst, J.-P. and Freret, S. (2009) Evidence of Political Yardstick Competition in France

Using a Two-Regime Spatial Durbin Model with Fixed Effects, *Journal of Regional Science*, 49, 5, 931–951.

Fisher, R. A. (1959) *Statistical Methods and Statistical Inference*, New York: Hafner.

Fleming M. M. (2004) Techniques for Estimating Spatially Dependent Discrete Choice Models, in L. Anselin, R. Florax and S. Rey (eds.) *Advances in Spatial Econometrics*, Heidelberg: Springer-Verlag, 145–168.

Fotheringham, A. S., Brunsdon, C. and Charlton, M. E. (1998) Geographically Weighted Regression: A Natural Evolution of the Expansion Method of Spatial Data Analysis, *Environment and Planning A*, 30, 1905–1927.

Fotheringham, A. S., Brunsdon, C. and Charlton, M. E. (2002) *Geographically Weighted Regression: The Analysis of Spatially Varying Relationships*, Chichester: Wiley.

Fotheringham, A. S., Brunsdon, C. and Charlton, M. E. (2007) Geographically Weighted Discriminant Analysis, *Geographical Analysis*, 4, 376–396.

Glaz J., Naus, J. and Wallenstein, S. (2001) *Scan Statistics*, Springer Series in Statistics, Heidelberg: Springer-Verlag.

Greene, W. (2011) *Econometric Analysis*, 7th edition, Upper Saddle River, NJ: Pearson Educational.

Grenander, U. and Rosenblatt, M. (1957) *Statistical Analysis of Stationary Time Series*. Wiley, New York. [2nd ed. (1984), Chelsea, New York.].

Hausman, J. (1978) Specification Tests in Econometrics, *Econometrica*, 46, 1251–1271.

Hoh, J. and Ott, J. (2012) Scan Statistics in Human Gene Mapping, *The American Journal of Human Genetics*, 91, 970.

Kapoor, M., Kelejian, H. and Prucha, I. (2007) Panel Data Model with Spatially Correlated Error Components, *Journal of Econometrics*, 140, 1, 97–130.

Kelejian, H. and Prucha, I. (1999) A Generalized Moments Estimator for the Autoregressive Parameter in a Spatial Model, *International Economic Review*, 40, 2, 509–533.

Kelejian, H. and Prucha, I. (2007) HAC Estimation in a Spatial Framework, *Journal of Econometrics*, 140, 1, 131–154.

Kelejian, H. and Prucha, I. (2010) Specification and Estimation of Spatial Autoregressive Models with Autoregressive and Heteroskedastic Disturbances, *Journal of Econometrics*, 157, 1, 53–67.

Klier, T. and McMillen, D. P. (2008) Clustering of Auto Supplier Plants in the United States: Generalized Method of Moments Spatial Logit for Large Samples, *Journal of Business and Economic Statistics*, 26, 4, 460–471.

Lee, L. and Yu, J. (2010a) Estimation of Spatial Autoregressive Panel Data Models with Fixed Effects, *Journal of Econometrics*, 154, 2, 165–185.

Lee, L. and Yu, J. (2010b) Some Recent Developments in Spatial Panel Data Models, *Regional Science and Urban Economics*, 40, 5, 255–271.

Lee, L. F. and Yu, J. (2011) Estimation of Spatial Panels, *Foundation and Trends in Econometrics*, 4, 1/2, 1–164.

Lee, L. F. and Yu, J. (2012) Spatial Panels: Random Components Versus Fixed Effects, *International Economic Review*, 53, 4, 1369–1412.

LeSage, J. (2004) A Family of Geographically Weighted Regression Models, in L. Anselin, R. J. Florax, and S. Rey (eds.), *Advances in Spatial Econometrics: Methodology, Tools and Applications*, Springer Verlag, Berlin, 241–264.

LeSage, J. and Pace, K. (2009) *Introduction to Spatial Econometrics*, Boca Raton, FL: Chapman & Hall/CRC Press.

Leung, Y., Mei, C. L. and Zhang, W. X. (2000) Testing for Spatial Autocorrelation Among the Residuals of Geographically Weighted Regression, *Environment and Planning A*, 32, 5, 871–890.

McMillen, D. P. (1992) Probit with Spatial Autocorrelation, *Journal of Regional Science*, 32, 3, 335–348.

McMillen, D. P. (1996) One Hundred Fifty Years of Land Values in Chicago: A Non-Parametric Approach, *Journal of Urban Economics*, 40, 100–124.

McMillen, D. P. and McDonald, J. F. (1997) A Nonparametric Analysis of Employ- ment Density in a Polycentric City, *Journal of Regional Science*, 37, 591–612.

McMillen, D. and McDonald, J. F. (2004) Locally Weighted Maximum Likelihood Estimation: Monte Carlo Evidence and an Application, in L. Anselin, R. J. G. M. Florax and S. Rey (eds.), *Advances in Spatial Econometrics: Methodology, Tools and Applications*, Berlin: Springer Verlag, 225–239.

Millo, G. (2014) Maximum Likelihood Estimation of Spatially and Serially Correlated Panels with Random Effects, *Computational Statistics and Data Analysis*, 71, 914-933.

Millo, G. and Pasini, G. (2010) Does Social Capital Reduce Moral Hazard? A Network Model for Non-Life Insurance Demand, *Fiscal Studies*, 31, 3, 341–372.

Millo, G. and Piras, G. (2012) splm: Spatial Panel Data Models in R, *Journal of Statistical Software*, 1–43. URL: `http://www.jstatsoft.org/v47/i01/`.

Mundlak, Y. (1978) On the Pooling of Time Series and Cross-Section Data, *Econometrica*, 46, 69–85.

Munnell, A. H. (1990) Why Has Productivity Growth Declined? Productivity and Public Investment, *New England Economic Review*, 30, 3–22.

Mur, J., Lopez, F. and Angulo, A. (2008) Symptoms of Instability in Models of Spatial Dependence, *Geographical Analysis*, 40, 2, 189–211.

Mutl, J. and Pfaffermayr, M. (2011) The Hausman Test in a Cliff and Ord Panel Model, *Econometrics Journal*, 14, 1, 48–76.

Newey, W. and West, K. (1987) A Simple Positive Semi-Definite Heteroscedasticity and Autocorrelation Consistent Covariance Matrix, *Econometrica*, 55, 703–708.

Oberhofer, W. and Kmenta, J. (1974) A General Procedure for Obtaining Maximum Likelihood Estimates in Generalized Regression Models, 42, 3, *Econometrica*, 579–590.

Pace, K. and LeSage, J. (2004) Spatial Autoregressive Local Estimation, in A. Getis, J. Mur and H. Zoller (eds.), *Recent Advances in Spatial Econometrics*, New York: Palgrave Macmillan, 31–51.

Paez, A., Long, F. and Faber, S. (2008) Moving Windows Approaches for Hedonic Price Estimation: An Empirical Comparison of Modeling Techniques, *Urban Studies*, 45, 8, 1565–1581.

Paez, A., Uchida, T. and Miyamoto, K. (2002) A General Framework for Estimation and Inference of Geographically Weighted Regression Models, *Environment and Planning A*, 34, 4, 733–754.

Pinkse, J. and Slade, M. E. (1998) Contacting in Space: An Application of Spatial Statistics to Discrete-Choice Models, *Journal of Econometrics*, 85, 125–154.

Pinkse, J., Slade, M. and Shen, L. (2006) Dynamic Spatial Probit with Fixed Effects Using One Step GMM: An Application to Mine Operating Decisions, *Spatial Economic Analysis*, 1, 53–99.

Pinkse, J., Slade, M. E. and Brett, C. (2002) Spatial Price Competition: A Semi- parametric Approach, *Econometrics*, 70, 1111–1153.

Piras, G. (2011) Estimation of Random Effects Spatial Panel Data Models: Some Additional Evidence, Working Paper.

Smirnov, O. (2010) Modelling Spatial Discrete Choice, *Regional Science and Urban Economics*, 40, 5, 292–298.

Wang, H., Iglesias, E. M. and Wooldridge, J. M. (2013) Partial Maximum Likelihood Estimation of Spatial Probit Models, *Journal of Econometrics*, 172, 77–89.

Wang, X. and Kockelman, K. M. (2009) Bayesian Inference for Ordered Response Data with a Dynamic Spatial Ordered Probit Model, *Journal of Regional Science*, 49, 5,

877–913.

Wheeler, D. C. and Paez, A. (2010) Geographically Weighted Regression, in M. Fischer and A. Getis (eds.), *Handbook of Applied Spatial Analysis: Software Tools, Methods and Applications*, Berlin: Springer-Verlag.

Wooldridge, J. (2002) *Econometric Analysis of Cross-Section and Panel Data*, Cambridge, MA: MIT Press.

第5章　ビッグデータのための代替モデル

5.1　序　　説

第3章と第4章では，最尤法と一般化二段階最小二乗法という2つの方法論を，一般的な空間計量経済モデルにおける一連の推定法として示した．特に最尤法においては，パラメータに対する非線形性の高さから尤度関数を解析的に最大化することが不可能なため，数値近似をする必要があることを述べた．しかしながら，尤度関数には次元がサンプルサイズに依存する行列の行列式が含まれ，この行列式を空間パラメータの数値探索の各試行で繰り返し評価する必要がある．膨大な量のデータを用いる多くの実証分析のように，もしnが非常に大きい場合，行列式の評価はかなり困難である．Ord（1975）で提案され長い間文献で用いられてきた固有値分解（3.4.3項参照）にもいくつかの限界がある．実際に，一般的な非対称行列のための標準的なサブルーチンによる固有値の算出そのものが近似解であり，400×400の次数の$\mathbf{W}$行列という比較的小さなサンプルサイズであっても非常に精度が悪くなることがあるとKelejian and Prucha（1998）で報告されている．重み行列が対称行列であれば精度は改善されるが，残念ながら行基準化された場合はそれも期待できない．その他にも多くの近似法が文献で提案された（Arbia 2006のレビューを参照）．これらの近似法は，重み行列が疎な（つまり，ゼロの要素が占める割合が高い）場合は正確だが，行列が非常に大きくなると正確ではなくなる．この点について，Bell and Bockstael（2000）は$2,000 \times 2,000$の次数の疎な行列における固有値計算の精度問題に関して，たとえば社会的相互作用の分析で直面するような密な行列（つまり，非ゼロの要素が占める割合が高い）場合は状況が悪化することを報告している．

尤度最大化に関連する計算上の問題は，コンピュータが低速でメモリーの少なかった1970年代から議論されてきたが，計算性能が向上している現在であっても，入手可能な大規模データベースが加速度的に増加しているため，計算時間と必要になるメモリー容量双方の点から，計算負荷は耐えられないほど過酷になりうる．たとえば，全米保健医療統計センター（National Center for Health Statistics）で提供されている多くの医療データは郡レベルで用意されており，そのため3,000以上の観測地点が含まれ，これらのデータを用いた空間計量経済モデルでは，$3,000 \times 3,000$ の次数の $\boldsymbol{W}$ 行列の逆行列を計算する必要がある．しかしながら，たとえば米国の国税調査局（Census Bureau）の縦断的ビジネスデータベース（Longitudinal Business Data Base: LBD）で提供される米国の事業所に関連するものでは400万もの個別の工場が観測されているなど，他の多くの地理参照された経済データに比べれば，上述の次数はたいしたことではない．その他の例としては，土地被覆評価に用いられる衛星画像や高解像度医用画像などでは，画素化された画像で構成された何百万という空間的な関係を示す観測データを考慮しなければならない．さらに，ヒトゲノムのマッピングで使用されるデータも空間依存性を示しており，何百万もの観測を含んでいるため同時尤度アプローチは完全に実行不可能である．これらはさまざまな分野で現れる可能性の例のほんの一部である．将来の空間ビッグデータの需要増加は容易に予想でき，それにともないそういった新たなデータを分析するための適切な方法論の開発に対する需要も増加するだろう．

空間計量経済モデリングの計算上の問題に関しては近年の文献でも近似解についての多くの提案がなされている（たとえば，Smirnov and Anselin 2001, Griffith 2000, 2004, Pace and LeSage 2004）．これらの研究は第3章と第4章で紹介した手法の計算を高速化するためのものであったが，最近の文献のいくつかでは，計算上の障害を軽減するという特定の目的を基に，従来の空間自己回帰モデルを出発点とした代替モデルの特定化に関心が集中しているものもある．それらの貢献にはいくつかの共通する特徴がある：理論的に単純である，最尤推定における閉形解を有している，そして数値的性能を劇的に向上させる．

本章では，上述の代替モデルのいくつかをレビューする．具体的には，行列指数関数空間特定化（Matrix Exponential Spatial Specification: MESS）を 5.2 節で扱い，5.3 節では空間モデルの一方向近似法（unilateral approximation）に絞って説明する．そして最後に 5.4 節では二変量コーディング手法（bivariate coding technique）とそれに関連した二変量周辺最尤推定（bivariate marginal maximum likelihood estimation）を紹介する．

5.2　MESS 法

5.2.1　MESS 空間ラグモデル

MESS の特定化を導入するために，3.5 節で定義した空間ラグモデルをいま一度考える．

$$\boldsymbol{y} = \lambda \boldsymbol{W}\boldsymbol{y} + \boldsymbol{Z}\boldsymbol{\beta} + \boldsymbol{u},\ |\lambda| < 1 \tag{5.1}$$

ここで，$\boldsymbol{u}|\boldsymbol{Z} \sim \text{i.i.d. } \mathcal{N}(\boldsymbol{0}, \sigma_\varepsilon^2 \boldsymbol{I})$ であり $\boldsymbol{W}$ は非確率的でかつ（必要ではないが多くの実証研究においては）行基準化されたものである．さて，式 (5.1) を次のように書き直してみる．

$$(\boldsymbol{I} - \lambda \boldsymbol{W})\boldsymbol{y} = \boldsymbol{Z}\boldsymbol{\beta} + \boldsymbol{u} \tag{5.2}$$

前述したように，大規模なデータベースの分析を行う際に浮上する計算上の問題は，主にモデルの分散共分散行列の逆行列 $(\boldsymbol{I} - \lambda \boldsymbol{W})^{-1}$（式 (3.47) 参照）に由来する．ここで，式 (5.2) を一般化し，新たな一般化空間ラグモデルを次のように特定してみる．

$$\boldsymbol{S}\boldsymbol{y} = \boldsymbol{Z}\boldsymbol{\beta} + \boldsymbol{u} \tag{5.3}$$

ここで $\boldsymbol{S}$ は実正定値行列である．行列 $\boldsymbol{S}$ を異なる方法で特定化することで分散共分散行列が変化し，それに伴いさまざまな空間計量経済モデルの特定化へとつながる．Chiu et al.（1996）で提案された手法に従い，LeSage and Pace（2007）は次の指数関数型による行列 $\boldsymbol{S}$ の特定化を提案した．

$$\boldsymbol{S} = \exp(\alpha \boldsymbol{W}) \tag{5.4}$$

上記の特定化による計算上の利点を検討する前に，行列 $\boldsymbol{S}$ を下記の級数展開を利用して書き直してみる．

$$\boldsymbol{S} = \exp(\alpha \boldsymbol{W}) = \sum_{i=0}^{\infty} \frac{\alpha^i \boldsymbol{W}^i}{i!} \tag{5.5}$$

この表記における $\boldsymbol{W}^1, \boldsymbol{W}^2, \ldots$ については説明が必要であろう．空間計量経済学では，時系列分析のアナロジーとして，2.1 節で紹介された空間ラグについての考えを拡張することで高次レベルの近隣を定義することができる．われわれは，非ゼロの要素を近隣の空間単位のペアであるとして $\boldsymbol{W}$ 行列を定義したが，これは「一次近隣（first-order neighbors）」と呼ぶことができる．同様に，$\boldsymbol{W}^2$ 行列における非ゼロ要素は，一次近隣に近接したペアであるから，二次近隣であると考えられる．より高次の $\boldsymbol{W}$ 行列もまた同様に定義ができる．高次近隣に関しては，代わりにさまざまなレベルの距離を考慮することでも定義可能である．

Chiu et al.（1996）では式 (5.5) の変換による一連の利点を示している．特に，以下の有用な性質がある：

性質 1. いかなる実正定値行列 $\boldsymbol{S}$ に対しても，$\boldsymbol{S} = \exp(\alpha \boldsymbol{W})$ となるような実対称行列 $\alpha \boldsymbol{W}$ が存在する．

性質 2. いかなる実対称行列 $\boldsymbol{W}$ に対しても，$\boldsymbol{S}$ は正定値行列である．

性質 3. $\boldsymbol{S}$ の逆行列は $\boldsymbol{S}^{-1} = \exp(-\alpha \boldsymbol{W})$ である．

性質 4. $\boldsymbol{S}$ の行列式は $|\boldsymbol{S}| = \exp(\mathrm{tr}[\alpha \boldsymbol{W}])$ である．行列 $\boldsymbol{W}$ の対角項は定義によりゼロなため（2.1 節参照），これは $|\boldsymbol{S}| = \exp(\mathrm{tr}[\alpha \boldsymbol{W}]) = \exp(0) = 1$ と単純化される．

上記の性質は以下のことを保証するものである．

1. このアプローチは常に利用することが可能である．
2. 無矛盾な分散共分散行列が定義可能である．
3. $\boldsymbol{S}$ の逆行列の計算は非常に単純である．
4. $\boldsymbol{S}$ の行列式は常に 1 である．

したがって，MESS モデルの対数尤度は，空間ラグモデルで計算上の問題において主な原因となる対数行列式の計算をともなわない．

式 (5.5) のパラメータ α は，式 (5.1) の空間ラグモデルにおけるパラメータ λ と関連して，空間的相関の度合いをコントロールするものである．実際，$\boldsymbol{S} = (\boldsymbol{I} - \lambda\boldsymbol{W}) = \exp(\alpha\boldsymbol{W})$ から 2 つの行列の最大行和ノルムをとりそれらを等しいとおくことで次式を得る．

$$1 - \lambda = \exp(\alpha) \tag{5.6}$$

もしくは左辺と右辺を入れ替えて対数をとると次式を得る．

$$\alpha = \ln(1 - \lambda) \tag{5.7}$$

$|\lambda| < 1$ であるから，式 (5.7) より α の範囲は，λ が正のときは $-\infty < \alpha \leq 0$，λ が負のときは $0 < \alpha \leq 0.693147$ となる．特に，$\lambda = 0$ のときは $\alpha = 0$ であり，$\lambda \to 1$ ならば $\alpha \to \infty$ である（ただし $\alpha = -5$ のとき λ の値は 1 に近く $\lambda = 0.99$ である）．

推定と仮説検定のために，この新たに特定化された対数尤度について考える．まず初めに，式 (3.47) の $(\boldsymbol{I} - \lambda\boldsymbol{W})$ を $\boldsymbol{S}$ に置き換えることで次式が得られる．

$$\begin{aligned}
\mathrm{E}[\boldsymbol{y}\boldsymbol{y}'] &= \sigma_{\varepsilon}^2\boldsymbol{\Omega} \\
&= \sigma_{\varepsilon}^2(\boldsymbol{I} - \lambda\boldsymbol{W})^{-1}((\boldsymbol{I} - \lambda\boldsymbol{W})^{-1})' \\
&= \sigma_{\varepsilon}^2\boldsymbol{S}^{-1}(\boldsymbol{S}^{-1})'
\end{aligned} \tag{5.8}$$

よって式 (3.49) の対数尤度は次式のように表すことができる．

$$\begin{aligned}
\ell(\sigma^2, \rho, \boldsymbol{\beta}; \boldsymbol{y}) &= \text{const.} - \frac{1}{2}\ln|\sigma_{\varepsilon}^2\boldsymbol{S}^{-1}(\boldsymbol{S}^{-1})'| \\
&\quad - \frac{1}{2\sigma_{\varepsilon}^2}\left(\boldsymbol{y} - \boldsymbol{S}^{-1}\boldsymbol{Z}\boldsymbol{\beta}\right)'\boldsymbol{S}\boldsymbol{S}'\left(\boldsymbol{y} - \boldsymbol{S}^{-1}\boldsymbol{Z}\boldsymbol{\beta}\right) \\
&= \text{const.} - \frac{1}{2}\ln|\sigma_{\varepsilon}^2\boldsymbol{S}^{-1}(\boldsymbol{S}^{-1})'| \\
&\quad - \frac{1}{2\sigma_{\varepsilon}^2}(\boldsymbol{S}\boldsymbol{y} - \boldsymbol{Z}\boldsymbol{\beta})'(\boldsymbol{S}\boldsymbol{y} - \boldsymbol{Z}\boldsymbol{\beta})
\end{aligned} \tag{5.9}$$

式 (3.50) のところで示したように $|\boldsymbol{S}^{-1}(\boldsymbol{S}^{-1})'| = |\boldsymbol{S}^{-1}||(\boldsymbol{S}^{-1})'|$ であり，また，前述

した性質4よりこれは$|\boldsymbol{S}^{-1}(\boldsymbol{S}^{-1})'| = 1$と簡単に書ける．これより次式を得る．

$$\ell(\sigma^2, \lambda, \boldsymbol{\beta}; \boldsymbol{y}) = \text{const.} - \frac{1}{2}\ln(\sigma_\varepsilon^2) - \frac{1}{2\sigma_\varepsilon^2}(\boldsymbol{Sy} - \boldsymbol{Z\beta})'(\boldsymbol{Sy} - \boldsymbol{Z\beta}) \tag{5.10}$$

ここで$\boldsymbol{S}$はλの関数であり，したがってαの関数でもある．式(5.10)には行列式が含まれないため，パラメータ$\boldsymbol{\beta}$とαの推定における対数尤度の最大化は，モデルの誤差二乗和である$(\boldsymbol{Sy} - \boldsymbol{Z\beta})'(\boldsymbol{Sy} - \boldsymbol{Z\beta})$の項の最小化に等しい．

実用上の観点から，式(5.5)の無限級数展開を第q項で打ち切ることで次の近似式になる．

$$\boldsymbol{S} = \exp(\alpha\boldsymbol{W}) = \sum_{i=0}^{\infty}\frac{\alpha^i\boldsymbol{W}^i}{i!} \approx \sum_{i=0}^{q}\frac{\alpha^i\boldsymbol{W}^i}{i!} \tag{5.11}$$

LeSage and Pace（2007）は，qの値は（正のまたは負の）空間的相関の度合いに依存するが，サンプルサイズには依存しないことを示した．また，彼らはシミュレーションデータから，空間的相関の絶対値が非常に高くなければ（実際の状況でよくあるように，0.95より低い場合），$q = 16$での打ち切りで非常に良い近似が得られることを示した．λがより高い値の場合は級数展開でより多くの項が必要となる．もし行列$\boldsymbol{W}$が疎であれば，計算は比較的簡単でそれほどの計算量は必要としない．しかしながら，もしも重み行列が（たとえば社会的ネットワーク分析でのように）非常に密な場合，$\sum_{i=0}^{\infty}(\alpha^i\boldsymbol{W}^i/i!)$の変換もまた密になるため，メモリーと計算時間の点から行列$\boldsymbol{S}$の計算は法外なものとなり，この手法の計算上の利点を相殺してしまう．ただしこの手法では，$\boldsymbol{S}$ではなく$\boldsymbol{Sy}$（式(5.10)参照）の計算のみ必要となるため，演算が大幅に簡素化されていることは注目すべきである．

第3章で見たような従来の自己回帰モデルでは尤度関数の非線形性の高さが原因で不可能であったが，MESSではパラメータ推定における閉形解の導出が可能であることを，MESSのもう1つの利点としてLeSage and Pace（2007）は挙げている．そのような閉形解を導出するために，われわれは式(5.5)を行列表記する必要がある．そのためにいくつかの定義を導入する．まず初めに，従属変数$\boldsymbol{y}$とそのラグ項（高次も含む）のすべての値を含む行列を定義する．

$$Y = \left[y, Wy, W^2 y, \ldots, W^{q-1} y \right] \tag{5.12}$$

ここで q は式 (5.11) の打ち切りで用いられた値である．もし y が $n \times 1$ ベクトルならば，行列 Y は $n \times q$ 行列である．続いて，式 (5.11) における第 q 項までを含む $q \times q$ の対角行列 G を定義する．

$$G = \begin{bmatrix} 1/0! & 0 & \cdots & 0 \\ 0 & 1/1! & \cdots & 0 \\ \vdots & \vdots & \ddots & \vdots \\ 0 & 0 & \cdots & 1/(q-1)! \end{bmatrix} \tag{5.13}$$

最後に，空間的相関をコントロールするパラメータ α のべき乗を含むベクトル $\nu(\alpha)'$ を定義する．

$$\nu(\alpha)' = \left[1, \alpha, \alpha^2, \ldots, \alpha^{q-1} \right] \tag{5.14}$$

式 (5.12)，(5.13)，(5.14) の定義を用いて，式 (5.11) は次のように書き直すことができる．

$$Sy \approx YG\nu(\alpha) \tag{5.15}$$

近似式となっているのは級数展開での打ち切りのためである．式 (5.15) の両辺に冪等射影行列 $P = I - X(X'X)^{-1}X'$ を左から掛けることで，変換された要素の関数で表現された残差の二乗和が導出できる．

$$u'u = \nu(\alpha)'G(Y'P'PY)G\nu(\alpha) \tag{5.16}$$

また $Q = G(Y'P'PY)G$ と定義することで

$$u'u \approx \nu(\alpha)'Q\nu(\alpha) \tag{5.17}$$

と簡素化され，最終的には次式が得られる．

$$\min\,(u'u) \approx \min\,(\nu(\alpha)'Q\nu(\alpha)) \tag{5.18}$$

LeSage and Pace（2007）は，式 (5.18) は閉形解を持つ α の多項式であることを

示し，またそのような解は一意に求まり最小値を与えることを証明した．さらに，2 階の条件は推論やパラメータの仮説検定を行う基となるヘッセ行列と標準誤差の評価における別の方法を提供してくれる．

訳者注：式 (5.15) から式 (5.16) の導出過程

$$\boldsymbol{Sy} = \boldsymbol{X\beta} + \boldsymbol{u}$$

より

$$\begin{aligned}
\boldsymbol{u} &= \boldsymbol{Sy} - \boldsymbol{X\beta} \\
&= \boldsymbol{Sy} - \boldsymbol{X}(\boldsymbol{X}'\boldsymbol{X})^{-1}\boldsymbol{X}'\boldsymbol{Sy} \ (\because \boldsymbol{\beta} = \boldsymbol{X}(\boldsymbol{X}'\boldsymbol{X})^{-1}\boldsymbol{X}'\boldsymbol{Sy}) \\
&= \left\{\boldsymbol{I} - \boldsymbol{X}(\boldsymbol{X}'\boldsymbol{X})^{-1}\boldsymbol{X}'\right\}\boldsymbol{Sy} \\
&= \boldsymbol{PSy} \ (\because \boldsymbol{P} \equiv \boldsymbol{I} - \boldsymbol{X}(\boldsymbol{X}'\boldsymbol{X})^{-1}\boldsymbol{X}')
\end{aligned}$$

式 (5.15) の両辺に左から $\boldsymbol{P}$ を掛けると

$$\boldsymbol{PSy} \approx \boldsymbol{PYG\nu}(\alpha)$$

が得られるが，上で示したように $\boldsymbol{u} = \boldsymbol{PSy}$ であるから，

$$\boldsymbol{u} \approx \boldsymbol{PYG\nu}(\alpha)$$

となる．これより，

$$\begin{aligned}
\boldsymbol{u}'\boldsymbol{u} &\approx \{\boldsymbol{PYG\nu}(\alpha)\}'\boldsymbol{PYG\nu}(\alpha) \\
&= \boldsymbol{\nu}(\alpha)'\boldsymbol{G}'\boldsymbol{Y}'\boldsymbol{P}'\boldsymbol{PYG\nu}(\alpha)
\end{aligned}$$

となり，$\boldsymbol{G}$ が対称行列であることから式 (5.16) が得られる．

MESS は空間計量経済モデルの推定の際に必要な計算時間とメモリー容量を劇的に軽減するための近似手法である（式 (5.11) で打ち切りをしているため）．しかしながら，この方法論の提案者たちはいくつかの実証分析で (LeSage and Pace 2009)，この近似法が非常に精度が良いことを示している．ボストンの 506 の国勢調査区における住宅価格のデータセット（例題 3.3 と 3.4

を参照）を用いて，彼らは完全尤度に基づく空間ラグモデルと MESS モデルを推定し，得られたパラメータの推定値の比較を行った．分析の結果から，回帰パラメータの点推定と仮説検定における p 値の双方の点から推論は一致していることが示された．さらに，完全尤度に基づく空間ラグモデルにおける λ の推定値と，MESS モデルにおける α の推定値が一致していた．そのため，少なくとも比較的小さなデータセットを用いる際には，計算上の利点は推定精度を犠牲にするほどではない．

5.2.2 MESS 空間誤差モデルとさらなる拡張

同様に，空間誤差モデルに対応する MESS モデルを考えることができる．いま，3.4 節の式 (3.13) と同じく，次式のモデルを仮定する．

$$\boldsymbol{y} = \boldsymbol{Z\beta} + \boldsymbol{u} \tag{5.19}$$

ただし，式 (3.14) のように $\boldsymbol{u} = \rho\boldsymbol{Wu} + \boldsymbol{\varepsilon}$, $|\rho| < 1$ と誤差項をモデル化するのではなく，ここでは次のような一般的なモデルを考える．

$$\boldsymbol{\varepsilon} \sim \mathcal{N}(\boldsymbol{0}, \boldsymbol{\Omega}) \tag{5.20}$$

ここで $\boldsymbol{\Omega}$ は誤差項の一般的な分散共分散行列である．

式 (5.20) で $\boldsymbol{\Omega} = \exp(\alpha\boldsymbol{W})$ と仮定した場合は，

$$\boldsymbol{\Omega} = \exp(\alpha\boldsymbol{W}) = \sum_{t=0}^{\infty} \frac{\alpha^i \boldsymbol{W}^i}{i!}$$

または，

$$\boldsymbol{\Omega}^{-1} = \exp(-\alpha\boldsymbol{W}) = \sum_{i=0}^{\infty} \frac{-\alpha^i \boldsymbol{W}^i}{i!} \tag{5.21}$$

と表すことができ，空間誤差の MESS モデルが得られる．反対に，

$$\boldsymbol{\Omega} = (\boldsymbol{I} - \rho\boldsymbol{W})^{-1}\{(\boldsymbol{I} - \rho\boldsymbol{W})^{-1}\}'$$

もしくは，

$$\boldsymbol{\Omega}^{-1} = (\boldsymbol{I} - \rho\boldsymbol{W})(\boldsymbol{I} - \rho\boldsymbol{W})' \tag{5.22}$$

であれば，従来の空間誤差モデルが得られる．式(5.22)は，

$$\begin{aligned}\boldsymbol{\Omega}^{-1} &= (\boldsymbol{I} - \rho\boldsymbol{W})(\boldsymbol{I} - \rho\boldsymbol{W})' \\ &= (\boldsymbol{I} - \rho\boldsymbol{W})(\boldsymbol{I} - \rho\boldsymbol{W}') \\ &= \boldsymbol{I} - \rho\boldsymbol{W} - \rho\boldsymbol{W}' + \rho^2\boldsymbol{W}\boldsymbol{W}'\end{aligned} \tag{5.23}$$

または，

$$\boldsymbol{\Omega}^{-1} = \boldsymbol{I} - 2\rho\boldsymbol{W} + \rho^2\boldsymbol{W}^2 \tag{5.24}$$

のように表すことができる．これは式(5.21)において，$-\alpha = -2\rho$，$-\alpha^2/2 = \rho^2$ とし，級数展開が $q = 2$ で打ち切られたときに等しい．

米国の3,107の郡における実際のデータの分析と，それと同じ地理的構造を持つシミュレーションデータの分析を用いて，LeSage and Pace（2009）はMESSモデルのパラメータ推定値が空間誤差モデルの最尤推定値を非常に良く近似していることを示した．

MESSモデルの柔軟性を拡張することで，より一般的な空間重みを考えることができる．それは，行列指数関数の変換において，高次近隣での空間的相関の減衰速度をコントロールする新たなパラメータを導入することである．LeSage and Pace（2009）は式(5.4)で用いる行列 $\boldsymbol{W}$ として次式を提案している．

$$\boldsymbol{W} = \sum_{i=1}^{m} \frac{\phi^i \boldsymbol{W}_i}{\sum_{i=1}^{m} \phi^i} \tag{5.25}$$

$\boldsymbol{W}_i$ は i 番目に近い近隣に対して非ゼロの要素を持つ空間重み行列，ϕ は $0 \leq \phi \leq 1$ となる距離減衰パラメータ，分母の項は正規化係数である．定義より，この新たな行列 $\boldsymbol{W}$ は対角項の要素が0であり，各行の和は1となる．もちろん，2つの新たなパラメータ（m と ϕ）を導入したことで，柔軟性が高まる反面計算量が増加する．このことからこの方法論の提案者たちは，パラメータの適切な事前分布を特定することにより，推定と仮説検定の段階におけるベイジ

アンアプローチを提案している.

例題 5.1　メキシコの保健医療計画

例として，MESS 近似法による空間ラグモデルの推定を考える．この例で用いるデータセットは，2010 年におけるメキシコの州レベルのものである．各州における患者 1,000 人当たりの医師数を，患者 1,000 人当たりの保健スタッフ数，65 歳以上人口の割合，そして 2000 年および 2010 年における 1 人当たり医療費で説明するモデルを推定することを想定しよう．メキシコの 32 の州のシェープファイルは〈http://www.gadm.org/mexico〉よりダウンロード可能であり，地図と分析に必要なデータは以下に示すとおりである.

ここでは，2 つの州の重心点間距離が閾値より小さい場合，そのペアが近隣と定義される行基準化された距離ベースの重み行列を考える．閾値は，すべての州が少なくとも近隣を 1 つ持つように設定した.

われわれは空間ラグモデルを，最尤法と MESS 近似法の両方で推定を行う．ここで用いられる空間ラグモデルの特定化は $\boldsymbol{y} = \beta_0\boldsymbol{i}_n + \beta_1\boldsymbol{x}_1 + \beta_2\boldsymbol{x}_2 + \beta_3\boldsymbol{x}_3 + \beta_4\boldsymbol{x}_4 + \lambda\boldsymbol{W}\boldsymbol{y} + \boldsymbol{\varepsilon}$ となる．$\boldsymbol{y}$ は患者 1000 人当たりの医師数，$\boldsymbol{x}_1$ は患者 1,000 人当たりの保健スタッフ数，$\boldsymbol{x}_2$ と $\boldsymbol{x}_3$ はそれぞれ 2000 年と 2010 年における 1 人当たり医療費，$\boldsymbol{x}_4$ は 65 歳以上人口の割合である.

Code	States	Number of Doctors per 1,000 Inhabitants	Per-Capita Health Expenditure 2010	Per-Capita Health Expenditure 2000	Health Staff per 1,000 Inhabitants	% of Population over 65
0	Distrito Federal	3.1	9.437522	0.7521	15.3	7.771425
1	Guerrero	1.4	2.572524	0.427321	5.5	6.917765
2	México	1.0	2.780234	0.435988	4.7	4.911075
3	Morelos	1.4	2.974519	0.629462	6.1	6.992579
4	Sinaloa	1.7	3.271296	0.700082	7.1	6.616576
5	Baja California	1.2	3.420365	0.574503	5.5	4.457112
6	Sonora	1.9	3.424168	0.770872	8.6	5.950505
7	Baja California Sur	2.1	5.02135	0.667388	9.3	4.272824
8	Zacatecas	1.7	2.897978	0.640509	6.4	7.450485
9	Durango	1.8	3.45163	0.556376	7.2	6.429409
10	Chihuahua	1.2	3.622121	0.691472	6.2	5.67107
11	Colima	2.2	3.983012	0.672654	9.0	6.205932
12	Nayarit	2.2	3.329873	0.732461	8.1	7.12659
13	Michoacán de Ocampo	1.4	2.164095	0.642803	5.1	7.266681
14	Jalisco	1.5	2.974531	0.702626	6.4	6.269595
15	Chiapas	1.0	2.139129	0.496826	4.1	4.898949
16	Tabasco	2.2	4.03974	0.493174	9.3	5.190782
17	Oaxaca	1.4	2.532036	0.526933	5.3	7.787479
18	Guanajuato	1.4	2.532267	0.529055	5.4	6.045926
19	Aguascalientes	1.9	3.549239	0.529501	8.3	5.092591
20	Querétaro	1.3	2.726577	0.48921	5.1	5.109038
21	San Luis Potosí	1.5	2.654342	0.594948	5.5	7.155858
22	Tlaxcala	1.4	2.75405	0.399939	5.5	5.957505
23	Puebla	1.3	2.180045	0.501114	4.9	6.295532
24	Hidalgo	1.5	2.566565	0.477279	6.3	6.613051
25	Veracruz de Ignacio de la Llave	1.5	2.88041	0.646695	5.9	7.311852
26	Nuevo León	1.4	3.52745	0.689333	7.0	5.902514
27	Coahuila de Zaragoza	1.7	3.364743	0.691015	7.9	5.691221
28	Tamaulipas	1.7	3.452093	0.669398	7.6	5.976068
29	Yucatán	1.6	3.754511	0.63864	6.9	6.898322
30	Campeche	2.5	4.689265	0.51398	9.3	5.653901
31	Quintana Roo	1.2	3.595703	0.299441	6.2	2.978851

出典：Populationdata: http://www.inegi.org.mx/est/contenidos/proyectos/ccpv/cpv2010/Default.aspx
Healthdata: http://www.sinais.salud.gob.mx/estadisticasportema.html

	Maximum Likelihood			MESS Specification		
	Estimate	Standard Error	p-value	Estimate	Standard Error	p-value
β_0	0.1399	0.4470	0.75	0.1243	0.2009	0.54
β_1	0.1870	0.0122	0.00^{***}	0.1874	0.0127	0.00^{***}
β_2	0.0584	0.0314	0.06	0.0587	0.0340	0.10
β_3	−0.0497	0.0343	0.15	−0.0499	0.0371	0.19
β_4	0.0640	0.0252	0.01^{*}	0.0648	0.0249	0.01^{*}
λ	−0.1411	0.1921	0.46	−0.1365	0.1633	0.43

Signif. codes: ***: $p < 0.001$; **: $p < 0.01$; *: $p < 0.05$; .: $p < 0.1$.

2つの推定法で得られた結果を比較すると，MESS法はパラメータの符号と有意性の双方の点から，最尤法による結果とほぼ一致することがわかる．患者1,000人当たり保健スタッフ数と65歳以上人口割合が，メキシコにおける医師の地理的分布を説明する最も重要な要因であるように見える．パラメータの点推定値はいずれも非常に類似しており，空間パラメータλと定数項においてMESS法では少しだけ過小推定しているだけである．ただし，どちらの方法でも，パラメータλは負であり有意ではなかった．標準誤差の値もまた驚くほど類似している．この例のように非常に小さなサンプルサイズにおいては，計算時間の差は明らかに無視できる．しかしながら，ビッグデータセットにおいては，MESSモデルは推定精度を悪化させることなく計算負荷を大幅に削減可能であることをこの例は示唆している．

5.3 一方向近似アプローチ

5.3.1 空間計量経済学における非対称性と異方性の重要性

第3章と第4章で議論した自己回帰モデルは共通の特性を有している．これらのモデルは，2.1節で説明した空間ラグ付き変数の一般的な定義をもとにしている．地点iにおける変数$\mathbf{y}$の空間ラグは次式のように定義した．

$$L(y_i) = \sum_{j=1}^{n} w_{ij}^{*} y_j \tag{5.26}$$

ここで w_{ij}^{*} は基準化された重み行列である（式(2.3)参照）．言い換えれば，空間ラグは地点 i のすべての近隣で観測された値 y_j の平均として定義されている．これは，すべての近隣は（地点 i に対する位置を問わず）等しくラグ付き変数に寄与し，方位は関係ないということを示唆している．これまでに紹介したモデルすべてにおいて暗に仮定されてきたこの仮定は，文献では等方性（isotropy）として知られている（形式的な定義についてはたとえば，Cressie 1993 を参照）．

等方性の概念は物理学に由来し，依存構造が方向性バイアスや優先方向を持たないことを意味する．等方性の仮定の妥当性に関しては多くの空間統計学の分野で一般的に議論されている．たとえば，気象学，地質学やその他の物理現象における空間データを扱う場合は方向が最も重要であり（たとえば，Shabenberger and Gotway 2002 を参照），医療画像を扱う分野では異方性（anisotropy）が乳ガンリスクの良い予測因子であることが証明されている（Heine and Mahorta 2002）．

経済学者は常にこの問題を認識していた．たとえば，ノーベル賞受賞者の Clive Granger は方向性バイアスの欠如の仮定はとても強く，空間計量経済学では非現実的であると述べている（Granger 1974）．彼は，「もし方向が関係なければ，これらの変数の関連性の度合いは点間距離にのみ依存する．オックスフォードとロンドンで測定された値の関連性が，リンカンシャー州内の 55 マイルほど離れている 2 つの村で測定された値のものと同じになる．ニューヨークとフィラデルフィアにおける失業者数の相関が，中西部で約 100 マイルほど離れている 2 つの小さな町でのものと同じになる．平面におけるこの定常性の仮定は，経済変数にとって完全に非現実的である」（Granger 1974, p.15）．

特に一般的な異方性の兆候は，空間的関係性の非対称性である．Paelinck and Klaassen（1979）では，空間計量経済学における 5 つの基本的特性のうちの 1 つとして非対称性を挙げている．非対称性の良い例としては，中心部から周辺部への依存性を周辺部から中心部への依存性より強く割り当てる core-periphery モデルがある（たとえば，Paelinck and Nijkamp 1975 を参照）．方向性バイアスに関しては，住宅価格の動的パターン（Holly et al. 2010）や，米国で観測される沿岸部から内陸の州に向かう東西方向とは対照的な海岸沿いの南北方向の依存関係を示す経済変数や，EU 内での中心部から周辺部とその逆で異なる依存関係などその例にこと欠かない．

非対称性は異方性の最も直感的に理解可能な側面ではあるが，異方性における多くの兆候のうちの 1 つでしかない．非対称性と異方性の概念の関連性について明確にするために，単純なルーク型の近隣構造でシステムの位相構造がとらえられるという仮定のもとで，図 5.1 のように通常の正方格子グリッドに配置されている 3 つの地域（i, l, m）で分けられた対象地域を考える．

対象地域において垂直方向（V）と水平方向（H）の 2 つの依存構造を定義する．ルーク型の近隣の定義によれば，次式を得ることができる．

$$
\begin{aligned}
y_i &= \overrightarrow{\rho}_H y_m + \overrightarrow{\rho}_V y_l + \varepsilon_i \\
y_l &= \overleftarrow{\rho}_V y_i + \varepsilon_l \\
y_m &= \overleftarrow{\rho}_H y_i + \varepsilon_m
\end{aligned}
\tag{5.27}
$$

ここで，$\overrightarrow{\rho}_H$ と $\overrightarrow{\rho}_V$ はそれぞれ水平方向と垂直方向における空間パラメータであり，上付きの矢印はそれらの空間依存性の方向を示している．式 (5.27) は，地域 i が地域 m に水平方向に（左から右へ）依存し，地点 l に垂直方向に（上から下へ）依存していることを表している．同様に，地域 l は地域 i に垂直方向に（下から上へ）依存し，地域 m は地域 i に水平方向に（右から左へ）依存している．この単純な例の場合，非対称性とは $\overrightarrow{\rho}_V \neq \overleftarrow{\rho}_V$ や $\overrightarrow{\rho}_H \neq \overleftarrow{\rho}_H$ を示唆するものであり，異方性とは（たとえ対称性の存在下でも）$\overrightarrow{\rho}_V = \overleftarrow{\rho}_V = \rho_V \neq \overrightarrow{\rho}_H = \overleftarrow{\rho}_H = \rho_H$ を示唆するものである．したがって，非対称性は異方性の存在を示唆するが，逆は成り立たない．また，等方性は対称性を示唆するが，対称性は等方性を必ずしも示唆するものではない．

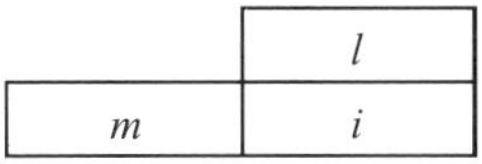

図 5.1　正方格子グリッドに配置された 3 地域

5.3.2 空間ラグモデルにおける等方性の検定

等方性の仮定の検定手法を説明するために，次元 n の変数 $\boldsymbol{y}$ と行基準化されていない重み行列 $\boldsymbol{W}$（どのような定義のものでもよい）を考える．

また，異なる2つの方向における空間依存性を考慮するために，$\boldsymbol{W}_1 + \boldsymbol{W}_2 = \boldsymbol{W}$ となるような，異なる方向を表す2つの重み行列 $\boldsymbol{W}_1$ と $\boldsymbol{W}_2$ を定義する．たとえば通常の正方格子グリッド上では，ルーク型の近隣構造を仮定し図5.2に示すような位相を2つの行列で表すことができる．

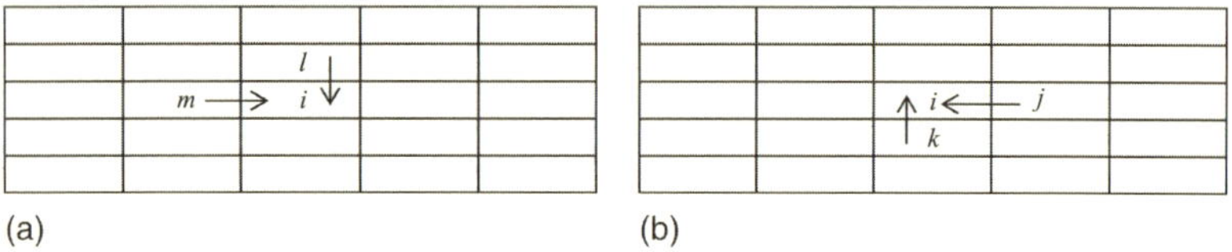

図 5.2　2つの異なる方向の空間従属性を考慮した2つの行列 $\boldsymbol{W}$：(a) $\boldsymbol{W}_1$：北西から南東にかけての従属性，(b) $\boldsymbol{W}_2$：南東から北西にかけての従属性．セル i は，$\boldsymbol{W}_1$ ではセル l とセル m にのみ依存し，$\boldsymbol{W}_2$ ではセル j とセル k にのみ依存する．

いま，特定の2つの異なる方向に依存性が存在するような2つのパラメータの異方性空間ラグモデルを定義する．

$$\boldsymbol{y} = \boldsymbol{Z\beta} + \lambda_1 \boldsymbol{W}_1 \boldsymbol{y} + \lambda_2 \boldsymbol{W}_2 \boldsymbol{y} + \boldsymbol{u}, \quad \boldsymbol{u}|\boldsymbol{x} \sim \text{i.i.d. } \mathcal{N}(\boldsymbol{0}, \sigma^2 \boldsymbol{I}) \tag{5.28}$$

ここで $\boldsymbol{Z} = [\boldsymbol{X}, \boldsymbol{WX}]$ は非確率的な独立変数とその空間ラグを含む行列，$\boldsymbol{W}_1$ はある1つの方向に対する依存を考慮した行基準化されていない重み行列，$\boldsymbol{W}$ は等方性の仮定のもとで導出された行基準化されていない完全な重み行列であり，$\boldsymbol{W}_2 = \boldsymbol{W} - \boldsymbol{W}_1$ は2つ目の方向に対する依存を表している．もし $\lambda_1 = \lambda_2 = \lambda$ であれば，式 (5.28) は等方性を仮定した通常の空間ラグモデル（式 (3.54) 参照）となり，次式のとおりになる．

$$\boldsymbol{y} = \boldsymbol{Z\beta} + \lambda \boldsymbol{Wy} + \boldsymbol{u}, \quad \boldsymbol{u}|\boldsymbol{Z} \sim \text{i.i.d. } \mathcal{N}(\boldsymbol{0}, \sigma^2 \boldsymbol{I}) \tag{5.29}$$

$\boldsymbol{u}^{\mathrm{ANI}} = \boldsymbol{y} - \boldsymbol{Z\beta} - \lambda_1 \boldsymbol{W}_1 \boldsymbol{y} - \lambda_2 \boldsymbol{W}_2 \boldsymbol{y}$ と $\boldsymbol{u}^{\mathrm{ISO}} = \boldsymbol{y} - \boldsymbol{Z\beta} - \lambda \boldsymbol{Wy}$ を上述の2つのモデルにおける誤差項と定義すると，異方性と等方性モデルの対数尤度関数はそれぞれ

$$\ell_{\mathrm{ANI}}(\sigma^2, \lambda_1, \lambda_2, \beta) = \text{const.} - \frac{1}{2}\ln|\boldsymbol{I} - \rho_1\boldsymbol{W}_1 - \rho_2\boldsymbol{W}_2| - \frac{1}{2\sigma^2}\boldsymbol{u}^{(\mathrm{ANI})\prime}\boldsymbol{u}^{(\mathrm{ANI})} \tag{5.30}$$

$$\ell_{\mathrm{ISO}}(\sigma^2, \lambda, \beta) = \text{const.} - \frac{1}{2}\ln|\boldsymbol{I} - \rho\boldsymbol{W}| - \frac{1}{2\sigma^2}\boldsymbol{u}^{(\mathrm{ISO})\prime}\boldsymbol{u}^{(\mathrm{ISO})} \tag{5.31}$$

で表される．Arbia et al.（2013）では，これらの定義のもとで，尤度比検定統計量（式 (1.30) 参照）による等方性の検定を提案した（A 検定）．

$$A_{\mathrm{test}} = -2\left\{\ell_{\mathrm{ANI}}(\hat{\sigma}^2, \hat{\lambda}_1, \hat{\lambda}_2, \hat{\beta}) - \ell_{\mathrm{ISO}}(\hat{\sigma}^2, \hat{\lambda}, \hat{\beta})\right\} \tag{5.32}$$

ここで $\ell_{\mathrm{ANI}}(\hat{\sigma}^2, \hat{\lambda}_1, \hat{\lambda}_2, \hat{\beta})$ と $\ell_{\mathrm{ISO}}(\hat{\sigma}^2, \hat{\lambda}, \hat{\beta})$ はそれぞれ異方性と等方性モデルの対数尤度関数において，未知パラメータを対応する ML 推定量で置き換えた最大化された対数尤度である．標準的な漸近理論では，検定統計量は等方性の帰無仮説のもとで確率変数 χ_1^2 の分布に収束することが保証されている．

$$A_{\mathrm{test}} \xrightarrow{d} \chi_1^2 \tag{5.33}$$

Arbia et al.（2013）では，モンテカルロ実験による結果から，等方性の問題を無視することで空間計量経済モデルのパラメータ推定において重大なバイアスと有効性の低下を引き起こすことが報告されている．特に，誤って同定したモデル（つまり，等方性が存在しないにもかかわらず等方性を仮定すること）で λ_1 と λ_2 の差の絶対値が大きい場合（等方性の仮定から大きく離れていることを意味する），推定値の相対的なバイアスと標準誤差は大きくなる．また，ML 推定量は通常のように漸近的性質を有してはいるが，収束の速度は遅くなる．

例題 5.2 **Barro and Sala-i-Martin** の地域間収束モデルにおける異方性

例題 1.1 で導入した Barro and Sala-i-Martin の地域間収束のモデルを考える．Arbia et al.（2013）では，地域間収束モデリングにおける空間依存性のパターンの方向性バイアスの検出に焦点を当てている．彼らは次式の異方性空間ラグモデルを検討した．

$$\boldsymbol{y} = \boldsymbol{Z\beta} + \lambda_1\boldsymbol{W}_1\boldsymbol{y} + \lambda_2\boldsymbol{W}_2\boldsymbol{y} + \boldsymbol{u}, \quad \boldsymbol{u}|\boldsymbol{Z} \sim \text{i.i.d. } \mathcal{N}(\boldsymbol{0}, \sigma^2\boldsymbol{I})$$

ここで，$y = \ln(X_{it}/X_{i0})$; $Z_i = X_{i0}$; X_{it} は地域 i の t 期における1人当たり所得，$\boldsymbol{u}$ は誤差項である．

用いられたデータは，例題1.1で使用した2000年から2008年にかけてのイタリアの20地域における1人当たり所得である．彼らは，有意な方向性バイアスを特定するために，20個の異なる $\boldsymbol{W}_1$ を定義した．これらの行列は，それぞれの地域において，順番に，ある地域が方向性バイアスを発生し，その他の地域が隣接制約に従って時系列のようにそれに続く．例として，ロンバルディアを方向性バイアスの発生源とし，次図で示すような構成で $\boldsymbol{W}_1$ を構築する．ここでは，ロンバルディアは「地域1」として記され，他の地域には依存しない．そして，「地域2」と記された4つの地域はロンバルディアにのみ依存し，「地域3」と記された6つの地域は「地域2」と記された地域にのみ依存する，といった具合に続いていく．

出典：Rにより原著者作成．シェープファイルはISTATのウェブサイト〈http://www.istat.it/it/archivio/44523〉にて入手可能．
注：異方的な空間的関係性はロンバルディアから発生している．各地域は自地域より1つ下のコード番号を持つ地域にのみ依存する．地域1（ロンバルディア）は方向性バイアスが発生する地域であり，その他の地域には依存しない．

方向性バイアスの発生源である地域は，時系列における一番最初の時点の観測値に類似した役割を持っている．$\boldsymbol{W}_2$ に関しては，検定の必要条件を満たす

ために $\boldsymbol{W}_2 = \boldsymbol{W} - \boldsymbol{W}_1$ より導出する．その後，20 の異なる特定化に対して A 検定を行う．次表でこの分析の結果を示す．

Region	Anisotropy A-test	p-value
Lombardy	**8.894**	**0.002**
Friuli Venezia-Giulia	**8.502**	**0.003**
Trentino-Alto Adige	**9.483**	**0.003**
Tuscany	**6.736**	**0.009**
Aosta Valley	**6.437**	**0.011**
Liguria	**5.666**	**0.017**
Umbria	**2.793**	**0.094**
Marche	2.772	0.095
Emilia Romagna	1.301	0.254
Sardinia	1.189	0.275
Campania	1.032	0.309
Calabria	0.719	0.396
Latium	0.497	0.480
Veneto	0.337	0.561
Basilicata	0.316	0.573
Puglia	0.315	0.574
Sicily	0.207	0.648
Abruzzo	0.065	0.798
Molise	0.003	0.954
Piedmont	0.002	0.956

注：太字は 5% 有意を表す．

分析結果から，地域成長には有意に異方性が存在し，また，ロンバルディア，フリウーリ，トレンティーノ＝アルト・アディジェ，トスカーナ，ヴァッレ・ダオスタ，リグーリアの 6 地域で有意な方向性バイアスが発生していることが明らかになった[1]．A 検定において最も p 値が低かったロンバルディアはミラノのある地域であり，成長拡散の過程において主要な地域であると考えられる．ロンバルディアはイタリアの産業活動が最も集積している地域であることから，この結果は一般常識や経験的実証と整合している．

[1] 訳注：地域名については，本書 2.3 節参照．

5.3.3 一方向空間ラグモデルによる推論

A 検定を行った結果，等方性の仮説が棄却された場合は，前節で説明したような適切な異方性モデルの利用を考える必要がある．反対に，棄却されなかった場合は，等方性の性質を利用することで計算を簡素化でき，従来の空間計量経済モデルにおける最尤法の計算上の障害をいくつか避けることができる．これは，Besag（1974）で導入された一方向近似を考慮することで実現可能である．モデルが等方的であれば，方向は関係ないため，一方向モデルを特定することでモデルの性質を近似しつつ同様の推論情報を得ることができる．そのようなモデルを同定するため，まず初めに，ある1つの優先方向を選択し，関連する変数における時系列モデルに似た依存構造を構築する．方向は問わないため，このときの選択は主観的であってもかまわない．モデルの尤度は，先行近隣（predecessors-neighbors: PN と表記される．Besag 1974 と Arbia 2006 を参照）と呼ばれる変数の条件のもとで，時系列分析時のようにそれぞれの変数の条件付き密度関数の積として因数分解できる．この先行近隣は，ある1つの指定された優先方向（たとえば，図5.2の2方向のうちの1つ）に沿う近隣として定義される．前述したとおり，モデルが等方的であればこの手法は完全尤度アプローチに等しくなる．この方法を説明するために次式で表される一方向空間ラグモデルを考える．

$$\boldsymbol{y} = \boldsymbol{Z\beta} + \lambda_1 \boldsymbol{W}_1 \boldsymbol{y} + \lambda_2 \boldsymbol{W}_2 \boldsymbol{y} + \boldsymbol{u} \tag{5.34}$$

ここで $\boldsymbol{y}$ は被説明変数ベクトル，$\boldsymbol{Z}$ は非確率的な外生変数，$\boldsymbol{\beta}$ は未知パラメータベクトル，$\boldsymbol{u}$ は $\boldsymbol{u}|\boldsymbol{Z} \sim$ i.i.d. $\mathcal{N}(\boldsymbol{0}, \sigma^2 \boldsymbol{I})$ となる確率的な誤差ベクトルである．また $\boldsymbol{W}_1$ を，要素 $w_{ij} \in \boldsymbol{W}_1$ が $i \in \mathrm{PN}(j)$ なら $w_{ij} = 1$, それ以外は $w_{ij} = 0$ となるような一方向的な重み行列とする．つまり，j が i で選択された優先方向における近隣であれば $w_{ij} = 1$ となる．図5.1で示した3地域の枠組みを例にとると，一方向モデルの尤度は

$$L(\sigma^2, \lambda, \beta) = \prod_{i=1}^{n} f_{y_i|y_l, y_m}(y_i|y_l, y_m) \tag{5.35}$$

と表すことができる．ここで $l, m \in PN(i)$ であり，これにより式 (5.35) の右辺

における各密度関数が先行近隣でのみ条件付けられる．

条件付き多変量正規分布の標準的な性質（たとえば，Anderson 2003 参照）を利用し，異なる地点における $\mathbf{Z}$ と $\mathbf{y}$ の間の共分散がない（つまり，$\mathrm{Cov}(Z_i y_l) = \mathrm{Cov}(Z_i y_m) = 0$）と仮定すれば，式 (5.35) の右辺の条件付き密度関数の一般的な表記は $\mathcal{N}(\mu_c, \sigma_c^2)$ となり，条件付き期待値と分散はそれぞれ

$$\begin{aligned} \mu_c &= \mu + \frac{\lambda}{(1+\lambda')}\left\{\sum_{j=1}^{n} w_{ij}(y_j - \mu)\right\} + \frac{\beta}{(1-\lambda'^2)}(z_i - \mu_z) \\ \sigma_c^2 &= \sigma^2 - \frac{2\lambda^2}{(1-\lambda'^2)} - \frac{\beta^2\sigma_z^2}{(1-\lambda'^2)} \end{aligned} \tag{5.36}$$

で与えられる．ここで λ' は，y_i の先行地点であり互いに二次近隣（5.2.1 項参照）である y_l と y_m の間の相関係数である．

最終的に，式 (5.36) の尤度関数は

$$\begin{aligned} L(\sigma^2, \lambda, \lambda', \boldsymbol{\beta}) &= \prod_{i=1}^{n} f_{y_i|y_l,y_m}(y_i|y_l, y_m) \\ &= \mathrm{const.} \times (\sigma_c^2)^{-n/2} \times \exp\left\{-\frac{1}{2\sigma_c^2}\left(\sum_{i=1}^{n}(y_i - \mu_c)^2\right)\right\} \end{aligned} \tag{5.37}$$

であり，対数尤度関数は

$$\ell(\sigma^2, \lambda, \lambda', \boldsymbol{\beta}) = \mathrm{const.} - \frac{n}{2}\ln(\sigma_c^2) - \frac{1}{2\sigma_c^2}\left(\sum_{i=1}^{n}(y_i - \mu_c)^2\right)$$

と表すことができるため，式 (5.37) に式 (5.36) を代入することで次式を得る．

$$\ell(\sigma^2, \lambda, \lambda', \boldsymbol{\beta}) = \text{const.} - \frac{n}{2}\ln\left\{\sigma^2 - \frac{2\lambda^2}{(1-\lambda'^2)} - \frac{\beta^2\sigma_z^2}{(1-\lambda'^2)}\right\} - \frac{1-\lambda'^2}{2\left\{\sigma^2(1-\lambda'^2) - 2\lambda^2(1-\lambda')\beta^2\sigma_z^2\right\}} \times \left[\sum_{i=1}^{n}\left\{y_i - \mu + \frac{\lambda}{(1+\lambda')}\left(\sum_{j=1}^{n} w_{ij}(y_j - \mu)\right) + \frac{\beta}{(1-\lambda'^2)}(z_i - \mu_z)\right\}^2\right] \tag{5.38}$$

式 (5.38) は逆行列を一切含まないため，サンプルサイズが大きい場合であっても簡単に計算を行うことができる．

例題 5.3　メキシコの保健医療計画（続）

ここでは，完全尤度アプローチに対する一方向近似の性能について説明を行いたい．それに加え，5.1 節で議論した MESS によって得られた結果との比較も行うことから，ここでもまたメキシコ 32 州の医療データを用いることにする．等方性モデルでは近接性の方向は問わないため，一方向近似法による解釈は，各空間単位は最近隣法（2.1 節の例題 2.1 参照）の基準によって決定されるただ 1 つの近隣を持つような構造として考えることができる．そこで，例題 5.1 で説明したモデルを一方向モデルによって再度推定する．推定結果は，最尤法と MESS 法の結果をあわせて次ページの表に示す．

3 つの手法は，パラメータ推定値に基づく推論の観点から著しく類似した結果を示している．すなわち，どの手法でも保健スタッフと 65 歳以上人口の割合（変数 $\boldsymbol{x}_1$ と $\boldsymbol{x}_4$）が有意な変数であるという結果に至っている．推定値の符号はすべて同じであり，その絶対値も定数項と空間パラメータ λ（一方向近似法では MESS 法に比べて過小推定，すなわち絶対値でゼロに近い推定を行っている）を除いて 3 つの手法で酷似している．例題 5.1 で述べたように，非常に大きなサンプルでは計算時間と要求されるメモリ容量の差異が，2 つの近似手法のいずれかを選ぶ際に関連した要因となる．

	MaximumLikelihood			MESSSpecification			UnilateralApproximation		
	Estimate	Standard error	p-value	Estimate	Standard error	p-value	Estimate	Standard error	p-value
β_0	0.1399	0.4469	0.75	0.1243	0.2009	0.54	0.0368	0.2293	0.87
β_1	0.1870	0.0122	0.00***	0.1874	0.0127	0.00***	0.1850	0.0118	0.00***
β_2	0.0584	0.0314	0.06	0.0587	0.0340	0.10	0.0508	0.0317	0.11
β_3	−0.0497	0.0343	0.15	−0.0499	0.0371	0.19	−0.0470	0.0341	0.17
β_4	0.0640	0.0252	0.01*	0.0648	0.0249	0.01*	0.0661	0.0233	0.00***
λ	−0.1411	0.1921	0.46	−0.1365	0.1633	0.43	−0.0696	0.0462	0.13

Signif. codes: ***: $p < 0.001$; **: $p < 0.01$; *: $p < 0.05$; .: $p < 0.1$.

5.4 複合尤度アプローチ

5.4.1 概　論

本節ではペアワイズ尤度（Lindsey 1988, Varin et al. 2011）と呼ばれる複合尤度の1つに基づいた推論的アプローチを考える．ペアワイズ尤度は同時尤度アプローチが計算上実行不可能な際の解決法として統計学の分野でよく使われるようになっている手法である．複合尤度はより一般的である疑似尤度のサブクラス（詳しくは Pace and Salvan 1997 を参照）であり，完全尤度ではないがその性質のいくつかを持っている．時系列計量経済学（Davis and Yau 2011）や空間計量経済学（クロスセクションモデルは Arbia 2012，空間プロビットモデルは Wang et al. 2013 を参照）の文献でその推論の一例を見ることができる．

5.4.2 空間誤差モデルの推定における二変量周辺尤度アプローチ

次の線形回帰モデルを考える．

$$y_i = \beta z_i + \varepsilon_i \tag{5.39}$$

ここで，z_i および β はスカラーで，$i = 1, \ldots, n$ とする（$z = [z_1, \ldots, z_n]'$）．第3章で述べたように誤差項に自己回帰を定式化するのではなく，各々の誤差項 i と l のペアにおいて次のような同時二変量正規分布を仮定する．

$$\begin{bmatrix} \varepsilon_1 \\ \varepsilon_2 \end{bmatrix} \sim \mathcal{N}(\mathbf{0}, \sigma^2 \boldsymbol{\Omega}), \quad \forall i, l \quad l \in N(i));\ \boldsymbol{\Omega} = \boldsymbol{I},\ \forall l \notin N(i) \tag{5.40}$$

この定義は非常に一般的であり，5.2.2 項の式 (5.20) で採用されたものとも類似しているが，通常の空間計量経済モデルや MESS 近似法のように n 個の誤差項すべてを同時にモデル化するのではなく，2対2の関係のみをモデル化する．ここで $N(i)$ は地点 i の近隣の集合であり，その近隣の選択基準はこの方法論の本質ではない．式 (5.40) において，$\boldsymbol{\Omega} = \begin{bmatrix} 1 & \psi \\ \psi & 1 \end{bmatrix}$ は相関行列であり，ψ は $\psi \in (-1; +1)$ となる誤差の空間的相関をコントロールするパラメータである．空間誤差モデルで用いられる ρ とは意味合いが異なる点を強調するために，ここでは ψ を意図的に記号として用いている．近隣地域間の相関すべてが方向によらず等しいという明らかに制約の強い仮定は，すべての空間計量経済学の文献で暗に採用されている等方性の仮定によるものである（5.3 節参照）．

式 (5.39)，(5.40) の未知パラメータを推定するための複合 ML 法を紹介する前に，**二変量コーディング**の定義を導入する．これは Besag（1974）を拡張した Arbia（2012, 2014）によって導入されたものである．例示のために，n 個の観測点が正方格子グリッド上に存在すると仮定し，それらのグリッドを図 5.3 にあるようにバツ印×でラベルする．

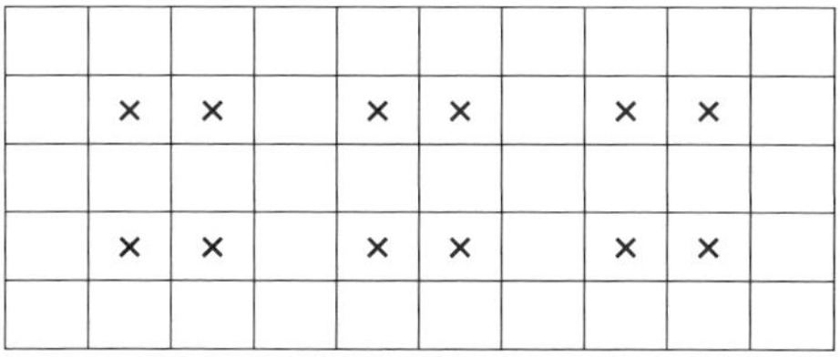

図 **5.3**　正方格子グリッドにおける二変量コーディングのパターン

具体的には，n 個の観測点のうちの q の部分集合（$q \in Q$）をバツ印でコード化し，地点 i の近隣からランダムに選択されたさらなる q 地点もまたバツ印でコード化することとしよう．誤差項 ε_i と ε_λ はそれらの近接性から空間的に従属であると仮定されるが，$\{\varepsilon_i, \varepsilon_l\}$ と $\{\varepsilon_j, \varepsilon_k\}$ のペアは，$j, k \notin N(i, l)$ のとき，$N(i, l) = \{N(i) \cup N(l)\}$ を i と l における同時近隣と定義すれば，確率的に独立であると仮定される．上記の分類体系が二変量コーディングパターンを定義している．

同様のコーディング体系は，近隣を適切に定義することによって不規則な空間構成においても簡単に導入することができる．この手順の目的はむしろ明確で，隣接する 2 つの空間単位を含むような基準に従って観測地点のペアを選択すれば，サンプルに含まれる空間情報を保つことができる．しかしながら，定義から，互いに独立な空間単位のペアを選択すると，第 3 章で紹介した空間計量経済モデル固有の推定における問題を避けられる．一見非常に限定的に見えるかもしれないが，独立なペアの仮定は，近隣の定義に関連して考慮しなければならない．実際にわれわれは，近隣に属さないペアは独立と考えてよいほど十分に離れている，というように近隣を定義することができる．結局のところ，Hammersley-Clifford 定理や Besag（1974）で議論されたモデルで仮定されたペアワイズの相互作用の制約がこの選択の理論的正当性を与えてくれるため，ランダム誤差項のペアを考慮することは手法の本質ではなく3つ組（triplets）やより高次のグループを考えることも可能である．

これらの仮定のもとで，二変量コーディングに含まれるどの q ペアの誤差項の同時密度も次式で与えられる．

$$f_{\varepsilon_i\varepsilon_l}(\varepsilon_i\varepsilon_l) = \frac{1}{2\pi\sigma^2\sqrt{1-\psi^2}}\exp\left\{-\frac{1}{2\sigma^2(1-\psi^2)}\left(\varepsilon_i^2 - 2\psi\varepsilon_i\varepsilon_l + \varepsilon_l^2\right)\right\} \quad (5.41)$$
$$\text{if } l \in N(i),\ i = 1, \ldots, q$$

複合尤度は式 (5.41) の独立と仮定された q 個の二変量密度関数の積として導出できる．そしてこのような複合尤度を適切な尤度とみなしわれわれの推論のもととする．具体的には，q 個の式 (5.41) の積は

$$\begin{aligned} L(\beta, \sigma^2, \psi) &= \prod_{i=1}^{q} f_{\varepsilon_i\varepsilon_l}(\varepsilon_i\varepsilon_l) \\ &= \prod_{i=1}^{q} \frac{1}{2\pi\sigma^2\sqrt{1-\psi^2}}\exp\left\{-\frac{1}{2\sigma^2(1-\psi^2)}\left(\varepsilon_i^2 - 2\psi\varepsilon_i\varepsilon_l + \varepsilon_l^2\right)\right\} \\ &= (2\pi)^{-q}(\sigma^2)^{-q}(1-\psi^2)^{-\frac{q}{2}} \\ &\quad \times \exp\left\{-\frac{1}{2\sigma^2(1-\psi^2)}\sum_{i=1}^{q}\left(\varepsilon_i^2 - 2\psi\varepsilon_i\varepsilon_l + \varepsilon_l^2\right)\right\} \end{aligned} \quad (5.42)$$

であり，対数尤度は

$$\begin{aligned} \ell(\beta, \sigma^2, \psi) = \text{const.} &- q\ln(\sigma^2) - \frac{q}{2}\ln(1-\psi^2) \\ &- \frac{1}{2\sigma^2(1-\psi^2)}\sum_{i=1}^{q}\left(\varepsilon_i^2 - 2\psi\varepsilon_i\varepsilon_l + \varepsilon_l^2\right) \end{aligned} \quad (5.43)$$

となる．ここで新たな記号として，$\alpha_1, \alpha_2, \alpha_3, \alpha_4, \alpha_5, \alpha_6$ を次式で定義される統

計量として導入する．

$$
\begin{aligned}
\alpha_1 &= \sum_{i=1}^{q} z_i^2 + \sum_{l=1}^{q} z_l^2 = \sum_{j=1}^{2q} z_j^2 \\
\alpha_2 &= \sum_{i=1}^{q} y_i^2 + \sum_{l=1}^{q} y_l^2 = \sum_{j=1}^{2q} y_j^2 \\
\alpha_3 &= \sum_{i=1}^{q} z_i y_i + \sum_{l=1}^{q} z_l y_l = \sum_{j=1}^{2q} z_j y_j \\
\alpha_4 &= \sum_{i=1}^{q} z_i y_l + \sum_{l=1}^{q} z_l y_i \\
\alpha_5 &= \sum_{i=1}^{q} z_i z_l \\
\alpha_6 &= \sum_{i=1}^{q} y_i y_l
\end{aligned}
\tag{5.44}
$$

上記の定義では，簡便性のために同じペアに属する2つの観測値間の積和 $\sum_{i=1}^{n}\sum_{l\in N(i)} z_i z_l$ を $\sum_{i=1}^{q} z_i z_l$ として表記していることに注意されたい（式(5.44)のそのほかの表記に関しても同様である）．この表記の簡素化はこのあと一貫して採用していく．Arbia（2014）では，モデルの仮定のもとで式（5.43）の最大値は一意であり，次式の非線形方程式の解として求まることを示した．

$$
\begin{cases}
\hat{\beta}_{\mathrm{BML}} = \dfrac{\alpha_3 - \hat{\psi}_{\mathrm{BML}}\alpha_4}{\alpha_1 - 2\hat{\psi}_{\mathrm{BML}}\alpha_5}, & (5.45) \\[2ex]
\hat{\sigma}^2_{\mathrm{BML}} = \dfrac{\sum_{i=1}^{q}\left(\varepsilon_i^2 - 2\hat{\psi}_{\mathrm{BML}}\varepsilon_i\varepsilon_l + \varepsilon_l^2\right)}{2q(1-\hat{\psi}^2_{\mathrm{BML}})} & \\[2ex]
\quad = \dfrac{\alpha_2 + \hat{\beta}^2_{\mathrm{BML}}\alpha_1 - 2\hat{\beta}_{\mathrm{BML}}\alpha_3 - 2\hat{\psi}_{\mathrm{BML}}\alpha_6 - 2\hat{\psi}_{\mathrm{BML}}\hat{\beta}^2_{\mathrm{BML}}\alpha_5 + 2\hat{\psi}_{\mathrm{BML}}\hat{\beta}_{\mathrm{BML}}\alpha_4}{2q(1-\hat{\psi}^2_{\mathrm{BML}})} & (5.46) \\[2ex]
\hat{\psi}_{\mathrm{BML}} = \dfrac{\sum_{i=1}^{q}\varepsilon_i\varepsilon_l}{q\hat{\sigma}^2_{\mathrm{BML}}} = \dfrac{\alpha_6 - \hat{\beta}_{\mathrm{BML}}\alpha_4 + \hat{\beta}^2_{\mathrm{BML}}\alpha_5}{q\hat{\sigma}^2_{\mathrm{BML}}} & (5.47)
\end{cases}
$$

Arbia（2012）はこの推定量を二変量周辺最大尤度推定量（BML）と名づけている．

もし $\psi = 0$ であれば（誤差項の二変量間が空間的に独立しているケース），

式 (5.45) において

$$\hat{\beta}_{\mathrm{BML}} = \frac{\psi\alpha_4 - \alpha_3}{2\psi\alpha_5 - \alpha_1} = \frac{\alpha_3}{\alpha_1} = \frac{\sum_{j=1}^{2q} z_j y_j}{\sum_{j=1}^{2q} z_j^2} = \hat{\beta}_{\mathrm{ML}} \tag{5.48}$$

となり，式 (5.46) においては

$$\hat{\sigma}^2_{\mathrm{BML}} = \frac{1}{2q}\sum_{i=1}^{q}\left(\varepsilon_i^2 + \varepsilon_l^2\right) = \frac{1}{2q}\sum_{j=1}^{2q}\varepsilon_j^2 = \hat{\sigma}^2_{\mathrm{ML}} \tag{5.49}$$

が得られ，独立な誤差のケースにおける β と σ^2 の ML 推定量と解が対応する（第1章参照）．また，式 (5.47) で導出された推定量 $\hat{\psi}_{\mathrm{BML}}$ は誤差項間の空間的相関の直感的な推定量に対応する．

Arbia（2014）では BML 推定量は正規分布に従い，小サンプルにおいて不偏であり，弱い意味での一致性を持つことを証明している．また，信頼区間推定と仮説検定で用いるための正確な Fisher の情報行列と推定量の標準誤差の導出も行っている．BML 推定量には，解析上や計算上の利点のほかにも興味深い解釈上の利点がある．式 (5.45) で導出された β の BML 推定量の式を思い返してみよう．

$$\hat{\beta} = \frac{\alpha_3 - \psi\alpha_4}{\alpha_1 - 2\psi\alpha_5}$$

この式の分子は，$\boldsymbol{z}$ と $\boldsymbol{y}$ 間の共分散 α_3 と，ある地点の変数 $\boldsymbol{z}$ から同一ペアに属する近隣地点の変数 $\boldsymbol{y}$ への空間的なスピルオーバー α_4 が空間相関パラメータ ψ によって重み付けられた項 $-\psi\alpha_4$ によって表される．同様に分母は，独立変数の共分散 α_1 と，変数 $\boldsymbol{z}$ の空間自己共分散 α_5 が ψ で重み付けられた項 $-2\psi\alpha_5$ で表される．これの解釈はかなり簡単である．正の空間誤差相関（$\psi >$ 0）の場合，$\boldsymbol{z}$ と $\boldsymbol{y}$ の間の空間的スピルオーバーと $\boldsymbol{z}$ の空間的自己共分散が互いに異なる符号であれば，変数 $\boldsymbol{z}$ が変数 $\boldsymbol{y}$ に与える乗法的な影響を観察することができる．具体的には，空間的スピルオーバー α_4 が負で $\boldsymbol{z}$ の空間的自己共分散 α_5 が正なら，乗法的な影響は強くなるだろう．また BML 推定量 $\hat{\beta}$ の式は，説明変数に強い正の空間的相関が存在する場合，独立変数の変化が $\boldsymbol{y}$ に与える影響は2変数間に正のスピルオーバーが存在していればより顕著になることを示している．これは，ある地点は自地点の変数 z の増加からのみならず，近隣地点の z の増加からも利益を得ているという直感的な説明が可能であろう．同様に，二変数間に空間的スピルオーバーがなくても独立変数が従属変数に強い影響を与えられることを β の BML 推定量の式は示している．$\alpha_4 = 0$ の場合，独立変数の変化が $\mathbf{y}$ に与える影響は独立変数に正の空間的相関が存在すれば $\alpha_5 > 0$ より強いものになる．

すでに述べたように，正確なフィッシャー情報行列が導出できることから，この新しい特定化における尤度ベースの標準的な仮説検定を行うことが可能である．しかし，このフレームワークは標準誤差の評価と再サンプリングのアイデアに基づく仮説検定におけるさらなるアプローチをも可能とする．従属確率変数の再サンプリング法は統計学で古い歴史を持っており，Solow（1985），Künsch（1989），Arbia（1990），Sherman（1996）が初期の貢献として挙げられる．本節で説明した二変量コーディングは，ユニットのペアのサブサンプルの同定に基づくものであるが，どの実証的な状況においても一意ではない．図 5.3 のような非常に単純な例であっても，図 5.4 のように 4 つの異なるコーディングを作ることができる．

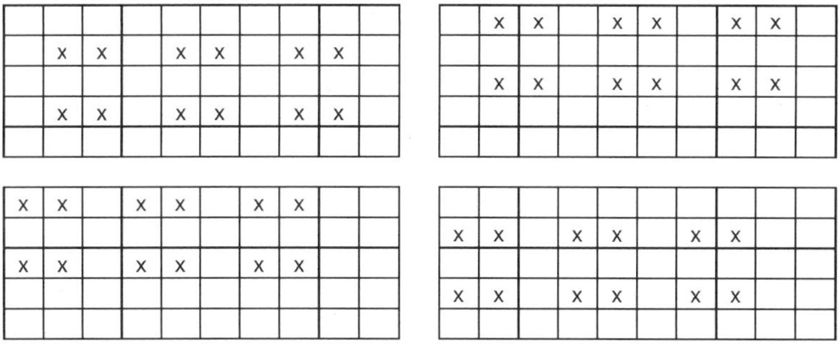

図 5.4 図 5.3 のデータによる 4 つの異なる二変量コーディング計画

実際の応用で見られるような不規則な空間データを扱う際には，可能な配置の数はより多くなる．したがって，非常に大きなサンプルサイズを扱う場合，われわれは多くの可能な二変量コーディングの構成とそれにともなう多くの異なるパラメータ推定値が得られ，再サンプリング分布の導出を可能とする．この点から，回帰においてデータの空間従属性の特徴を壊すことなくサブサンプル間の独立性の条件を保ちながら空間データをブートストラップする方法を，二変量コーディングのアプローチは提案している．

例題 5.4 BML 推定法のモンテカルロ評価

Arbia (2014) では人工的に発生させたデータと実際のデータセット両方を用いて BML 法の性能を評価している．具体的には，著者はいくつかのモンテカルロ実験によって，BML 推定値は非常に精確でありながらその計算時間は無視できるほどであることを示した：2.7GHz の Intel core i7 プロセッサーで，計算に必要な時間はサンプルサイズが 100 のとき 0.9 ミリ秒，2500 のとき 831 ミリ秒であった．

5.5 R コード

MESS 法を扱う際には，行列のべき乗を計算する `expm()` 関数を含んでいるパッケージ {Matrix} を用いる（式 (5.5)）．まず初めに，次のコマンドによりパッケージをダウンロードする．

```
install.packages("Matrix")
```

そして，コンソール上にパッケージを読み込む．

```
library(Matrix)
```

たとえば，実正定値行列 **A** のべき乗は，次のコマンドで計算できる．

```
expm(A)
```

行列のべき乗がテイラー展開で定義される場合であっても，Ward の対角 Padé 近似法によって近似ができる（Moler and Van Loan 2003）．

パッケージ {spdep} も MESS 法による空間ラグモデルを推定する関数を含んでいる．コマンドは非常にシンプルで，3.8 節で説明した空間ラグモデルのコマンドを反映している．このコマンドは次のとおりである．

```
model <- lagmess(formula=y~X+Y, data=filename, listw=W)
```

ここで $\boldsymbol{W}$ は空間重み行列である．

一方向近似法については，尤度関数が明示的に（たとえば，式 (5.38) の一方向空間ラグモデルのように）特定化されれば，パラメータに関して最大化する関数が必要なだけである．これにはパッケージ {maxLik} を用いることが可能である．パッケージを読み込んだら，パラメータ（たとえば，beta，sigma，lambda，rho など）に関する関数として，対数尤度関数（たとえば loglik）を記述する必要がある．対数尤度関数の最大化は次のコマンドで実行できる．

```
mle <- maxLik(logLik = logLikFun, start = c(beta=0, sigma=1,
lambda=0.2, rho=0.1))
```

ここで，beta=0，sigma=1，lambda=0.2，rho=0.1 は最大値の数値探索における任意の初期値であり，mle はよく用いられるオブジェクト名である．最大化の結果は次のコマンドでコンソール上に表示できる．

```
summary(mle)
```

さらに，一方向近似の 1 つの可能な解釈は，各空間単位においてその最も近い近隣 1 つ（参照：例題 5.3）を $\boldsymbol{W}$ の定義として考えることである．この場合，シェープファイル（たとえば，poly）を入手してから 2.3.3 項で紹介したように重心点の座標を得ることから始める．

```
coords <- coordinates(poly)
```

そして各空間単位における最近隣を次のコマンドによって特定する．

```
knn <- knearneigh(coords, k=1)
```

このコマンドは k 個の最近隣を探索するように一般化することも可能であることが分かるだろう．次は，近隣の定義に基づいて近隣の体系を次のコマンドによって得る．

```
nn <- knn2nb(knn)
```

そして，次のコマンドによって最終的に **W** 行列を得る：

```
W <- nb2listw(nn)
```

空間モデルの推論で用いられる通常のコマンドを適用することで，オブジェクトをより短い時間で生成する一方向近似を行うことができる．

空間誤差モデルの推定における二変量コーディングアプローチでは特定の関数が必要とされない．手法を実行するには，隣接していない空間単位のペアをランダムに選択するプログラムが必要で，その後はこのサブサンプルに含まれる情報に基づき式 (5.45) から式 (5.47) の推定量の閉形解を計算するのみである．

キーワード

- ビッグデータ（Big data）
- 疎な重み行列と密な重み行列（Sparse and dense weight matrices）
- 計算時間と容量制約（Computing time and storage limitations）
- べき乗行列変換（Matrix exponential transformation）
- 一次近隣（First-order neighbors）
- 高次近隣（Higher-order neighbors）
- 行列のべき級数展開（Matrix power expansion）
- べき乗行列空間による特定化（Matrix exponential spatial specification）
- 等方性と異方性（Isotropy and anisotropy）
- 空間的関係性における方向性バイアス（Directional bias of spatial relationships）
- 非対称な空間的関係性（Asymmetric spatial relationships）
- core-periphery モデル（Core-periphery models）
- 等方性の検定（Test of isotropy）
- 異方性空間ラグモデル（Anisotropic spatial lag model）
- 一方向近似法（Unilateral approximation）

- 一方向空間ラグモデル（Unilateral spatial lag model）
- 先行近隣（Predecessors-neighbors）
- 複合尤度（Composite likelihood）
- ペアワイズ尤度（Pairwise likelihood）
- 疑似尤度（Pseudo-likelihood）
- 二変量コーディング（Bivariate coding technique）
- 二変量周辺最尤推定量（Bivariate Marginal Maximum Likelihood estimator）
- 空間再サンプリングと空間ブートストラップ（Spatial resampling and spatial bootstrap）

クイズ

1. 非常に大きなサンプルサイズに対して最尤法を用いるときに生じる問題は何か.
2. 疎な $\boldsymbol{W}$ 行列よりも密な $\boldsymbol{W}$ 行列で問題がより顕著になるのはなぜか.
3. 最尤推定法に比べて空間ラグモデルの MESS 法が優れている点は何か.
4. 非対称性と異方性の違いについて述べよ.
5. 計算上の利点を所与として，最尤法と比べて二変量周辺最尤法を用いる際の一番の落とし穴は何か.

章末問題

5.1　例題 2.1 で見たルーマニアの 8 地域（NUTS2）における第 2 次と第 3 次の $\boldsymbol{W}$ 行列（$\boldsymbol{W}^2$ と $\boldsymbol{W}^3$）を求めよ．そして，これらの行列を用いて $\boldsymbol{S} = \exp(\alpha \boldsymbol{W})$ の変換を導出し，$\lambda = 0.9502$，$q = 3$ における近似 $\boldsymbol{S} \approx \sum_{i=0}^{q} (\alpha^i \boldsymbol{W}^i / i!)$ を求めよ．

5.2　等方性モデルにおいて，各空間単位がその他の空間単位の近隣とならないような 1 つの近隣のみを持つ構造を考える．この仮定のもとでの n 次元のサンプルにおける $\boldsymbol{W}$ 行列を導出せよ．また，$(\boldsymbol{I} - \lambda \boldsymbol{W})$ 行列とその逆行列も導出しなさい．一方向空間ラグモデルの分散共分散行列 の式を思い出し，その行列式 $|\boldsymbol{\Omega}|$ を求めよ．

5.3 例題3.3，3.4，章末問題3.6，4.8で用いたデータセットと，行基準化された **W** 行列を用いて，MESS法による空間ラグモデルを推定せよ．また，同じデータセットから，第一最近隣に基づく行基準化された一方向な **W** 行列を定義し，一方向空間ラグモデルを推定せよ．3つの手法で得られた結果を比較せよ．

5.4 いま 2×2 の正方格子グリッドに配置された4つの空間単位があるとき，次の方程式を考える．

$$y_1 = \alpha_1 w_{12} y_2 + b_1 w_{13} y_3 + \varepsilon_1$$

$$y_2 = \alpha_2 w_{21} y_1 + b_2 w_{24} y_4 + \varepsilon_2$$

$$y_3 = \alpha_3 w_{31} y_1 + b_2 w_{24} y_4 + \varepsilon_3$$

$$y_4 = \alpha_4 w_{43} y_3 + b_4 w_{42} y_2 + \varepsilon_4$$

モデルが対称的であるときと，モデルが等方的であるが対称的でないときのパラメータの条件を導出せよ．また，等方的かつ対称的であるときの簡潔な行列表記を示せ．

5.5 5.4.2項で説明した二変量周辺最尤推定量（BML）では正規性の仮定は本質的ではない．ここでは代わりに誤差項がタイプIIの二変量べき分布（Gumbel 1960）に従うと仮定する．この場合，

$$y_i = \beta x_i + \varepsilon_i$$

において誤差項の各ペア i と l（$l \in N(i)$）は

$$f_{\varepsilon_i \varepsilon_l}(\varepsilon_i \varepsilon_l) = \exp(-\varepsilon_i - \varepsilon_l)\{1 + \alpha(2\exp(-\varepsilon_i) - 1)(2\exp(-\varepsilon_l) - 1)\}$$
$$i = 1, \ldots, q; \rho = \frac{\alpha}{4}$$

となる．ここで ρ は空間誤差パラメータである．この仮定の下での尤度関数とパラメータベクトル β のBML推定量の条件を導出せよ．

参考文献

Anderson, T. (2003) *An Introduction to Multivariate Statistical Analysis*, 3rd edition, Hoboken, NJ: Wiley.

Arbia, G. (1990) On Second Order Non-Stationarity in Two-Dimensional Lattice Processes, *Computational Statistics and Data Analysis*, 9, 147–160.

Arbia, G. (2006) *Spatial Econometrics: Statistical Foundations and Applications to Regional Convergence*, Heidelberg: Springer-Verlag.

Arbia, G. (2012) Simplifying the Estimation and Hypothesis Testing phases in Spatial Econometric Modeling of large Databases, Keynote speech of the 6th Annual World Conference of the Spatial Econometrics Association, Salvador-Bahia, Brazil, 11–13 July.

Arbia, G. (2014) Pairwise Likelihood Inference for Spatial Regressions Estimated on Very Large Datasets, *Spatial Statistics*, 7, 21–39.

Arbia, G., Bee, M. and Espa, G. (2013) Testing Isotropy in Spatial Econometric Models, *Spatial Economic Analysis*, 8, 3, 228–240.

Bell, K. P. and Bockstael, N. E. (2000) Applying the Generalized-Moments Estimation Approach to Spatial Problems Involving Microlevel Data, *Review of Economics and Statistics*, 82, 72–82.

Besag, J. (1974) Spatial Interaction and the Statistical Analysis of Lattice Systems (with discussion), *Journal of the Royal Statistical Society B*, 36, 192–236.

Chiu, Y. M., Leonard, T. and Tsui, K. (1996) The Matrix-Logarithmic Covariance Model, *Journal of The American Statistical Association*, 91, 198–210.

Cressie, N. (1993) *Statistics for Spatial Data*, New York: Wiley.

Davis, R. A. and Yau, C. Y. (2011) Comments on Pairwise Likelihood in Time Series, *Statistica Sinica*, 21, 255–277.

Granger, C. W. J. (1974) Spatial Data and Time Series Analysis, in A. Scott (ed.), *Studies in Regional Science*, London: Pion.

Griffith, D. A. (2000) Eigenfunction Properties and Approximations of Selected Incidence Matrices Employed in Spatial Analysis, *Linear Algebra and its Applications*, 321, 95–112.

Griffith, D. A. (2004) Extreme Eigenfunctions of Adjacency Matrices for Planar Graphs Employed in Spatial Analysis, *Linear Algebra and its Applications*, 388, 201–219.

Gumbel, E. J. (1960) Bivariate Exponential Distribution, *Journal of the American Statistical Association*, 55, 698–707.

Heine, J. and Mahorta, T. (2002) Mammography Tissue, Breast Cancer Risk, Serial Image Analysis and Digital Mammography: Tissue and Related Risk Factors, *Academic*

Radiology, 9, 298–316.

Holly, S., Pesaran, M. H. and Takashi Y. (2010) A Spatio-Temporal Model of House Prices in the USA, *Journal of Econometrics*, 158, 1, 160.

Kelejian, H. and Prucha, I. (1998) A Generalized Spatial Two-Stage Least Squares Procedure for Estimating a Spatial Autoregressive Model with Autoregressive Disturbances, *Journal of Real Estate Finance and Economics*, 17, 99–121.

Kunsch, H. (1989) The Jackknife and Bootstrap for General Stationary Observations, *The Annals of Statistics*, 17, 1217–1241.

Lesage J. and Pace, K. (2007) A Matrix Exponential Spatial Specification, *Journal of Econometrics*, 140, 1, 190–214.

LeSage, J. and Pace, K. (2009) *Introduction to Spatial Econometrics*, Boca Raton, FL: Wiley.

Lindsay, B. G. (1988) Composite Likelihood Methods, *Contemporary Mathematics*, 80, 221–39.

Moler, C. and Van Loan, C. (2003) Nineteen Dubious Ways to Compute the Exponential of a Matrix, Twenty-Five Years Later, *SIAM Review*, 45, 1, 3–49.

Ord, J. K. (1975) Estimation Methods for Spatial Interaction, *Journal of the American Statistical Association*, 70, 120–126.

Pace, K. and LeSage, J. (2004) Chebyshev Approximation of Log-Determinants of Spatial Weight Matrices, *Computational Statistics and Data Analysis*, 45, 179–196.

Pace, L. and Salvan, A. (1997) *Principles of Statistical Inference*, Singapore: World Scientific.

Paelinck, J. H. P. and Nijkamp, P. (1975) *Operational Theory and Methods in Regional Analysis*, Farnborough: Saxon House.

Paelinck, J. H. P. and Klaassen, L. H. (1979) *Spatial Econometrics*, Aldershot, UK: Gower.

Schabenberger, O. and Gotway, C. A. (2002) *Statistical Methods for Spatial Data Analysis*, Boca Raton, FL: Chapman & Hall/CRC.

Sherman, M. (1996) Variance Estimation for Statistics Computed from Spatial Lattice Data, *Journal of the Royal Statistical Society B*, 58, 509–523.

Smirnov O. and Anselin, L. (2001) Fast Maximum Likelihood Estimation of Very Large Spatial Autoregressive Models: A Characteristic Polynomial Approach, *Computational Statistics and Data Analysis*, 35, 301–319.

Solow, A. (1985) Bootstrapping Correlated Data, *Journal of the International Association for Mathematical Geology*, 17, 769–775.

Varin, C. and Vidoni, P. (2009) Pairwise Likelihood Inference for General State Space Models, *Econometric Reviews*, 28, 1–3, 170–185.

Varin, C. (2008) On Composite Marginal Likelihood, *Advances in Statistical Analysis*, 92, 1–28.

Varin, C., Reid, N. and Firth, D. (2011) An Overview of Composite Likelihood Methods, *Statistica Sinica*, 21, 5–42.

Wang, H., Iglesias, E. M. and Wooldridge, J. M. (2013) Partial Maximum Likelihood Estimation of Spatial Probit Models, *Journal of Econometrics*, 172, 77–89.

第6章　これからの空間計量経済学

序文で述べたように，本書は，空間計量経済学の広範囲にわたる内容を網羅した教科書としてではなく，一般的な計量経済学の教科書と高度な空間計量経済学の教科書をつなぐ架け橋となるように意図して記述している．想定していた読者は，Greene（2011）などで計量経済学を習得済みで，空間計量経済学の現在の立ち位置や今後の方向性について知りたいと考えている方々である．こうした読者に向けて，本章では，無論必要十分とはならないが，いくつか異なる方向についての示唆を与えたい．

時系列モデルが確率過程（random processes）の理論（Hamilton 1994）に基づいているのと同様に，空間計量経済モデルは確率場（random fields）の理論に基づいている．本書で扱った空間計量経済モデルの前提となっている統計的な基礎やそのルーツについての理解を深めたい読者は，Arbia（2006）を参照されたい．Arbia（2006）では，SARARモデルの理論的枠組みの基礎となっている確率場モデル（random field models）についての網羅的な説明がなされている．確率場モデルは，空間計量経済学にとって重要なモデルとなる可能性を秘めているが，まだ十分に発展の余地が残されたモデルである．その一例として，周辺確率分布ではなく，条件付き確率分布に基づいて空間ラグモデルと空間誤差モデルを導出可能であることが挙げられる．条件付き確率分布に基づくアプローチはBesag（1974）によって導入され，近年では，Sain and Cressie（2007），Ippoliti et al.（2013）でも議論されている．特に空間計量経済モデルのルーツに関心のある読者は，空間統計学（spatial statistics）の文献も参照されたい．たとえば，Ripley（1981），Cressie（1993），Gaetan and Guyon（2009），Cressie and Wikle（2011）は，空間統計学の優れた教科書である．空間統計学では，伝統的に，点（points）データ，線（lines）データ，面（areas）データといった空間データの種類に応じて分析手法を区別する．点データの方法論は平面上における標本の（点）分布について，観察された規則性を見出すために，線データの方法論はたとえば地理空間上における物，人，情報の流れについて，ネットワーク上で観測された標本間の空間的な相互作用を説明するために，そして，面データの方法論は国や地域といった空間の一部で集計されたデータについて，空間的な関係を分析するために用いられる．本書は，点データと線データの方法論には触れずに，面データの扱いのみに着目している．本書を読み終え，空間統計学についての理解を深めたいと考えた読者は，点データについては点過程分析（point pattern analysis）と呼ばれる分野の文献（たとえば，Marcon and Puesch 2003, Duranton and Overman 2005, Arbia et al. 2008, 2010, 2012）を，空間相互作用モデル（spatial interaction models）についてはLeSage and Pace（2009）やPatuelli and Arbia（2016）などの教科書を参照されたい．

本書は空間計量経済モデルの大部分を網羅しているが，できる限りシンプルな説明を心掛けたがゆえに，意図して本書の内容から外したトピックも多くある．そこで，本書で取り扱わなかったモデルを含め，さまざまなモデルについての理解を深めたいと考えている読者に向けて，Anselen（1988），LeSage and Pace（2009），McMillen（2013）を紹介しておきたい．まず，Anselin（1988）は内容がいささか古くなってはいるが，いまだ空間計量経済学の源流としての地位を保つ，いわば空間計量経済学の古典といえる教科書である．さまざまな空間計量経済学のトピックの中でも，空間的異質性（spatial heterogeneity），頑健推定（robust estimation），見掛け上無関係な空間回帰モデル（spatial seemingly unrelated regressions），空間効果の予備診断（pre-testing），ブートストラップ法（bootstrapping），非入れ子型検定（non-nested test），空間的展開法（spatial expansion method），エッジ効果（edge effects）などといったトピックに関しては，Anselin（1988）が良い道しるべとなってくれるだろう．ところで，本書は全編を通じて，統計的推論について頻度主義者（frequentist）の立場をとっており，ベイズ主義者（Bayesian）の立場を扱っていない．これは，読者が必要であればAnselin（1988）に立ち戻ることができるように，また，本書より高度な空間計量経済学の教科書であり，ベイズ主義の立場で多くを扱っている

LeSage and Pace（2009）へと進むことができるようにするためである．そして最後に，空間計量経済学における興味深い新たなトピックとして，空間分位点回帰モデル（spatial quantile regression models）がある．このモデルについては McMillen（2013）で網羅的に説明されているので，関心のある読者は同書を参照されたい．

実証分析に主な関心がある読者は，空間データを取り扱うことが可能なソフトウェアを使いこなせるようになる必要がある．序文で述べたように，本書は，R についての最低限の操作方法やいくつかの練習を紹介しているものの，空間計量経済学における R の利用法についての包括的な内容とはなっていない．R を用いて空間計量経済学の各手法を実践したい読者は，Bivand et al.（2008）に豊富な記述がなされているので，同書を参照されたい．空間計量経済モデルを実装したソフトウェアとして，R 以外にも Matlab，STATA，GeoDa などがある．Matlab は，Pace 教授と LeSage 教授によって開発された空間計量分析のためのツールボックスがウェブサイト〈`http://www.mathworks.com/products/matlab/`〉，〈`http://www.spatial-econometrics.com/`〉からダウンロード可能である．同様に，近年 STATA にも空間計量分析のツールが豊富になってきている．STATA について詳しくは，Drukker 教授の一連の論文（Drukker et al. 2013a, 2013b, 2013c）やウェブサイト〈`http://www.stata.com/`〉を参照されたい．Anselin 教授のグループによって開発された GeoDa と PaySAL では，空間データ分析や空間計量経済モデルを広範囲に取り扱ったライブラリが整備されている．詳しくはウェブサイト〈`https://geodacenter.asu.edu/software`〉を参照されたい．

本章の最後に，理論と実証の両面の観点から，現在進められている最先端の研究内容を把握したい読者に向けて，有用な論文を紹介したい．Arbia（2011）は，2007 年から 2011 年までの間に出版された 230 編以上の空間計量経済学を扱った論文を対象に，詳細なレビューを行っている．さらに，以下に挙げる空間計量経済学の特集が組まれた学術誌の巻頭言を併せて読むことで，同分野の発展をうかがうこともできるだろう：*Journal of Econometrics*: Baltagi et al.（2007）; *Empirical Economics*: Arbia and Baltagi（2008）; *Papers in Regional Science*: Arbia and Fingleton（2008）; *Regional Science and Urban Economics*: Arbia and Kelejian (2010), *Journal of Regional Science*: Partridge et al. (2012); *Economic Modelling*: Arbia et al. (2012); *Spatial Economic Analysis*: Arbia and Prucha (2013); *Geographical Analysis*: Arbia and Thomas (2014).

参考文献

Anselin, L. (1988) *Spatial Econometrics: Methods and Models*. Dordrecht: Kluwer Academic Publishers.

Arbia, G. (2006) *Spatial Econometrics: Statistical Foundations and Applications to Regional Convergence*. Heidelberg: Springer-Verlag.

Arbia, G. (2011) A Lustrum of SEA: Recent Research Trends Following the Creation of the Spatial Econometrics Association (2007–2011). *Spatial Economic Analysis*, 6 (4), 377–396.

Arbia, G. and Baltagi, B. (2008) Introduction to the Special Issue on Spatial Econometrics. *Empirical Economics*, 34, 1–4.

Arbia, G. and Fingleton, B. (2008) New Spatial Econometric Techniques and Applications in Regional Science. *Papers in Regional Sciences*, 87 (3), 311–317.

Arbia, G. and Kelejian, H. (2010) Advances in Spatial Econometrics. *Regional Science and Urban Economics*, 40 (5), 253–254.

Arbia, G. and Prucha, I. (2013) Introduction to the Special Issue on Spatial Econometrics. *Spatial Economic Analysis*, 8 (3), 215–217.

Arbia, G. and Thomas, C. (2014) Introduction: Advances in Cross-Sectional and Panel Data Spatial Econometric Modeling). *Geographical Analysis*, 46 (2), 101–103.

Arbia, G., Espa, G. and Giuliani, D. (2013) Conditional vs. Unconditional Industrial Agglomeration: Disentangling Spatial Dependence and Spatial Heterogeneity in the Analysis of ICT Firms' Distribution in Milan (Italy). *Journal of Geographical Systems*, 15, 31–50.

Arbia, G., Espa, G. and Quah, D. (2008) A Class of Spatial Econometric Methods in the Empirical Analysis of Clusters of Firms in Space. *Empirical Economics*, 34 (1), 81–103.

Arbia, G., Lopez-Bazo, E. and Moscone, F. (2012) Frontiers in Spatial Econometrics Modelling. *Economic Modelling*, 29 (1), 1–2.

Arbia, G., Espa, G., Giuliani, D. and Mazzitelli, A. (2010) Detecting the Existence of Space-Time Clusters of Firms. *Regional Science and Urban Economics*, 40 (5), 311–323.

Arbia, G., Espa, G., Giuliani, D. and Mazzitelli, A. (2012) Clusters of Firms on an Inhomogeneous Space: The Case of High-Tech Industries in Milan in 2001. *Economic*

Modelling, 29 (1), 3–11.

Baltagi, B., Kelejian, H. and Prucha, I. (2007) Analysis of Spatially Dependent Data. *Journal of Econometrics*, 140 (1), 1–4.

Besag, J. (1974) Spatial Interaction and the Statistical Analysis of Lattice Systems. *Journal of the Royal Statistical Society. Series B (Methodological)*, 36, 192–236.

Bivand, R., Pedesma, J. and Gomez-Rubio, V. (2008) *Applied Spatial Data Analysis with R*. Heidelberg: Springer-Verlag.

Cressie, N. (1993) *Statistics for Spatial Data*. Revised edition of the 1991 original. New York: Wiley.

Cressie, N. and Wikle, C. (2011) *Statistics for Spatio-Temporal Data*. Hoboken, NJ: Wiley.

Drukker, D. M., Prucha, I. and Raciborski, R. (2013a) Maximum Likelihood and Generalized Spatial Two-Stage Least-Squares Estimators for a Spatial-Autoregressive Model with Spatial-Autoregressive Disturbance. *Stata Journal*, 13 (2), 221–241.

Drukker, D. M., Prucha, I. and Raciborski, R. (2013b) A Command for Estimating Spatial-Autoregressive Models with Spatial-Autoregressive Disturbances and Additional Endogenous Variables. *Stata Journal*, 13 (2), 287–301.

Drukker, D. M., Peng, H., Prucha, I. and Raciborski, R. (2013c) Creating and Managing Spatial-Weighting Matrices with the spmat Command. *Stata Journal*, 13 (2), 242–286.

Duranton, G. and Overman, H.G. (2005) Testing for Localization Using Micro-Geographic Data. *Review of Economic Studies*, 72 (4), 1077–1106.

Gaetan, C. and Guyon, X. (2009) *Spatial Statistics and Modeling*. New York: Springer-Verlag.

Giuliani, D., Arbia, G. and Espa, G. (2014) Weighting Ripley's K-function to Account for the Firm Dimension in the Analysis of Spatial Concentration. *International Regional Science Review*, 37 (3), 251–272.

Greene, W. (2011) *Econometric Analysis*. 7th edition. Upper Saddle River, NJ: Pearson Education.

Hamilton, J. D. (1994) *Time Series Analysis*. Princeton, NJ: Princeton University Press.

Ippoliti, L., Romagnoli, L. and Arbia, G. (2013) A Gaussian Markov Random Field Approach to Convergence Analysis. *Spatial Statistics*, 6, 78–90.

LeSage, J. and Pace, K. (2009) *Introduction to Spatial Econometrics*. Boca Raton, FL: Chapman & Hall/CRC Press.

Marcon, E. and Puech, F. (2003) Evaluating the Geographic Concentration of Industries Using Distance-Based Methods. *Journal of Economic Geography*, 3 (4), 409–428.

Marcon E. and Puech, F. (2010) Measures of the Geographic Concentration of Industries: Improving Distance-Based Methods. *Journal of Economic Geography*, 10 (5), 745–762.

McMillen, D. (2013) *Quantile Regression for Spatial Data*. Heidelberg: Springer-Verlag.

Partridge, M. D., Boarnet, M., Brakman, S. and Ottaviano, G. (2012) Introduction: Whither Spatial Econometrics? *Journal of Regional Science*, 52 (2), 167–171.

Patuelli, R. and Arbia, G. (2016) *The Spatial Econometrics of Spatial Interaction Models*. Heidelberg: Springer-Verlag.

Ripley, B. (1981) *Spatial Statistics*. New York: Wiley.

Sain, S. R. and Cressie, N. (2007) A Spatial Model for Multivariate Lattice Data. *Journal of Econometrics*, 140 (1), 226–259.

章末問題解答

章末問題 1.1

1. model1

	Estimate	Standard Error	t-value	p-value
Intercept	−22.3112	3.3859	−6.59	0.00***
Labor	0.2775	0.0535	5.19	0.00***
business	0.4224	0.4724	0.89	0.40***

Signif. codes: ***: $p < 0.001$; **: $p < 0.01$; *: $p < 0.05$; .: $p < 0.1$.
F-test = 43.99 (p-value = 0.00***)
$R^2 = 0.91$　Adj. $R^2 = 0.89$

2. model2

	Estimate	Standard Error	t-value	p-value
Intercept	−21.3887	3.1924	−6.70	0.00***
Labor	0.3146	0.0334	9.43	0.00***

Signif. codes: ***: $p < 0.001$; **: $p < 0.01$; *: $p < 0.05$; .: $p < 0.1$.
F-test = 88.97 (p-value = 0.00***)
$R^2 = 0.84$　Adj. $R^2 = 0.83$

model3

	Estimate	Standard Error	t-value	p-value
Intercept	−16.0547	5.9992	−2.68	0.02***
bussiness	2.3264	0.5646	4.12	0.00***

Signif. codes: ***: $p < 0.001$; **: $p < 0.01$; *: $p < 0.05$; .: $p < 0.1$.
F-test = 16.98 (p-value = 0.00***)
$R^2 = 0.63$　Adj. $R^2 = 0.59$

3. F 値と自由度調整済み R^2 が最も高いことから，model2 が最良のモデルである．

4. model4

	Estimate	Standard Error	t-value	p-value
Intercept	22.546	18.718	−1.21	0.26***
bussiness	6.861	1.761	3.90	0.00***

Signif. codes: ***: $p < 0.001$; **: $p < 0.01$; *: $p < 0.05$; .: $p < 0.1$.
F-test = 15.17 (p-value = 0.00***)
$R^2 = 0.60$ Adj. $R^2 = 0.56$

5. model1 の残差

Wales	−0.6330
Scotland	−0.8823
Northern Ireland	−1.1388
North of England	−3.1398
North West of England	2.5365
Yorkshire & Humberside	1.2722
East Midlands	−0.5921
West Midlands	0.4512
East Anglia	−0.2856
Greater London	−1.0219
South East of England	2.3965
South West of England	1.0371

6. 検定結果
Breusch-Pagan test: BP = 1.518 (df = 2, p-value = 0.47)
Jarque-Bera test: JB = 0.092 (df = 2, p-value = 0.96)
7. model1 は，英国東部（東イングランド，東ミッドランドおよびロンドン）と英国北部（北イングランド，北西イングランド，スコットランド，北アイルランド）においてGVA を過大推計しており（負の残差となっている），イギリス中央部においては過少推計している．したがって，残差において異なる地理的パターンが存在すると考えられる．

章末問題 2.1

8 つの地域を {RO11，RO12，RO21，RO22，RO31，RO32，RO41，RO42} の順で空間重み行列を作成する．

行基準化していない空間重み行列：

0	1	1	0	0	0	0	1
1	0	1	1	1	0	1	1
1	1	0	1	0	0	0	0
0	1	1	0	1	0	0	0
0	1	0	1	0	1	1	0
0	0	0	0	1	0	0	0
0	1	0	0	1	0	0	1
1	1	0	0	0	0	1	0

行基準化した空間重み行列：

0	0.33	0.33	0	0	0	0	0.33
0.17	0	0.17	0.17	0.17	0	0.17	0.17
0.33	0.33	0	0.33	0	0	0	0
0	0.33	0.33	0	0.33	0	0	0
0	0.25	0	0.25	0	0.25	0.25	0
0	0	0	0	1	0	0	0
0	0.33	0	0	0.33	0	0	0.33
0.33	0.33	0	0	0	0	0.33	0

非ゼロ要素の割合：40.625 (= (26/64) × 100)%

章末問題 2.2

(a) 2.3.1 項を参照せよ.

(b)

$$\boldsymbol{L}(\boldsymbol{y}) = \begin{bmatrix} 9.70 & 9.77 & 10.03 & 10.17 & 9.10 & 10.30 & 9.77 & 9.37 \end{bmatrix}'$$

章末問題 2.3

$$\boldsymbol{L}(\boldsymbol{x}) = [26.00 \quad 15.67 \quad 23.67 \quad 17.00 \quad 24.50 \quad 25.33 \quad 27.25 \quad 14.00$$
$$26.00 \quad 29.00 \quad 25.00 \quad 16.00 \quad 24.00 \quad 21.25 \quad 20.33 \quad 14.67$$
$$17.50 \quad 14.50 \quad 20.50 \quad 16.00 \quad 14.50 \quad 15.00 \quad 20.67 \quad 14.00$$
$$21.50]'$$

章末問題 2.4

```
File: UK.GAL
0 12 UK UK_reg
1 4
3 5 8 12
2 2
3 4
3 2
1 2
4 3
2 5 6
5 5
1 4 6 7 8
6 3
4 5 7
7 5
5 6 8 9 11
8 5
1 5 7 11 12
9 2
7 11
10 1
11
11 5
7 8 9 10 12
12 3
1 8 11
```

章末問題 2.5

変数 GVA を $\boldsymbol{x}$ と表すこととする.

$$\boldsymbol{L}(\boldsymbol{x}) = [6.70 \quad 2.75 \quad 5.95 \quad 8.23 \quad 5.44 \quad 6.30 \quad 9.42 \quad 8.34 \quad 10.45 \quad 14.70 \quad 10.30 \quad 8.53]'$$

章末問題 2.6

Moran 散布図：

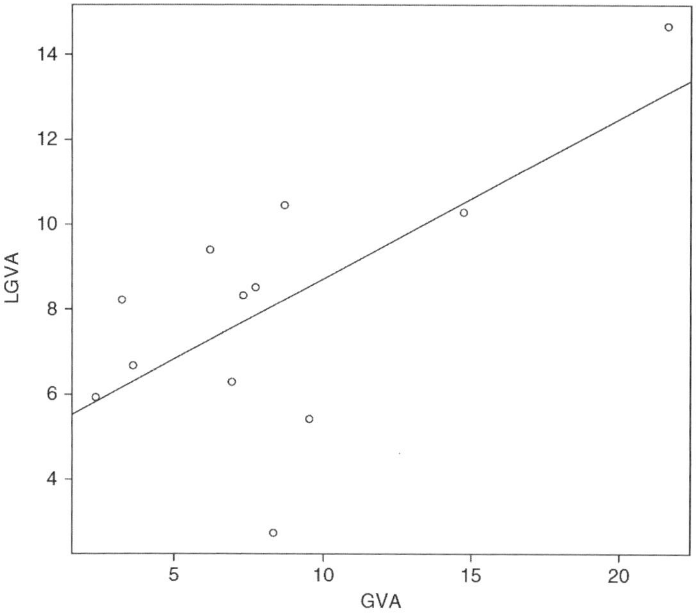

変数 GVA とその空間ラグ変数（図中：LGVA）の間に正の関係があり，この変数において空間的相関が存在することを表している．

章末問題 2.7

Observed Moran's $I = -0.176$

Expectation = −0.169

Variance = 0.033

Standardized Moran's $I = -0.039$

p-value = 0.52

残差における空間的自己相関がないとする帰無仮説が成立する確率は，約 51% である．

章末問題 2.8

例題 2.3，2.4 を参照せよ．

章末問題 2.9

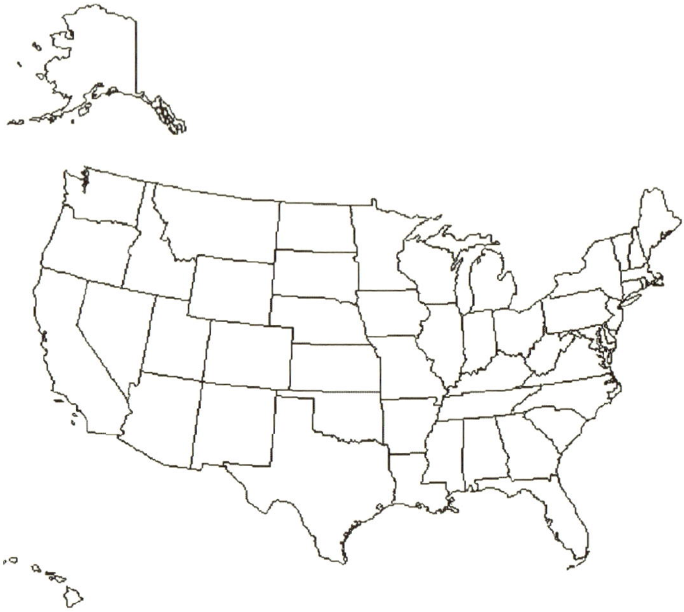

章末問題 3.1

GAL ファイル：

File: eu.GAL
0 27 eu eu_countries
1 4
5 9 14 25
2 2
18 24
3 4
5 15 16 20
4 2
5 22
5 8
1 3 4 9 14 15 16 25
6 2
21 26
7 1
23
8 2
9 17
9 6
1 5 8 10 23 25
10 4
9 15 19 27
11 1
24
12 2
16 26
13 4
15 18 19 20
14 2
1 5
15 6
3 5 10 13 19 20
16 4
3 5 12 20
17 1
8
18 2
2 13
19 3
10 13 15
20 4
3 13 15 16
21 2
6 22
22 2
4 21
23 2
7 9
24 2
2 11
25 3
1 5 9
26 2
6 12
27 1
10

SARAR モデル：

	Estimate	Standard Error	t-value	p-value
Intercept	0.3117	0.1946	1.60	0.11
educ	0.0009	0.0006	1.71	0.09 .
λ	0.6819		3.62	0.00***
ρ	−0.4715		−1.66	0.10 .

Signif. codes: ***: $p < 0.001$; **: $p < 0.01$; *: $p < 0.05$; .: $p < 0.1$.
LR-test = 4.205 (p-value = 0.12)
AIC = −91.61

SEM：

	Estimate	Standard Error	t-value	p-value
Intercept	1.0294	0.0287	35.93	0.00***
educ	0.0014	0.0008	1.78	0.08 .
ρ	0.3293		1.75	0.08 .

Signif. codes: ***: $p < 0.001$; **: $p < 0.01$; *: $p < 0.05$; .: $p < 0.1$.
LR-test = 2.604 (p-value = 0.11)
Wald-test = 3.061 (p-value = 0.08 .)
AIC = −92.01

SLM：

	Estimate	Standard Error	t-value	p-value
Intercept	0.6636	0.1908	3.48	0.00***
educ	0.0013	0.0007	1.87	0.06 .
λ	0.3429		1.90	0.06 .

Signif. codes: ***: $p < 0.001$; **: $p < 0.01$; *: $p < 0.05$; .: $p < 0.1$.
LR-test = 3.119 (p-value = 0.08 .)
Wald-test = 3.594 (p-value = 0.06 .)
AIC = −92.52

最も良いモデルは SLM である．SARAR モデルと SEM では ρ は有意ではなく，かつ，AIC は SLM のとき最小であるため．

章末問題 3.2

モデルは次のように表すことができる．

$$y_i = \beta x_i + u_i;\ u_i = \rho L u_i + \varepsilon_i$$

2つ目の等式は，次のように表すこともできる．

$$u_i - \rho L u_i = \varepsilon_i$$
$$(1 - \rho L)u_i = \varepsilon_i$$

1つ目の等式についても，次のように表すことができる．

$$(1 - \rho L)y_i = (1 - \rho L)\beta x_i + (1 - \rho L)u_i$$
$$y_i = \rho L y_i + \beta x_i - \rho\beta L x_i + \varepsilon_i$$
$$y_i = \rho L y_i + \beta x_i - \gamma L x_i + \varepsilon_i$$

このモデルは，空間ラグ付き説明変数 $L(\boldsymbol{X})$ を含む空間ラグモデルである．

係数 γ について，$\gamma = \rho\beta$ という制約が課されていることから，単純な OLS 法による推定は行うことができない．

章末問題 3.3

モデルは次のように表すことができる．

$$\boldsymbol{y} = \boldsymbol{X\beta} + \boldsymbol{u}$$
$$\boldsymbol{u} = \rho \boldsymbol{Wu}$$

2つ目の等式は，次のように表すこともできる．

$$(\boldsymbol{I} - \rho\boldsymbol{W})\boldsymbol{u} = \boldsymbol{\varepsilon}$$

1つ目の等式については，

$$(\boldsymbol{I} - \rho\boldsymbol{W})\boldsymbol{y} = (\boldsymbol{I} - \rho\boldsymbol{W})\boldsymbol{X\beta} + (\boldsymbol{I} - \rho\boldsymbol{W})\boldsymbol{u}$$

あるいは，$\boldsymbol{y}^* = (\boldsymbol{I} - \rho\boldsymbol{W})\boldsymbol{y}$，$\boldsymbol{X}^* = (\boldsymbol{I} - \rho\boldsymbol{W})\boldsymbol{X}$ とおけば，

$$\boldsymbol{y}^* = \boldsymbol{X}^*\boldsymbol{\beta} + \boldsymbol{\varepsilon}$$

と表すことができる．このモデルは，OLS 法に基づいて以下の最小化問題を解くことでパラメータを推定可能である．

$$\min \boldsymbol{\varepsilon}'\boldsymbol{\varepsilon} = \min (\boldsymbol{y}^* - \boldsymbol{X}^*\boldsymbol{\beta})'(\boldsymbol{y}^* - \boldsymbol{X}^*\boldsymbol{\beta})$$

あるいは，

$$\min (\boldsymbol{y} - \boldsymbol{X\beta})'(\boldsymbol{I} - \rho\boldsymbol{W})'(\boldsymbol{I} - \rho\boldsymbol{W})(\boldsymbol{y} - \boldsymbol{X\beta})$$

ここで，式 (3.23) で示した SEM の尤度を考える．

$$\begin{aligned}\ell(\rho,\sigma_\varepsilon^2,\boldsymbol{\beta}) &= \text{const.} - \frac{n}{2}\ln(\sigma_\varepsilon^2)\\ &\quad - \frac{1}{2}\ln\left|\Big((\boldsymbol{I}-\rho\boldsymbol{W})'(\boldsymbol{I}-\rho\boldsymbol{W})\Big)^{-1}\right|\\ &\quad - \frac{1}{2}(\boldsymbol{y}-\boldsymbol{X\beta})'\Big((\boldsymbol{I}-\rho\boldsymbol{W})'(\boldsymbol{I}-\rho\boldsymbol{W})\Big)^{-1}(\boldsymbol{y}-\boldsymbol{X\beta})\end{aligned}$$

既知の ρ，σ_ε^2 のもとでの $\boldsymbol{\beta}$ に関する最大化問題は，次の最小化問題に帰着する．

$$\min\ (\boldsymbol{y}-\boldsymbol{X\beta})'(\boldsymbol{I}-\rho\boldsymbol{W})'(\boldsymbol{I}-\rho\boldsymbol{W})(\boldsymbol{y}-\boldsymbol{X\beta})$$

あるいは，

$$\min\ (\boldsymbol{y}-\boldsymbol{X\beta})'(\boldsymbol{I}-\rho\boldsymbol{W})'(\boldsymbol{I}-\rho\boldsymbol{W})(\boldsymbol{y}-\boldsymbol{X\beta})$$

これは，上述の OLS 法から導かれる式に一致する．

$$\boldsymbol{P}^{-1} = (\boldsymbol{I}-\rho\boldsymbol{W})^{-1},\ \boldsymbol{\Omega}^{-1} = (\boldsymbol{P}')^{-1}\boldsymbol{P}^{-1} = (\boldsymbol{I}-\rho\boldsymbol{W})'(\boldsymbol{I}-\rho\boldsymbol{W})$$

とおくと，式 (1.47) で導出した GLS 法の解から，パラメータは，

$$\begin{aligned}(\boldsymbol{X}^{*\prime}\boldsymbol{X}^*)^{-1}\boldsymbol{X}^{*\prime}\boldsymbol{y}^* &= \Big(\boldsymbol{X}'(\boldsymbol{P}')^{-1}\boldsymbol{P}^{-1}\boldsymbol{X}\Big)^{-1}\boldsymbol{X}'(\boldsymbol{P}')^{-1}\boldsymbol{P}^{-1}\boldsymbol{y}\\ &= (\boldsymbol{X}'\boldsymbol{\Omega}^{-1}\boldsymbol{X})^{-1}\boldsymbol{X}'\boldsymbol{\Omega}^{-1}\boldsymbol{y}\\ &= \hat{\boldsymbol{\beta}}_{\text{GLS}}\end{aligned}$$

と表すことができる．したがって，SEM における ML 推定量は，

$$\hat{\boldsymbol{\beta}}_{\text{GLS}} = \Big(\boldsymbol{X}'(\boldsymbol{I}-\rho\boldsymbol{W})'(\boldsymbol{I}-\rho\boldsymbol{W})\boldsymbol{X}\Big)^{-1}\Big(\boldsymbol{X}'(\boldsymbol{I}-\rho\boldsymbol{W})'(\boldsymbol{I}-\rho\boldsymbol{W})\boldsymbol{X}\Big)\boldsymbol{y}$$

と表すことができる．ただし，誤差分散は行列

$$\text{Var}[\hat{\boldsymbol{\beta}}_{\text{GLS}}] = \sigma_\varepsilon^2(\boldsymbol{X}'\boldsymbol{\Omega}^{-1}\boldsymbol{X})^{-1} = \sigma_\varepsilon^2\Big(\boldsymbol{X}'(\boldsymbol{I}-\rho\boldsymbol{W})'(\boldsymbol{I}-\rho\boldsymbol{W})\boldsymbol{X}\Big)^{-1}$$

の対角項から得ることができる（参照：式 (1.48)）．

章末問題 3.4

変数 $\boldsymbol{X}$ は非確率的であるから，モデルは $y_i = \lambda\frac{\sum_{i=1}^n w_{ij}y_i}{\sum_{j=1}^n w_{ij}} + \vartheta_i$，$\vartheta_i = \beta x_i + u_i$ と書き改めることができる．加えて，$u_i|\boldsymbol{X} \sim \mathcal{N}(0,\sigma_u^2)$ であるとき，期待値は

$$\mathrm{E}[\vartheta_i] = \mathrm{E}[\beta x_i + u_i] = \beta\,\mathrm{E}[x_i] + \mathrm{E}[u_i] = \beta x_i$$

分散は

$$\mathrm{Var}[\vartheta_i] = \mathrm{Var}[\beta x_i + u_i] = \mathrm{Var}[u_i] = \sigma_{\boldsymbol{u}}^2$$

と表すことができる．以上より，誤差項が $\vartheta_i|\boldsymbol{X} \sim \mathcal{N}(\beta x_i, \sigma_{\boldsymbol{u}}^2)$ である純粋な空間自己回帰モデルとなる．

章末問題 3.5

モデルは，

$$\begin{aligned} \boldsymbol{y} &= -\rho \boldsymbol{W} \boldsymbol{y} + \boldsymbol{u} \\ \boldsymbol{u} &= \rho \boldsymbol{W} \boldsymbol{u} + \boldsymbol{\varepsilon} \end{aligned}$$

あるいは，

$$\begin{aligned} (\boldsymbol{I} + \rho \boldsymbol{W})\boldsymbol{y} &= \boldsymbol{u} \\ (\boldsymbol{I} - \rho \boldsymbol{W})\boldsymbol{u} &= \boldsymbol{\varepsilon} \end{aligned}$$

と表すことができる．したがって，

$$\begin{aligned} \boldsymbol{y} &= (\boldsymbol{I} + \rho \boldsymbol{W})^{-1}\boldsymbol{u} \\ \boldsymbol{u} &= (\boldsymbol{I} - \rho \boldsymbol{W})^{-1}\boldsymbol{\varepsilon} \end{aligned}$$

となるから，

$$\begin{aligned} \boldsymbol{y} &= (\boldsymbol{I} + \rho \boldsymbol{W})^{-1}(\boldsymbol{I} - \rho \boldsymbol{W})^{-1}\boldsymbol{\varepsilon} \\ &= \left((\boldsymbol{I} - \rho \boldsymbol{W})(\boldsymbol{I} + \rho \boldsymbol{W})\right)^{-1}\boldsymbol{\varepsilon} \\ &= (\boldsymbol{I} - \rho^2 \boldsymbol{W}^2)^{-1}\boldsymbol{\varepsilon} \\ &= (\boldsymbol{I} - \rho^* \boldsymbol{W}^*)^{-1}\boldsymbol{\varepsilon} \end{aligned}$$

と表すことができる．

これは，空間重み行列 $\boldsymbol{W}^* = \boldsymbol{W}^2$，空間ラグパラメータ $\rho^* = \rho^2$ の空間ラグモデル

$$\boldsymbol{y} = \rho^* \boldsymbol{W}^* \boldsymbol{y} + \boldsymbol{Z}\boldsymbol{\beta} + \boldsymbol{u};\ |\rho^*| < 1$$

である．$|\rho| < 1$ であるから，$|\rho^*| < 1$ も成立する．式 (3.47) より，$\boldsymbol{y}$ の分散共分散行列は

$$\mathrm{E}[\boldsymbol{y}\boldsymbol{y}'] = \sigma_{\varepsilon}^{2}\Big((\boldsymbol{I} - \rho^{*}\boldsymbol{W}^{*})'(\boldsymbol{I} - \rho^{*}\boldsymbol{W}^{*})\Big)^{-1}$$
$$= \sigma_{\varepsilon}^{2}\Big((\boldsymbol{I} - \rho^{2}\boldsymbol{W}^{2})'(\boldsymbol{I} - \rho^{2}\boldsymbol{W}^{2})\Big)^{-1}$$

となり，式 (3.48) よりその尤度は

$$L(\sigma_{\varepsilon}^{2}, \lambda, \boldsymbol{\beta}; \boldsymbol{y}) = \mathrm{const.} \times |\sigma_{\varepsilon}^{2}\boldsymbol{\Omega}|^{-\frac{1}{2}}$$
$$\times \exp\Big\{-\frac{1}{2\sigma_{\varepsilon}^{2}}\Big(\boldsymbol{y} - (\boldsymbol{I} - \rho^{2}\boldsymbol{W}^{2})^{-1}\boldsymbol{Z}\boldsymbol{\beta}\Big)'$$
$$\times \boldsymbol{\Omega}^{-1}\Big(\boldsymbol{y} - (\boldsymbol{I} - \rho^{2}\boldsymbol{W}^{2})^{-1}\boldsymbol{Z}\boldsymbol{\beta}\Big)\Big\}$$

と表すことができる．

章末問題 3.6

ML 推定：

	Estimate	Standard Error	t-value	p-value
Intercept	40.6458	5.2938	7.68	0.00***
CRIM	−0.1189	0.0325	−3.66	0.00***
RM	3.8507	0.4062	9.48	0.00***
INDUS	−0.0059	0.0618	−0.10	0.92
NOX	−20.4193	4.0012	−5.10	0.00***
AGE	−0.0195	0.0140	−1.39	0.16
DIS	−1.4561	0.2718	−5.36	0.00***
RAD	0.3220	0.0733	4.39	0.00***
PTRATIO	−1.0408	0.1366	−7.62	0.00***
B	0.0099	0.0026	3.74	0.00***
LSTAT	−0.5149	0.0496	−10.38	0.00***
TAX	−0.0112	0.0039	−2.91	0.00***
ρ	0.5719		6.38	0.00***

Signif. codes: ***: $p < 0.001$; **: $p < 0.01$; *: $p < 0.05$; .: $p < 0.1$.
LR-test = 25.792 (p-value = 0.00***)
Wald-test = 40.644 (p-value = 0.00***)
AIC = 3021.4

FGLS 推定：

	Estimate	Standard Error	t-value	p-value
Intercept	40.5246	5.2995	7.65	0.00***
CRIM	−0.1181	0.0326	−3.62	0.00***
RM	3.8591	0.4082	9.45	0.00***
INDUS	−0.0045	0.0621	−0.07	0.94
NOX	−20.2981	4.0072	−5.07	0.00***
AGE	−0.0186	0.0140	−1.33	0.18
DIS	−1.4431	0.2636	−5.47	0.00***
RAD	0.3217	0.0732	4.4	0.00***
PTRATIO	−1.0462	0.1365	−7.66	0.00***
B	0.0099	0.0027	3.71	0.00***
LSTAT	−0.5156	0.0499	−10.34	0.00***
TAX	−0.0112	0.0039	−2.90	0.00***
ρ	0.5387		6.09	0.00***

Signif. codes: ***: $p < 0.001$; **: $p < 0.01$; *: $p < 0.05$; .: $p < 0.1$.

章末問題 **4.1**

誤差項の分散共分散行列は次のように表すことができる．

$$\mathrm{Var}[\bar{\boldsymbol{\varepsilon}}] = \bar{\boldsymbol{\varepsilon}}\bar{\boldsymbol{\varepsilon}}' = \bar{\boldsymbol{\varepsilon}}\boldsymbol{G}\boldsymbol{G}'\bar{\boldsymbol{\varepsilon}}' = \sigma_\varepsilon^2\boldsymbol{G}\boldsymbol{G}'$$

集計行列 $\boldsymbol{G}$ を次のように定義する．

$$\boldsymbol{G} = \begin{bmatrix} 1 & \overset{n_1 \text{ times}}{\cdots} & 1 & & & & & & \\ & & & 1 & \overset{n_2 \text{ times}}{\cdots} & 1 & & & \\ & & & & & & \ddots & & \\ & & & & & & 1 & \overset{n_m \text{ times}}{\cdots} & 1 \end{bmatrix}$$

$$\boldsymbol{G}\boldsymbol{G}' = \begin{bmatrix} n_1 & & & \\ & n_2 & & \\ & & \ddots & \\ & & & n_m \end{bmatrix}$$

$\mathrm{Var}[\bar{\boldsymbol{\varepsilon}}]$ は定数でないことから，$\boldsymbol{\varepsilon}$ は不均一分散である．

章末問題 4.2

一様型：

$$
\begin{aligned}
\int_{-\infty}^{\infty} K(v)dv &= \int_{-1}^{1} \frac{1}{2} dv \\
&= \left[\frac{1}{2}v\right]_{-1}^{1} \\
&= 1
\end{aligned}
$$

Epanechnikov（quadratic）型：

$$
\begin{aligned}
\int_{-\infty}^{\infty} K(v)dv &= \int_{-1}^{1} \frac{3}{4}(1 - v^2)dv \\
&= \frac{3}{4}\left[v - \frac{v^3}{3}\right]_{-1}^{1} \\
&= 1
\end{aligned}
$$

Quadratic（bi-weight）型：

$$
\begin{aligned}
\int_{-\infty}^{\infty} K(v)dv &= \int_{-1}^{1} \frac{15}{16}(1 - v^2)^2 dv \\
&= \frac{15}{16}\int_{-1}^{1}(1 - 2v^2 + v^4)dv \\
&= \frac{15}{16}\left[v - \frac{2}{3}v^3 + \frac{v^5}{5}\right]_{-1}^{1} \\
&= 1
\end{aligned}
$$

章末問題 4.3

	Estimate	Standard Error	t-value	p-value
Intercept	0.4923	0.6317	0.78	0.44
educ	0.0015	0.0012	1.24	0.22
lambda	0.4967	0.6223	0.80	0.42
ρ	−0.5639	0.4352	−1.30	0.20

Signif. codes: ***: $p < 0.001$; **: $p < 0.01$; *: $p < 0.05$; .: $p < 0.1$.
Wald-test ($\rho = 0; \lambda = 0$) = 0.013 (p-value = 0.91)

章末問題 4.4

次のモデルを考える．

$$\boldsymbol{y}^{\bullet} = \boldsymbol{X\beta} + \boldsymbol{u}$$
$$\boldsymbol{u} = \rho \boldsymbol{Wu} + \boldsymbol{\varepsilon}$$
$$\boldsymbol{u} = (\boldsymbol{I} - \rho\boldsymbol{W})^{-1}\boldsymbol{\varepsilon}$$

その結果として，

$$\mathrm{E}[\boldsymbol{u}] = \boldsymbol{0}$$
$$\mathrm{E}[\boldsymbol{uu}'] = \boldsymbol{\Omega} = \left((\boldsymbol{I} - \lambda\boldsymbol{W})'(\boldsymbol{I} - \lambda\boldsymbol{W})\right)^{-1}$$

を得る．

尤度は，次のように表すことができる．

$$\begin{aligned}\Pr(y_i = 1) &= \Pr(y_i^{\bullet} > 0|\boldsymbol{x}_i, w_{ij}, y_i^{\bullet}) \\ &= \Pr(\boldsymbol{x}_i\boldsymbol{\beta} + u_i > 0|\boldsymbol{x}_i, w_{ij}, y_i^{\bullet}) \\ &= \Pr(u_i \leq \boldsymbol{x}_i\boldsymbol{\beta}|\boldsymbol{x}_i, w_{ij}, y_i^{\bullet}) \\ &\simeq \Phi(\boldsymbol{x}_i\boldsymbol{\beta})\end{aligned}$$

ここで，$\Psi(\bullet) \sim \mathcal{N}(\boldsymbol{0}, \boldsymbol{\Omega})$ である．式 (4.30) より，対数尤度は，次のように表すことができる．

$$L = \int_{-\infty}^{\mu_1}\int_{-\infty}^{\mu_2}\cdots\int_{-\infty}^{\mu_n}\varphi(\boldsymbol{\mu})d\boldsymbol{\mu}$$

ここで，$\varphi(\boldsymbol{\mu}) = (2\pi)^{-n/2}|\boldsymbol{\Omega}|^{-1/2}\exp\{-(\boldsymbol{\mu}'\boldsymbol{\Omega}^{-1}\boldsymbol{\mu})/2\}$，$\mu_i \in \boldsymbol{\mu}$，$\mu_i = \boldsymbol{x}_i\boldsymbol{\beta}$ である．

章末問題 4.5

プロビットモデル：

	Estimate	Standard Error	t-value	p-value
Intercept	−2.8861	1.1487	−2.51	0.01*
educ	0.0672	0.0307	2.19	0.03*

Signif. codes: ***: $p < 0.001$; **: $p < 0.01$; *: $p < 0.05$; .: $p < 0.1$.
AIC = 31.13

空間プロビットモデル（ML）：

	Estimate	Standard Error	t-value	p-value
Intercept	−3.2236	1.9630	−1.64	0.10
educ	0.0737	0.0455	1.62	0.11
ρ	−0.1645	0.6598	−0.25	0.80

Signif. codes: ***: $p < 0.001$; **: $p < 0.01$; *: $p < 0.05$; .: $p < 0.1$.

空間プロビットモデル（GMM）：

	Estimate	Standard Error	t-value	p-value
Intercept	−3.4355	1.6302	−2.11	0.04*
educ	0.0774	0.0352	2.20	0.03*
WXB	−0.2605	0.5808	−0.45	0.65

Signif. codes: ***: $p < 0.001$; **: $p < 0.01$; *: $p < 0.05$; .: $p < 0.1$.

空間プロビットモデル（LGMM）：

	Estimate	Standard Error	t-value	p-value
Intercept	−3.3748	1.4569	−2.32	0.02*
educ	0.0764	0.0339	2.25	0.02*
WXB	−0.2724	0.6578	−0.41	0.68

Signif. codes: ***: $p < 0.001$; **: $p < 0.01$; *: $p < 0.05$; .: $p < 0.1$.

章末問題 4.6

$$\boldsymbol{I}_T = \begin{bmatrix} 1 & 0 \\ 0 & 1 \end{bmatrix}$$

$$\begin{aligned} \boldsymbol{A} &= (\boldsymbol{I} - \lambda \boldsymbol{W}) \\ &= \begin{bmatrix} 1 & 0 & 0 \\ 0 & 1 & 0 \\ 0 & 0 & 1 \end{bmatrix} - \lambda \begin{bmatrix} 0 & 1 & 1 \\ 1 & 0 & 0 \\ 1 & 0 & 0 \end{bmatrix} \\ &= \begin{bmatrix} 1 & -\lambda & -\lambda \\ -\lambda & 1 & 0 \\ -\lambda & 0 & 1 \end{bmatrix} \end{aligned}$$

$$
\boldsymbol{I}_T \otimes \boldsymbol{A} = \begin{bmatrix} 1 & -\lambda & -\lambda & 0 & 0 & 0 \\ -\lambda & 1 & 0 & 0 & 0 & 0 \\ -\lambda & 0 & 1 & 0 & 0 & 0 \\ 0 & 0 & 0 & 1 & -\lambda & -\lambda \\ 0 & 0 & 0 & -\lambda & 1 & 0 \\ 0 & 0 & 0 & -\lambda & 0 & 1 \end{bmatrix}
$$

$$
\boldsymbol{J}_T = \begin{bmatrix} 1 & 1 \\ 1 & 1 \end{bmatrix}
$$

$$
\boldsymbol{J}_T \otimes \boldsymbol{I}_T = \begin{bmatrix} 1 & 0 & 0 & 1 & 0 & 0 \\ 0 & 1 & 0 & 0 & 1 & 0 \\ 0 & 0 & 1 & 0 & 0 & 1 \\ 1 & 0 & 0 & 1 & 0 & 0 \\ 0 & 1 & 0 & 0 & 1 & 0 \\ 0 & 0 & 1 & 0 & 0 & 1 \end{bmatrix}
$$

章末問題 4.7

SEM-RE：

	Estimate	Standard Error	t-value	p-value
Error variance Estimates:				
ϕ	39.8386	8.5865	4.64	0.00***
ρ	0.0941	0.0666	1.41	0.16
Coefficients:				
Intercept	−5.8557	0.6402	−9.15	0.00***
log(rgdp)	1.1268	0.0656	17.17	0.00***

Signif. codes: ***: $p < 0.001$; **: $p < 0.01$; *: $p < 0.05$; .: $p < 0.1$.

KKP モデル：

	Estimate	Standard Error	t-value	p-value
Error variance Estimates:				
ϕ	28.7279	5.4865	5.24	0.00***
ρ	0.4992	0.0595	8.39	0.00***
Coefficients:				
Intercept	−1.5721	0.7828	−2.01	0.04*
log(rgdp)	0.6864	0.0802	8.56	0.00***

Signif. codes: ***: $p < 0.001$; **: $p < 0.01$; *: $p < 0.05$; .: $p < 0.1$.

KKP モデルのみ，空間パラメータがすべて有意となっている．したがって，ランダム効果モデルにおいて，その他の誤差要素には空間的相関が存在せず，個体固有の誤差要素には空間的相関が存在するとみなすことができる．

章末問題 4.8

非空間モデル（OLS）：

	Estimate	Standard Error	t-value	p-value
Intercept	−34.671	2.650	−13.08	0.00***
RM	9.102	0.419	21.72	0.00***

Signif. codes: ***: $p < 0.001$; **: $p < 0.01$; *: $p < 0.05$; .: $p < 0.1$.
F-test = 471.8 (p-value = 0.00***)
$R^2 = 0.48$　Adj. $R^2 = 0.48$

SLM：

	Estimate	Standard Error	t-value	p-value
Intercept	−37.7513	2.4549	−15.38	0.00***
RM	7.6045	0.4122	18.45	0.00***
λ	0.5625	0.0573	9.824	0.00***

Signif. codes: ***: $p < 0.001$; **: $p < 0.01$; *: $p < 0.05$; .: $p < 0.1$.
LR-test = 76.532 (p-value = 0.00***)
Wald-test = 96.504 (p-value = 0.00***)
LM-test (for residual autocorrelation) = 0.013 (p-value = 0.91)
AIC = 3277.6

GWR：

	Min.	1st Qu.	Median	3rd Qu.	Max.	Global
Intercept	−120.600	−38.360	−23.130	−5.059	52.54	−34.671
RM	−5.974	3.626	7.443	9.838	21.32	9.102

Moran's I = 12.578 (p-value = 0.00***)

章末問題 5.1

$$
\boldsymbol{W}^2 = \begin{bmatrix} 0 & 0 & 0 & 1 & 1 & 0 & 1 & 0 \\ 0 & 0 & 0 & 0 & 0 & 1 & 0 & 0 \\ 0 & 0 & 0 & 0 & 1 & 0 & 1 & 1 \\ 1 & 0 & 0 & 0 & 0 & 1 & 1 & 1 \\ 1 & 0 & 1 & 0 & 0 & 0 & 0 & 1 \\ 0 & 1 & 0 & 1 & 0 & 0 & 1 & 0 \\ 1 & 0 & 1 & 1 & 0 & 1 & 0 & 0 \\ 0 & 0 & 1 & 1 & 1 & 0 & 0 & 0 \end{bmatrix}
$$

$$
\boldsymbol{W}^3 = \begin{bmatrix} 0 & 0 & 0 & 0 & 0 & 1 & 0 & 0 \\ 0 & 0 & 0 & 0 & 0 & 0 & 0 & 0 \\ 0 & 0 & 0 & 0 & 0 & 1 & 0 & 0 \\ 0 & 0 & 0 & 0 & 0 & 0 & 0 & 0 \\ 0 & 0 & 0 & 0 & 0 & 0 & 0 & 0 \\ 1 & 0 & 1 & 0 & 0 & 0 & 0 & 1 \\ 0 & 0 & 0 & 0 & 0 & 0 & 0 & 0 \\ 0 & 0 & 0 & 0 & 0 & 1 & 0 & 0 \end{bmatrix}
$$

$\lambda = 0.9502$ であり，$\alpha = -3$，$\boldsymbol{S} \approx \sum_{i=0}^{3} \dfrac{\alpha^i \boldsymbol{W}^i}{i!} = 1 - 3\boldsymbol{W} + \dfrac{9}{2}\boldsymbol{W}^2 - \dfrac{27}{6}\boldsymbol{W}^3$ が得られる．

章末問題 5.2

一般性を損なわずに空間重み行列を書き直すと，次のように表すことができる．

$$
\boldsymbol{W} = \begin{bmatrix} 0 & 1 & 0 & \cdots & 0 \\ 0 & 0 & 1 & \cdots & 0 \\ \vdots & \vdots & \vdots & \ddots & \vdots \\ 0 & 0 & 0 & \cdots & 0 \end{bmatrix}
$$

$$
(\boldsymbol{I} - \lambda\boldsymbol{W}) = \begin{bmatrix} 1 & -\lambda & 0 & \cdots & 0 \\ 0 & 1 & -\lambda & \cdots & 0 \\ \vdots & \vdots & \vdots & \ddots & \vdots \\ 0 & 0 & 0 & \cdots & 1 \end{bmatrix}
$$

$$(\boldsymbol{I}-\lambda\boldsymbol{W})^{-1}=\begin{bmatrix}1 & \lambda & \lambda^2 & \cdots & \lambda^{n-1}\\ 0 & 1 & \lambda & \cdots & \lambda^{n-2}\\ \vdots & \vdots & \vdots & \ddots & \vdots\\ 0 & 0 & 0 & \cdots & 1\end{bmatrix}$$

$$|\boldsymbol{I}-\lambda\boldsymbol{W}|=1$$

空間ラグモデルの分散共分散行列は,

$$\boldsymbol{\Omega}=\left((\boldsymbol{I}-\lambda\boldsymbol{W})'(\boldsymbol{I}-\lambda\boldsymbol{W})\right)^{-1},$$

$$|\boldsymbol{A}\boldsymbol{B}|=|\boldsymbol{A}||\boldsymbol{B}|$$

を利用して,次のように表すことができる.

$$\left|\left((\boldsymbol{I}-\lambda\boldsymbol{W})'(\boldsymbol{I}-\lambda\boldsymbol{W})\right)^{-1}\right|=\left|(\boldsymbol{I}-\lambda\boldsymbol{W})^{-1}\right|\left|\left((\boldsymbol{I}-\lambda\boldsymbol{W})'\right)^{-1}\right|$$
$$=1$$

章末問題 5.3

Full likelihood：

	Estimate	Standard Error	t-value	p-value
Intercept	28.3780	5.8225	4.87	0.00***
CRIM	−0.0975	0.0326	−2.99	0.00***
RM	3.8432	0.4135	9.29	0.00***
INDUS	−0.0007	0.0606	−0.01	0.99
NOX	−13.6020	4.0537	−3.36	0.00***
AGE	0.0017	0.0132	0.13	0.90
DIS	−1.1782	0.1834	−6.42	0.00***
RAD	0.2927	0.0655	4.47	0.00***
PTRATIO	−0.9761	0.1304	−7.48	0.00***
B	0.0098	0.0027	3.68	0.00***
LSTAT	−0.5234	0.0503	−10.42	0.00***
TAX	−0.0105	0.0036	−2.90	0.00***
λ	0.2202		3.63	0.00***

Signif. codes: ***: $p < 0.001$; **: $p < 0.01$; *: $p < 0.05$; .: $p < 0.1$.
LR-test = 12.492 (p-value = 0.00***)
Wald-test = 13.100 (p-value = 0.00***)
AIC = 3034.7

MESS：

	Estimate	Standard Error	t-value	p-value
Intercept	28.4570	5.1346	5.54	0.00***
CRIM	−0.0971	0.0329	−2.95	0.00***
RM	3.8443	0.4154	9.25	0.00***
INDUS	−0.0007	0.0612	−0.01	0.99
NOX	−13.5900	3.8410	−3.54	0.00***
AGE	0.0014	0.0132	0.11	0.91
DIS	−1.1763	0.1838	−6.40	0.00***
RAD	0.2929	0.0660	4.44	0.00***
PTRATIO	−0.9768	0.1245	−7.85	0.00***
B	0.0098	0.0027	3.64	0.00***
LSTAT	−0.5228	0.0509	−10.27	0.00***
TAX	−0.0105	0.0037	−2.86	0.00***
α	0.2431	0.0729	−3.33	0.00***

Signif. codes: ***: $p < 0.001$; **: $p < 0.01$; *: $p < 0.05$; .: $p < 0.1$.
Implied $\lambda = 0.216$
LR-test = 12.741 (p-value = 0.00***)

Unilateral approximation：

	Estimate	Standard Error	t-value	p-value
Intercept	18.5128	4.6842	3.95	0.00***
CRIM	−0.0820	0.0288	−2.84	0.00***
RM	3.9028	0.3649	10.70	0.00***
INDUS	0.0119	0.0535	0.22	0.82
NOX	−11.4646	3.3830	−3.39	0.00***
AGE	−0.0050	0.0115	−0.44	0.66
DIS	−0.8719	0.1637	−5.33	0.00***
RAD	0.2530	0.0579	4.37	0.00***
PTRATIO	−0.7406	0.1127	−6.57	0.00***
B	0.0079	0.0024	3.34	0.00***
LSTAT	−0.3659	0.0462	−7.93	0.00***
TAX	−0.0097	0.0032	−3.02	0.00***
λ	0.3053		12.34	0.00***

Signif. codes: ***: $p < 0.001$; **: $p < 0.01$; *: $p < 0.05$; .: $p < 0.1$.
LR-test = 111.79 (p-value = 0.00***)
Wald-test = 152.17 (p-value = 0.00***)
AIC = 2935.4

章末問題 5.4

対称条件：

$$a_1 w_{12} = a_2 w_{21}$$
$$b_1 w_{13} = a_3 w_{31}$$
$$b_2 w_{24} = b_4 w_{42}$$
$$b_3 w_{34} = a_4 w_{43}$$

等方条件：

$$a_i = b_i \ (\forall i = 1, \ldots, 4)$$
$$w_{12} = w_{13}$$
$$w_{21} = w_{24}$$
$$w_{31} = w_{34}$$
$$w_{43} = w_{42}$$
$$\boldsymbol{y}' = \begin{bmatrix} y_1 & y_2 & y_3 & y_4 \end{bmatrix}$$
$$\boldsymbol{W} = \begin{bmatrix} 0 & w_{12} & w_{13} & 0 \\ w_{21} & 0 & 0 & w_{24} \\ w_{31} & 0 & 0 & w_{34} \\ 0 & w_{42} & w_{43} & 0 \end{bmatrix}$$
$$\boldsymbol{\varepsilon}' = \begin{bmatrix} \varepsilon_1 & \varepsilon_2 & \varepsilon_3 & \varepsilon_4 \end{bmatrix}$$
$$\boldsymbol{a}' = \begin{bmatrix} a_1 & a_2 & a_3 & a_4 \end{bmatrix}$$

行列・ベクトル表記：

$$\boldsymbol{y} = \boldsymbol{a} \odot \boldsymbol{W}\boldsymbol{y} + \boldsymbol{\varepsilon}$$

ここで「$\odot$」は，要素ごとの積であるアダマール積（Hadamard product）を表す記号である．

章末問題 5.5

尤度関数：

$$L = \prod_{i=1}^{q} \exp(-\varepsilon_i - \varepsilon_l)\Big(1 + \alpha(2\exp(-\varepsilon_i) - 1)(2\exp(-\varepsilon_l) - 1)\Big)$$

対数尤度関数：

$$\ell = \sum_{i=1}^{n} \ln\Big\{\exp(-\varepsilon_i - \varepsilon_l)\Big(1 + \alpha(2\exp(-\varepsilon_i) - 1)(2\exp(-\varepsilon_l) - 1)\Big)\Big\}$$
$$= -\sum_{i=1}^{q} \varepsilon_i - \sum_{i=1}^{q} \varepsilon_l + \sum_{i=1}^{q} \ln\Big\{1 + \alpha(2\exp(-\varepsilon_i) - 1)(2\exp(-\varepsilon_l) - 1)\Big\}$$

条件：

$$\frac{\partial}{\partial\beta}\Big\{-\sum_{i=1}^{q}(y_i - x_i\beta) - \sum_{i=1}^{q}(y_l - x_l\beta) + \sum_{i=1}^{q} \ln\Big\{1 + \alpha\Big(2\exp(-(y_i - x_i\beta)) - 1\Big)\Big(2\exp(-(y_l - x_l\beta)) - 1\Big)\Big\}\Big\} = 0;$$

$$\frac{\partial^2}{\partial\beta^2}\Big\{-\sum_{i=1}^{q}(y_i - x_i\beta) - \sum_{i=1}^{q}(y_l - x_l\beta) + \sum_{i=1}^{q} \ln\Big\{1 + \alpha\Big(2\exp(-(y_i - x_i\beta)) - 1\Big)\Big(2\exp(-(y_l - x_l\beta)) - 1\Big)\Big\}\Big\} < 0$$

監訳者あとがき

本書は，Giuseppe Arbia 著 *A Primer for Spatial Econometrics: with Applications in R*, Palgrave Macmillan, 2014 を，監訳者の研究室の教え子達と一緒に翻訳したものである．

Spatial Econometrics と題する最初の教科書は，Jean H. P Paelinck and Leo H. Klaassen（1979），*Spatial Econometrics*, Saxon House といわれている．その後のバイブル的な名著としては，約 10 年後に発刊された Luc Anselin（1988），*Spatial Econometrics: Methods and Models*, Springer が有名であり，一度は絶版になったように記憶しているが，Springer のホームページを見たところ，現在も販売されていて，相当な価格になっている．最近では，James LeSage and Robert Kelley Pace（2009），*Introduction to Spatial Econometrics*, Boca Raton, FL: CRC Press が手頃に入手可能な教科書となっているものの，ベイズ推定を前提とした内容であり，空間計量経済学の入門書としては，一部の標準的な内容が取り扱われていないといった特徴がある．

和書では，主として 2000 年代に入ってから，一部で空間計量経済学を扱った書籍があるもの，本格的にこれについて説明しているのは，拙著，瀬谷創・堤盛人（2014），『空間統計学　自然科学から人文・社会科学まで』朝倉書店である．それでも，瀬谷・堤（2014）の半分は狭義の空間統計学（地球統計学）について説明しているため，空間計量経済学に関して扱いきれていない内容も少なくない．

本書の題目においては，Primer という原題に対して邦訳で「入門」としたが，原著者自身によるまえがきにもあるように，前半第 3 章までの入門的内容に対し，特に第 4 章以降はかなり発展的な内容が盛り込まれており，非常に意欲的な構成となっている．本書は，まえがきで述べられているような，通常の計量経済学の教科書と既存の空間計量経済学の教科書をつなぐ架け橋という位置付けというよりは，実証分析に有用な手法（例えば，SARAR（SAC）モデル，一般化空間二段階最小二乗法，空間離散選択）の多くを網羅しているという意味において，実践的な教科書という風に位置付ける方がわかりやすいかもしれない．瀬谷・堤（2014）と比べた場合には，R の使用例や練習問題があること，第 4 章において発展的な空間計量経済モデルに関してページを割いていること，第 5 章においてビッグ・データモデルに言及していること，が特徴的なところである．第 6 章の今後の展開においても，本書ならではの興味深い内容が示されている．

原著者の Giuseppe Arbia 氏と私が初めて会ったのは，2000 年 5 月にスイスの Lugano で開催された 6th World Congress of the Regional Science Association International においてである．国際学会で初めて討論者を務めた私を，すでに空間計量経済学の分野で著名な研究者となっていた彼が座長としてサポートし，気さくに話しかけてくれたのを思い出す．その後，私自身はしばらく空間計量経済学から遠ざかっていたが，2007 年 6 月に英国 Cambridge で開催された，First World Conference of the Spatial Econometrics Association に参加した際に，同学会（SEA, http://www.spatialeconometricsassociation.org/）の会長を務める彼と再会した．学会の創設以来，彼はずっと会長を務めており，強力なリーダーシップのもと，毎年 World Conference を開催している．私は，Giuseppe と会うのを楽しみにしながら，ほぼ毎回それに参加しており，そのうち日本でも開催をしよう，という話をしている．10 回目の記念すべき今年の SEA の World Conference は，ローマにある，彼の勤務するサクロ・クオーレ・カトリック大学（Università Cattolica del Sacro Cuore）で 6 月に開催された．

まえがきにも書かれているとおり，Giuseppe は，2008 年から毎年初夏に Spatial Econometrics Advanced Institute（SEAI）というサマースクールを開催している（上述の HP も参照されたい）．この SEAI には，世界中から一流の空間計量経済学者が招かれ，彼の若手育成に対する情熱とリーダーシップに対し，尊敬の念に堪えない．ここ数年，Giuseppe から毎年のように，今年は誰か教え子の学生を送って来ないのか，と尋ねられるものの，残念ながらまだその機会を持つに至っていない．本書の読者の中から，来年以降の SEAI への参加者が出てくれることを期待している．

本翻訳書の出版に際しては，株式会社勁草書房の宮本詳三氏に大変お世話になった．宮本氏とは，森杉壽芳編著『社会資本整備の便益評価　一般均衡理論によるアプローチ』の分担執筆をした際にお世話になって以来，20年近くの付き合いになる．本書の出版に関して宮本氏に相談をしたのが昨年の2月頃であったと記憶しているものの，私の統率力のなさから，当初の予定より半年以上遅れての出版となってしまい，多大なご迷惑をお掛けした．早くから予約購入をしていただき心待ちにされておられた読者と宮本氏に，この場を借りて心からお詫び申し上げたい．

宮本氏には，2003年，David Vose（原著），長谷川専・堤盛人（翻訳）『入門リスク分析—基礎から実践』を同社から出版した際にも大変お世話になった．同書では，共訳者の長谷川氏が中心となって一つ一つの例題も丁寧にチェックし，相当な修正を施した結果，原著者のVose氏や日本の読者から高い評価をいただいた．今回の翻訳に際しても，そのときのこと思い出しながら，丁寧な確認を心掛けたつもりである．原著者のGiuseppeとの何度かのやりとりを通じ，原著中のそれなりの数の誤植（大半はタイプミス）を修正している．また，読者の利便を考え，適宜，訳者の方で注を加えた．数学表記については，原著者の了解を得た上で，訳者の好みと読者の利便から，一部手を加えているところがあることをお断りしておく．なお，空間ラグモデル，空間誤差モデルといった用語については，瀬谷・堤（2014）に準じている．

勁草書房の関係者のご努力により，現時点での為替レートにおいて原著のソフトカバーよりも本書の値段を抑えることができた．本書を手に取られるような読者の多くは，英語で原著を読むことにもさほど抵抗はないものとは思うが，是非，日本語版の本書で，これらの利点を享受していただけたら幸いである．

日本においては空間計量経済学を専門とする研究者が未だあまり多くない中で，少しでも多くの方が，本書を通じて空間計量経済学に興味を持ってくださることを願って止まない．

最後に，本書の翻訳を担当してくれた，吉田崇紘，爲季和樹，高野佳佑，友成将の4氏に御礼を申し上げたい．本書は文学作品ではないため，私の判断で，込みいった表現は避け，修辞的な表現については敢えて積極的には訳さなかったところが若干ある．それぞれが分担の章を翻訳し，それを私が確認して修正するという手順で作業を進めたが，特に吉田氏には，それらの作業の取りまとめ，R を使った例題や練習問題一つ一つの確認，図表の作成など，多くの作業を担ってもらった．本書の翻訳を最初に提案したのは吉田氏であり，彼が自ら研究室内の作業の取りまとめる役を買って出てくれなければ，このような形での本翻訳書の刊行は実現しなかったであろう．

無論，残された誤訳や誤植は，すべて監訳者の責任に帰すものである．

私が勤務する筑波大学においては，現時点では，「空間計量経済学」の講義はない．そのような中で，研究室のゼミを通じて空間計量経済学を共に学びながら研究する学生達と一緒に，この分野で著名な Giuseppe Arbia 氏の書籍の翻訳という共同作業を成し遂げることが出来た．翻訳に際しては，研究室の教え子である，瀬谷創氏（神戸大学・准教授）と村上大輔氏（国立環境研究所・特別研究員）にも相談にのってもらった．瀬谷氏と村上氏が私の研究室在籍中に築いてくれた知的財産が良き伝統として引き継がれ，本書を研究室のメンバーだけで翻訳するということが可能になったものと考える．一人の教育者として，何事にも代えがたい喜びである．ここに記して心から感謝したい．

2016 年 8 月 5 日
筑波大学にて
堤　盛人

本書の発行に合わせ，2016 年 9 月 8 日・9 日の 2 日間，Giuseppe Arbia 氏を招き東京大学本郷キャンパスにて「空間計量経済学セミナー」を開催した．

（2017 年 8 月）

索　引

英数字

2SLS　20
BFG2SLS　87
BLUE　4
Breusch-Pagan 検定　15
core-periphery　190
Durbin-Watson 検定　15
EM アルゴリズム　128
Fisher の情報行列　7
GLS　16
GS2SLS　85
Hausman 検定　142
IV　20
Jarque-Bera 検定　11
KKP モデル　140
LSDV モデル　138
Moran's *I* 検定　92
Moran's *I* 統計量　38
OLS　4
OLS 推定量　4
Rao のスコア検定統計量　10
SAC モデル　82
SARAR(1, 1) モデル　82
SARAR モデル　58
White 検定　15
within モデル　138

あ　行

赤池情報量規準　9
一次近隣　180
一方向近似法　179
一般化空間二段階最小二乗法　85
一般化最小二乗法　16
一般空間モデル　82
異方性　190
異方性空間ラグモデル　192
エッジ効果　216

か　行

外生性　4
確率過程　215
確率場　215
カーネル関数　154
カリブレーション　157
頑健推定　216
観測値に対する平均総インパクト　96
観測値による平均総インパクト　96
観測できない異質性　137
疑似尤度　200
行基準化　34
行列指数関数空間特定化　178
局所加重回帰　154
均一分散　14
クイーン基準　32
空間 Cochrane-Orcutt 変換　84, 147
空間重み行列　33
空間効果の予備診断　216
空間誤差型固定効果モデル　152, 165
空間誤差型ランダム効果モデル　140

空間誤差プロビットモデル　129
空間誤差モデル　58, 61
空間誤差ランダム効果モデル　164
空間相互作用モデル　216
空間定常性　153
空間的異質性　216
空間的自己相関　14
空間的相互作用　118
空間的展開法　216
空間二段階最小二乗法　85
空間パネルデータ　136
空間非定常　153
空間プロビットモデル　125
空間分位点回帰モデル　217
空間ラグ型固定効果モデル　152, 165
空間ラグ型ランダム効果モデル　150, 164
空間ラグ付き変数　62
空間ラグプロビットモデル　125
空間ラグモデル　58, 72
空間離散選択モデル　119
空間ロジットモデル　125
空間を考慮しない固定効果モデル　164
空間を考慮しないランダム効果モデル　164
計数データ　118
系列相関　15
決定係数　9
交差検証　157
個体固有の誤差要素　137
固定効果モデル　138

さ　行

最小二乗法　4
最尤推定量　5
最良実行可能な GS2SLS　87
最良線形不偏推定量　4
サブサンプル　154
シェープファイル　49
時間平均調整　142
指示関数　119
修正 Moran's *I* 検定量　93
修正型 S2SLS 法　108
純粋な空間的自己回帰モデル　58
ショートパネル　137
スキャン統計　154
線形化一般化モーメント法　127
先行近隣　196
潜在変数　119
尖度　11
操作変数　20
その他の誤差要素　137

た　行

対角 Padé 近似法　206
調整済み決定係数　9
地理的加重回帰　153
地理的加重プロビットモデル　158
定義関数　120
点過程分析　216
同時性　15, 20
等方性　190

な　行

内生性　19
二項選択モデル　119
二項変数　107
二段階最小二乗法　20, 75
二変量コーディング手法　179
二変量周辺最尤推定　179

は　行

パネルデータ　107
バンド幅　156
非入れ子型検定　216
標準ロジスティック分布　120
頻度主義者　216
不均一分散　14
ブートストラップ法　216
部分的時間平均調整法　145
部分二変量尤度　135
不偏性　4
プーリングモデル　138
プールド OLS　138

プロビットモデル　121
ペアワイズ尤度　200
平均二乗誤差の平方根　157
平均直接インパクト　96
ベイジアン情報量規準　9
ベイズ主義者　216
方向性バイアス　190

ま　行

マルコフ連鎖モンテカルロ法　134
見掛け上無関係な空間回帰モデル　216
モーメント法　7
モデル　118

や　行

尤度比検定　9

ら　行

ラグランジュ乗数検定　10
ランダム効果　138
離散選択　118
離散変数　107
ルーク基準　32
ロジットモデル　121
ロバスト *LM* 検定　91
ロングパネル　137

わ　行

歪度　11

監訳者紹介
堤　盛人（つつみ　もりと）
1968 年　広島県生まれ
1993 年　東京大学大学院工学系研究科修士課程修了
現　在　筑波大学システム情報系教授
　　　　博士（工学）

訳者紹介（第 1 版第 1 刷当時）
吉田崇紘（よしだ　たかひろ）［まえがき，第 1，4，6 章］
1989 年　千葉県生まれ
2015 年　筑波大学大学院システム情報工学研究科博士前期課程修了
現　在　同後期課程　日本学術振興会特別研究員 DC2
　　　　修士（工学）

友成　将（ともなり　まさと）［第 2 章］
1993 年　東京都生まれ
2016 年　筑波大学理工学群卒業
現　在　筑波大学大学院システム情報工学研究科博士前期課程
　　　　学士（社会工学）

高野佳佑（たかの　けいすけ）［第 3 章］
1993 年　長崎県生まれ
2016 年　筑波大学理工学群卒業
現　在　筑波大学大学院システム情報工学研究科博士前期課程
　　　　学士（社会工学）

爲季和樹（ためすえ　かずき）［第 5 章］
1988 年　東京都生まれ
2013 年　日本学術振興会特別研究員 DC1
2016 年　筑波大学大学院システム情報工学研究科博士後期課程修了
現　在　株式会社価値総合研究所研究員
　　　　博士（工学）

Rで学ぶ
空間計量経済学入門

2016年 8月20日 第1版第1刷発行
2021年 12月20日 第1版第3刷発行

著 者 ジュセッペ・アルビア
監訳者 堤 盛人
発行者 井 村 寿 人

発行所 株式会社 勁 草 書 房
112-0005 東京都文京区水道 2-1-1 振替 00150-2-175253
（編集）電話 03-3815-5277／FAX 03-3814-6968
（営業）電話 03-3814-6861／FAX 03-3814-6854
大日本法令印刷・牧製本

ISBN978-4-326-50425-1 Printed in Japan

＊落丁本・乱丁本はお取替いたします。
https://www.keisoshobo.co.jp